渔业管理生物经济学

[美]Lee G. Anderson　　[墨]Juan Carlos Seijo　著

陈新军　丁　琪　邹磊磊　刘淑艳　译

科学出版社

北京

图字 01-2015-2062

内 容 简 介

本书是介绍渔业管理的生物经济学专著。重点介绍渔业生物经济学的基本原理和方法、公开入渔的动力学，阐述各种生物经济学模型，分析渔业管理中生态和技术上的影响，以及渔业资源管理过程中的各种风险和不确定性等。同时本书还配备了各章节的练习题（见CD），是一本很好的"渔业资源经济学"课程的参考书。

本书可供海洋生物、水产和渔业研究等专业的科研人员、高等院校师生及从事相关专业生产、管理工作的人士使用和阅读。

图书在版编目(CIP)数据

渔业管理生物经济学 /（美）安德森（Anderson，L.G.），（墨西哥）塞若（Seijo，J.C.）著；陈新军等译. —北京：科学出版社，2015.12
书名原文：Bioeconomics of Fisheries Management
ISBN 978-7-03-046780-5

Ⅰ.①渔⋯　Ⅱ.①安⋯　②塞⋯　③陈⋯　Ⅲ.①渔业管理-生物学-渔业经济学-研究　Ⅳ. F307.4

中国版本图书馆 CIP 数据核字（2015）第 314985 号

责任编辑：韩卫军 / 责任校对：唐静仪
责任印制：余少力 / 封面设计：四川胜翔

科 学 出 版 社 出版
北京东黄城根北街16号
邮政编码：100717
http://www.sciencep.com

四川煤田地质制图印刷厂印刷
科学出版社发行　各地新华书店经销

*

2016年1月第 一 版　　开本：787×1092 1/16
2016年1月第一次印刷　　印张：13 3/4
字数：340 千字
定价：88.00 元

序

这本书是两位作者之间长期协作的结果。它始于 20 世纪 90 年代中期团队在墨西哥、智利和中国台湾有关渔业管理教学过程中一系列的短期课程。写这本书的想法几乎是自然而然的结果。这样的努力，是一个漫长而艰苦的过程，因为它与我们正常的教学和研究活动同时进行，特别是这两个家庭都发生了严重的疾病。Anderson 负责第 2~7 章的撰写，Seijo 负责第 1 章、第 8~12 章的撰写。Seijo 准备了第 5 章的模拟模型，这一模型是年龄组讨论的基础，Anderson 则撰写了这一章的大部分文字内容，同时他对模拟模型进行了修改，主要是引入管理规则分析。

作者非常感谢各自所在的机构和 Wiley-Blackwell 出版社的支持。更为重要的是，我们非常感激我们的妻子和家人，感谢他们在撰写这本书的漫长过程中的耐心和支持。

这本书也献给 Lee G. Anderson 最好的朋友 Sheila，Juan Carlos Seijo 的家人和学生。

Lee G. Anderson
地球、海洋和环境学院
特拉华大学(University of Delaware)
美国特拉华州纽瓦克

Juan Carlos Seijo
自然资源学院
梅里达圣母大学(Marist University of Merida)
墨西哥尤卡坦半岛梅里达

译 者 序

    渔业资源是自然资源的重要组成部分，其可持续开发和科学管理受到世界各国和相关科学家的重视。渔业资源开发和利用既涉及渔业资源的自然再生产过程，也涉及人类开发利用的过程，是一个综合的自然社会经济大系统，其优化配置存在很多影响因素和不确定性。当然，不同的管理方法对渔业资源的开发利用和配置是一个重要的影响因素。

    美国特拉华大学(University of Delaware)地球、海洋和环境学院的 Lee G. Anderson 教授和墨西哥梅里达圣母大学(Marist University of Merida)自然资源学院的学者 Juan Carlos Seijo 从 20 世纪 90 年代中期以来，在墨西哥、智利和中国台湾等进行短期课程教学过程中，整理了《渔业管理生物经济学》(*Bioeconomics of Fisheries Management*)这本专著。该专著共分 12 章，较为系统地对渔业生物经济学的基本原理、公开入渔的动力学、最适动态利用、年龄结构生物经济模型、渔业管理过程、渔业管理规则、生态系统相互影响的生物经济学、生态和技术共同影响、渔业空间管理、季节性与种群长期波动、风险和不确定性等进行了分析。

    上海海洋大学陈新军教授组织团队对该专著进行翻译。第 1 章至第 5 章、第 7 章、第 9 章、第 11 章、第 12 章和附录由丁琪、方舟和李纲翻译，第 6 章、第 8 章和第 10 章由邹磊磊和刘淑艳翻译。陈新军和盛国强对翻译进行了审核，全书由陈新军审定。该译著可作为《渔业资源经济学》教材的重要参考工具，也可作为从事渔业资源评估、渔业资源管理、渔业政策等领域的科研人员、行政管理人员的参考和学习资料。

    在专著的翻译过程中难免会出现一些不足之处，希望得到读者和专家、学者的指教，以便在今后出版中得到进一步完善和补充。

陈新军

2015 年 8 月 25 日

目　　录

第1章　绪　　论

开展系统化的渔业研究，需要制定和检验各种渔业管理和监管办法，这必须整合资源生物学、生态学，并分析决定渔民的时间和空间行为的经济因素。管理和监管之间的区别将在下文讨论。不同鱼类资源的固有特性带来人类与之相互依存关系的不同情况。因此，对于具有不同的资源和社会背景的渔业，同一机构、同一管理或监管结构可能导致不同的结果。资源在空间和时间流动的程度以及小规模和工业船只的捕鱼自主程度为研究上述资源利用中的相互依存关系提供了方向。

现代渔业生物经济学能为渔业发展途径的探求提供深刻的见解，处理海洋渔业中产能过剩和过度捕捞的复杂问题，这些问题大多受到自然波动、沿海生态系统动态变化和缺乏稳定治理的影响。在"绪论"这一章里，我们要回答为什么需要渔业管理和监管这一基本问题，讨论鱼类种群的特点，以及由此产生的影响市场资源优化分配的参与者行为。同时，我们还将定义渔业生物经济学，并对本书涵盖的主题作一个简短的介绍。

1.1　为什么需要渔业管理和监管？

渔业资源利用情况可以通过控制实际和潜在的参与者的活动来改善，原因有很多。鉴于本书是关于生物经济学的，从这个角度出发，笔者认为缺乏适当的产权制度是影响渔业资源利用的非常重要的原因。虽然这里无法详细讨论这一主题，普遍的看法是，以建立激励机制，使资源利用获得最高价值为目标的产权，应具有以下特点（Randall，1981；Schmid，1987；Scott，1989，2008；Anderson and Holliday，2007）。

排他性：这指在所用者自由选择使用或放弃下，拥有和使用产权确定的资源，所产生的产出大小。同样的，所有者也需要承担开发资源所需的成本。执行这些权利的能力是排他性的一个重要方面。有时可执行性作为一个单独的特性列举出来，它也指无外界干扰下使用和管理资源的能力。

持久性：即产权得以维持的时间。它的重要之处在于，资源合理利用的动机取决于所有者获利或者承担成本的时间长度。

产权的安全性：即权利免于受到剥夺或侵犯的程度。

可转让性：即转让产权的能力。这一点对于实现资源价值最大化非常重要。

正如下面将要详细讨论的，在开放式渔业中资源开发存在政府有效干预的情况下，这些特性不适用于渔业资源，特别是没有达到适用于其他自然资源的程度。这基本上意味着参与者不具有充分开发鱼类繁殖潜力的激励。正如我们下文证明的，设计监管程序，使它们能像产权一样产生激励，将取得很大成效。

谈到渔业管理和管制，有必要考虑渔业资源中影响短期和长期捕捞行为和开发模式的其他方面和属性，不论有没有管制。其中，必须认识到的有：高排斥成本、高交易成本（信息成本和执法成本）、搭便车行为，以及社会陷阱（Seijo et al.，1998；Caddy and Seijo，2005）。

高排斥成本：这意味着要保证只有产权所有者才能开发现有鱼类资源，并不容易。即使规定只有指定数量的参与者可以捕鱼，也不意味着其他的均能被有效地排除。由于大多数鱼种具有流动性和洄游性，导致在海洋渔业中实施产权和管制中不仅人力安排有困难，而且成本很高。为了使参与者数量和捕捞活动处于允许范围内，渔业管理和管制需要很高的执行成本。对于海洋（和许多大陆架）渔业，管辖的区域很大，传统的巡逻船操作变得无效且成本较高。在这种情况下，不可强制执行的权利成为一纸空文。

高信息成本：自然系统以及一系列生物、社会、政治和经济因素的不确定性增加了渔业管理的复杂性，因此需要一种预防性的渔业管理方法（FAO，1996）。一般而言，即使在利益相关者合作的背景下，掌握正确的管理策略和相关规定的信息成本也非常大。评估渔业状态和维持它的生态系统所需信息的多学科性质需要包含自然和社会科学的跨学科方法。

此外，全面评估渔业和生态系统开发状态需要综合运用自然和社会科学的跨学科方法。本书是渔业跨学科分析的一个尝试，通过将生物、生态的原理和方法与渔业经济学合并起来，从而促进渔业生物经济学的进一步发展。

满足排斥性以及低信息和执行成本基本假设的困难，严重阻碍了产权的有效配置。固有的高排斥和交易成本和上述渔业特性需要我们超越"适当分配个人权利"的简单解决办法。无论是国内还是国际上，利益相关者之间的资源分配是最需要迫切解决的问题。

1.2　渔业中的社会陷阱和"搭便车行为"

我们应该认识到渔业通常面临社会陷阱的问题，这实际上就是在公开入渔情况下排斥性的缺乏。根据Shelling（1978），当个体渔民的短期动机与自身或其他渔民的长期结果不一致时，就会产生社会陷阱。为了增加个人边际收益，短期动机倾向于捕捞尽可能多的鱼，而长期目标则是获得最大经济产量或最大可持续产量。未来可利用种群的不确定性导致长期利益通常被短期边际收益所取代。考虑到资源生产力和资源利用偏好的时间波动，只有限制渔民数量，且渔民均遵守某种形式的捕捞努力量规定时，才能获得渔业可持续产量（Seijo，1993）。但是，如果渔民数量过多，某一渔民可能会成为一个无意的搭便车者或无贡献使用者。这种类型的人通常出现在大多数社区成员没有防止资源枯竭的自愿集体行为时，也会发生于种群资源量存在不确定性的时候（这种情况在海洋渔业中很常见）。

1.3　自然因素引起的资源量变动

除了捕捞对鱼类种群造成影响外，自然因素也会导致种群在短期和长期内波动。Soutar 和 Isaacs（1974）研究认为，对于大洋性资源，大幅度的种群波动甚至会发生在人类捕捞之前，Lluch-Belda(1989)记录了东太平洋范围内与厄尔尼诺南方涛动有关的产量波动；且类似的气候因素已在全球范围内影响到海洋生产系统(Kawasaki，1992；Klyashtorin，2001)。在渔业文献中经常提及 10 年的周期性(Zwanenberg et al.，2002)，但是Klyashtorin(2001)认为，周期为 50～60 年的生产力自然循环可能占主导地位，且长期波动很可能被气候变化所加剧。

现代渔业生物经济学应该综合原理、概念、分析及数据等技术，以研究分析渔业资源自然波动的动力学及其机制。

必须承认，沿海渔业资源也受到其他可能影响重要栖息地和/或生物过程的人类活动影响。事实上，随着半个多世纪以来渔业数据的积累，环境变化对渔业资源的作用和影响在近年来变得更为明显，但区分自然环境变化、捕捞影响以及其他人类活动的能力仍然很薄弱。

在此背景下，渔业管理问题包含选择目标种群大小、达到或维持目标种群大小的捕捞时间路径等，是一个困难且复杂的过程。此外，渔业管制也同样困难，它包括如何控制捕捞活动，使得任意年份的期望产量与实际产量一致。其中一个问题是，尽管管理目标可以用年产量表示，但本书前几章中的时间路径轨迹将表明，渔业不是一个静态系统，某一时期的人类活动或自然事件会对未来产生影响，渔业管制也会造成这种影响。某一时期人类行为对资源量和船队的影响将会影响当前管理办法的效力和控制未来捕捞的能力。

总之，缺乏适当的产权制度可能是公开入渔制度下渔业资源被过度捕捞或者滥捕的主要原因。当然，还有其他的原因，其中有一些是由于产权的错误配置，进一步加剧了渔业资源的衰退。本书将会介绍渔业资源被"滥捕"的真正含义，并阐明这种现象发生在公开入渔中的原因，以及针对这种问题的一系列解决方案。

1.4　渔业生物经济学

渔业生物经济学(Clark，1985；Anderson，1986；Hannesson，1993；Seijo，1998)是一门将渔民经济行为与生物学和生态学结合起来，并考虑空间、时间和不确定因素的学科。在生物经济模型和渔业分析中，上述因素的相对重要性取决于特定的渔业管理问题、资源的迁移程度和对环境的敏感性，以及渔民在时空上的可能行为。

为了解释上述渔业生物经济学的定义，本书涵盖了以下内容。第一部分是单一种群-单船队模型，除了绪论还包括第 2～7 章。第 2 章以 Schaefer-Gordon 模型为基础，介绍了渔业生物经济学的基本原理。主要目的是了解导致生物经济学过度捕捞的公开入渔的生物经济过程，阐述生物经济学过度捕捞意味着什么的问题，以及为什么个人的选择不会产生经济效益。第 3 章介绍了渔业动态的概念，分析了生物和经济因素使种群数量和捕捞努力量随时间如何变化。为了考虑个体渔船作业者的决策过程，还引入了一个分类模型，该模型有助于掌握渔业开发过程，这在考虑渔业资源管理时非常重要。第 4 章介绍了商业开发背景下鱼类种群动态的最适利用问题，讨论了最适种群和船队大小组合以及从其他组合向最适组合移动的时间路径。第 5 章以年龄结构模型为基础，单独考虑补充量、个体生长和自然死亡率等因子来描述种群动态变化。在大多数情况下，遵循Schaefer 模型的经济和渔业管理可以用年龄结构模型来表示。事实上，尽管这需要数值模拟而不是分析技术，但其能够推导出可持续收益和成本曲线，以及种群平衡和经济平衡曲线。由于能够分析首次捕捞的年龄以及不同种群补充量关系的特点，因此它能够提供额外的信息。但在大多数情况下，引入它的目的并不仅是学习渔业经济学，而是通过生物经济模型来回答管理问题。

第 6 章讨论了渔业管理和管制的任务。本章第一个任务是鉴于目前渔业的生物和经济状况选择理想的捕捞量。本章第二个任务是实施法规，使实际捕捞量与期望的捕捞量相符，同时考虑管理机构和参与者的成本，以及法规对参与者行为的短期和长期影响。我们把第一个任务叫做渔业管理，第二个任务叫做渔业管制。第 7 章对已经用来和可以用来管理渔业的不同类型法规和方法进行介绍、分析、对比。考虑到参与者可能的反应以及渔业资源利用中生物和经济的内在关联，这些管理办法和法规会对生物经济学有影响。本章强调，对规范渔业的分析与开放式渔业的分析类似，不同之处在于前者展示了法规限制下的不同时间路径。

第二部分包括第 8~12 章，主要介绍了多种群－多船队模型以及生态系统、空间、季节和随机变动、不确定性。第 8 章放宽了确定背景下单种群－单船队在空间上均匀分布的部分分析和数值生物经济进展的假设。基于生态系统的渔业管理涉及物种间沿着食物网的生态相互影响，了解它们的动态对于进一步了解渔民随时间的变化非常必要。然而，生物经济模型及分析与多种群及其生物生态联系的结合程度取决于：①为解决生态系统框架内渔业资源修复和可持续发展战略所提出的相关渔业和生态系统管理问题；②为解决所确定的相关问题，日益复杂的数学模型中参数估计所需的生物生态学和经济数据的可用性；③这些复杂模型的假设和不确定性。考虑相关生态系统中的选定种群，我们还要考虑随时间的推移不同船队对它们的兼捕。

因此，第 9 章将单种群－单船队生物量动态和第 2~5 章讨论的年龄结构生物经济模型扩展为考虑种类和船队间生态技术相互影响的多种类多船队渔业。在建立渔业生态系统管理的过程中，识别和考虑渔业中相关的生物/生态关系或一组相互影响的渔业成为首要解决的事情。考虑船队间和渔业间可能的技术间相互影响同样重要。这种情况发生在多船队竞争同一种群、多种群渔业偶尔捕获其他渔业的目标种，随时间影响种群结构不同部分的具有不同捕捞能力、渔具选择性、捕捞努力成本船队的连续性渔业中。

第 10 章综述了掌握海洋渔业资源丰度的空间异质性以及捕捞强度随时间的相应空间行为的必要性。鉴于种群在空间上均匀分布的假设对定居种和许多弱移动性的底层资源不适用，所以本章将探讨动态池假设对高估种群资源量的影响与空间建模问题。负责任的空间管理和渔业建模需要了解物种的空间行为，它们在时间和空间相应丰度异质性以及生态系统框架内的相互依存关系。它还涉及对决定空间捕捞强度的渔民行为的正确理解。最后一方面是渔业经济学的基础，主要探讨渔民捕捞行为在时空上的动机。本章还讨论利用海洋保护区对单种群以及具有关联种群进行空间管理。

第 11 章介绍了在渔业生物经济分析中引入种群季节性和长期波动模式的方法。在本章的第二节，我们利用一个包含季节性产卵、孵化和补充过程的年龄结构模型讨论了开放入渔下捕捞努力量季节性管理的问题。在第二节，我们利用一个周期性变化的环境容纳量模拟了种群波动的长期动态。此外，还提出了一个受环境驱使的以年龄结构为基础的生物经济模型，以应对长期海洋生产力模式和环境条件，这通过一个环境驱使的补充函数来实现。

最后，第 12 章介绍了海洋渔业的不确定性和风险分析。过去几十年的渔业管理已经认识到种群动态被信息不完整的因素所影响，在种群动态和生物经济分析中有用的生物/经济因素往往是未知的或其相关性不明确。正如第 9 章所述，捕捞某一特定的目标种群可能会被物种和船队间发生的生态和技术因素所影响。空间复杂性类似第 10 章中介绍的，不仅涉及掌握和估计资源和渔民行为在时空上的变化，还包括了解海洋动力学过程〔分散的幼虫最终会定居在源或库区域(sources or sink areas)，该区域栖息地和食物可获得性对定义复合种群动态至关重要〕。种群动态被周围生态系统所影响的程度通常很复杂，应该予以考虑。环境波动在局部和全球范围内如何影响鱼类种群在很大程度上还是未知的。除了已观察到的这些波动的周期性，它与渔获物的相关性也在最近被确定了，但其潜在的因果机制尚未被合理的解释。

渔业管理必须认识到的不仅仅是鱼类种群数量变化的复杂性，而且还应该认识到空间和时间的渔民行为是难以预料的，要有效地避免或减轻过度捕捞及产能过剩。渔业管理需要详细了解影响捕捞行为的因素，这些因素又会因渔民的文化背景和环境、渔业技术运用、影响其遵守适当监管机制的看法和行为而不同。

本书的另一个重要部分是设计的一系列习题(见书后 CD)，它们有助于理解书中的内容，并对其进行了扩充和拓展。习题以 Excel 电子表格的形式出现，可做图形分析。这有助于理解参数变化是如何影响分析的。在许多情况下，采用了仿真模型，以更详细地呈现开放和规范渔业的动态。除了满足教学的目的，希望这些仿真模型可以成为动态模拟研究更进一步的跳板。

参 考 文 献

Anderson L G. 1986. Economics of fisheries management. John Wiley & Sons, New York.

Anderson LG, Holliday M. 2007. The design and use of limited access privilege programs. US Department of Commerce, NOAA Technical Memorandum NMFS-F/SPO-86.

Caddy J C, Seijo J C. 2005. This is more difficult than we thought! —The responsibility of scientists, managers and stakeholders to mitigate the unsustainability of marine fisheries. The Royal Society, London, UK 360(1453): 59-75.

Clark C W. 1985. Bioeconomic modelling and fisheries management. John Wiley & Sons, New York.

FAO. 1996. Precautionary approach to fisheries. FAO Fisheries Technical Paper, 350: 210

Hannesson R. 1993. Bioeconomic analysis of fisheries. Fishing News Books, Blackwell, Oxford.

Kawasaki T. 1992. Mechanisms governing fluctuations in pelagic fish populations. South African Journal of Marine Science, 12: 321-333.

Klyashtorin L B. 2001. Climate change and long-term fluctuations of commercial catches. FAO Fisheries Technical Paper, 410: 86

Lluch-Belda D, Crawford R, Kawasaki T, et al. 1989. World-wide fluctuations of sardine and anchovy stock: The regime problem. South African Journal of Marine Science, 8: 195—205.

Randall A. 1981. Resource economics: an economic approach to natural resources and environmental policy. Grid Publishing Inc., Columbus, Ohio.

Schmid A A. 1987. Property, power and public choice. Praeger Publishers, New York.

Scott A. 1989. Conceptual origins of rights based fishing. In: Neher P A, Arnason R, Mollett N(eds), Rights Based Fishing. Kluwer Academic Publishers, Dordrecht, The Netherlands.

Scott A. 2008. The evolution of resource property rights. Oxford University Press, Oxford.

Seijo J C. 1993. Individual transferable grounds in a community managed artisanal fishery. Marine Resource Economics, 8: 78—81.

Seijo J C, Defeo O, Salas S. 1998. Fisheries bioeconomics: theory, modelling and management. FAO Fisheries Technical Paper, 368: 108

Shelling T C. 1978. Micromotives and macrobehaviour. W. W. Norton and Company, New York.

Soutar A, Isaacs J D. 1974. Abundance of pelagic fish during the 19th and 20th centuries as recorded in anaerobic sediment off the Californias. Fishery Bulletin, 72: 257—273.

Zwanenberg K C T, Bowen D, Bundy A, et al. 2002. Decadal changes in the Scotian Shelf large marine ecosystem. in: Sherman K, Skjoldal H R(eds), Large Marine Ecosystems of the North Atlantic. Elsevier Science, Amsterdam, 105—150.

第2章 渔业生物经济学的基本原理

2.1 引 言

一个渔业由两部分组成，即一个鱼类种群或者多个鱼类群体，以及对它们进行开发和利用的企业。这可以是一个非常简单的系统，如某一港口由相同渔船组成的船队开发单一种群；也可以是一个复杂的系统，如不同港口的船队运用不同的捕捞技术捕捞生态相关的几个种群。本书分析了许多不同类型的渔业，但本章的目的在于用一个简单的模型提供一个基本分析。尽管简单，其结果通常适用于更复杂且更现实的系统。渔业的基本原理可以用图2.1描述。

首先，一种鱼类资源以生物量来衡量，是该系统的自然资本。繁殖和补充新个体的能力、个体生长率、自然死亡率、捕捞死亡率均影响其收益大小。若新个体的补充量和现存个体的生长所增加的生物量大于由于自然死亡率和捕捞死亡率所减少的生物量，种群数量就会增加。

其次，渔船是渔业的人造资本，它通过捕鱼为市场提供鱼类为船主提供净收益。收益与生产函数(种群大小、渔船活动和产量之间的关系)、投入成本、鱼价有关。船队大小随着净收益的大小而变化。若总收益大于总成本，渔船数量增加；若总收益小于总成本，渔船数量减少，船主将渔船用于其他用途或直接退出渔业。

渔业生物经济学的目标之一是为了说明在船队和种群大小的相互作用下渔业如何运转。若任其自由发展，渔业中的捕捞努力量将过剩，导致种群数量过低。决定"过高"和"过低"的标准也是目标的一部分。第二个目标是对参与者进行管理，从而获得期望的捕捞努力量，很显然实现该目标是一个持续的过程。尽管如此，渔业生物经济学在制定实际渔业管理政策上仍是一个非常重要的工具。

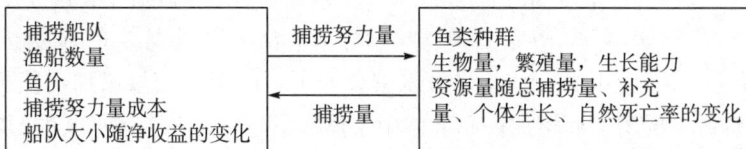

捕捞船队 渔船数量 鱼价 捕捞努力量成本 船队大小随净收益的变化	捕捞努力量 → ← 捕捞量	鱼类种群 生物量，繁殖量，生长能力 资源量随总捕捞量、补充 量、个体生长、自然死亡率的 变化

图 2.1 渔业的基本原理

为了了解渔业的运作，需要详细说明上述过程的关系。首先，什么是种群动态变化？存在和不存在捕捞活动时，鱼类种群如何随时间而变化？其次，捕捞量函数是什么？一定资源量下的投入和捕捞量关系？最后，在一定的鱼价和成本下，捕捞努力量与净收益的关系如何？

很显然，上述关系在不同渔业中有所不同，它取决于渔业资源的类型、捕捞技术、产品类型、销售市场。为了掌握某特定渔业的行为，根据各方面的知识和特定数据的可获得性，用于渔业建模的关系必须尽量与渔业情况相符。出于教学的目的，本书先从这些关系中一些相对简单的假设开始，这将更容易得到一些重要的结论。随着讨论的深入，我们将逐渐引入一些更复杂的关系。

2.2 Schaefer 逻辑斯谛增长模型

鱼类资源通常以单位为 t 的生物量来衡量。鱼类种群的增长是补充所增加的新个体重量，以及因衰老、疾病、捕食所导致的个体减少和个体生长所产生的净重量。当补充量和个体生长所获得增量大于自然死亡时，资源量就增加；反之亦然。当补充量和个体生长所获得的增量等于自然死亡引起的减少量时，鱼类种群就达到平衡。

Schaefer 逻辑斯谛增长模型是一个简单的数学公式，该公式能够得到实际渔业种群动态的很多数据。它假定补充量、个体生长和自然死亡能够同时用逻辑斯谛（Logistic）增长公式来表示。该模型是基于 Verhulst(1838) 的研究成果，但通常认为是 Schaefer 创造出的，因为他最早使用生物经济模型。该模型假设种群生物量的瞬时增长 X_t 可表示为

$$\frac{\mathrm{d}X}{\mathrm{d}t} = G(X_t) = rX_t\left(1 - \frac{X_t}{K}\right) \tag{2.1}$$

其中，r 是种群内禀增长率；K 是环境容纳量。

公式的第一项 rX_t 表明增长量与资源量成正比；公式的第二项 $[1-(X_t/K)]$，增长量随着种群密度的增加而减少。当资源量等于环境容纳量时，资源量不再增加。其综合效果是一个倒"U"型增长曲线，即增长量最初随着资源量的增加而增加，但最终降为零。求公式(2.1)的一阶导数，得到最大增长率，令其为 0，解 X，忽略时间下标，可得

$$r - \frac{2rX}{K} = 0 \tag{2.2}$$

解 X 得

$$X_{\mathrm{MSY}} = \frac{K}{2} \tag{2.3}$$

利用表 2.1 中的参数集，将 $K/2$ 代入公式(2.1)，得到最大增长率等于 $rK/4$ 或 7 500 t，其中 r 等于 0.3，K 等于 100 000。图 2.2 表示增长曲线的形状。最大增长量 7 500 t 对应资源量等于 50 000 t。曲线可以解释如下，由于补充量增加，使得低资源量时的增长量随着资源量的增加而增加；而群体中个体数量越多，对个体增长的影响也越大。

在某点之后，资源量开始接近环境容纳量，补充和个体增长减少，自然死亡增加。在该范围内，净增长量与资源量呈负相关，并最终为 0。

表 2.1 Schaefer 逻辑斯谛增长模型参数集

		符号	值
生物参数	内禀增长率	r	0.3
	环境容纳量/t	K	100 000

续表

		符号	值
经济参数	鱼价/美元	P	$17
	单位捕捞努力量成本/(美元/单位努力量)	C_E	$25
	可捕系数	q	0.000 05
平衡值	最大可持续产量/t	Y_{MSY}	7 500
	生物经济平衡产量/t	Y_{BE}	6 228
	最大经济产量/t	Y_{MEY}	6 851
	最大可持续产量时的资源量/t	X_{MSY}	50 000
	生物经济平衡时的资源量/t	X_{BE}	29 412
	最大经济产量时的资源量/t	X_{MEY}	64 706
	最大可持续产量时的捕捞努力量	E_{MSY}	3 000
	生物经济平衡时的捕捞努力量	E_{BE}	4 235
	最大经济产量时的捕捞努力量	E_{MEY}	2 118

　　Schaefer 增长模型曲线的形状取决于参数 r 和 K 的绝对和相对大小。当 K 相同时，r 越大种群数量增长越快；当 r 相同时，K 越大将会使增长率正值的范围增大，并使种群增长率增大。

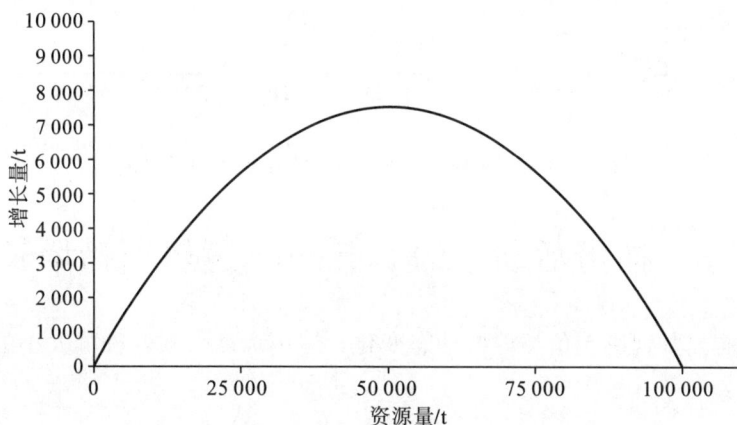

图 2.2　Schaefer 逻辑斯谛增长模型曲线

　　渔业管理中的一个关键问题是资源量随时间的变化情况。尽管一些细微的差别在本书的后面部分变得明确，但在大多数情况下，未开发鱼类种群的大小会根据下面的离散关系随时间变化：

$$X_{t+1} = X_t + G(X_t) \tag{2.4}$$

　　也就是说，无捕捞活动下第二年的资源量等于第一年种群数量与观测期间种群增长量的总和。对于 Schaefer 模型，当 X_t 等于 K 时，种群达到平衡。因为此时 $G(K)=0$，所以 $X_{t+1}=X_t$。

要获得资源量的准确时间路径，必须求出微分增长公式[公式(2.1)]的解，Clark(1976)给出了该公式的解：

$$X_t = \frac{K}{1 + c e^{-rt}} \tag{2.5}$$

其中，$c = (K - X_0)/X_0$。这两个公式得到的时间路径的差异很小。但离散公式较容易使用，特别在考虑捕捞时，因此它的使用贯穿全书。

图 2.2 表示当初始资源量为 5 000 t 或 5% 的最大环境负载容量时，种群增长的时间路径。增长路径的逻辑斯谛形式在图 2.3 中能够清楚地观察到。当资源量很低时，种群增长缓慢，种群资源量也增长缓慢；当资源量处于中等水平时，增长率增加，资源量的时间路径变得非常陡峭；当资源量接近环境容纳量时，负密度制约影响使增长率降低，最后以一个相对平缓的曲线趋向于 K，曲线的形状大致表示了鱼类种群动态变化。即使在讨论的初级阶段，有一点也需要明确，时间是渔业管理的一个重要因素。尽管种群能够恢复至高的资源量，但即使在无捕捞活动下也需要一定的时间才能恢复。种群恢复所需的时间取决于其生物特性、内禀增长率以及资源量被降低的程度。

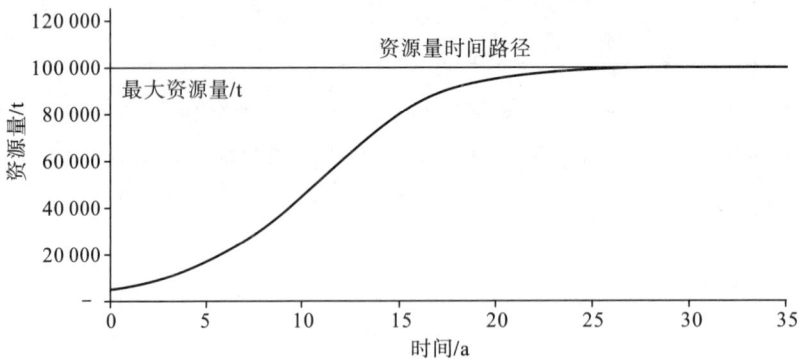

图 2.3 基于逻辑斯谛形式的种群大小变化的时间路径

2.3 捕捞活动下的 Schaefer 逻辑斯谛增长

现在讨论捕捞如何影响鱼类种群动态变化，运用离散公式，种群大小的周期性变化可以表示如下：

$$X_{t+1} = X_t + G(X_t) - H_t \tag{2.4a}$$

第二年的资源量等于第一年的资源量加上增长量，再减去该年的捕捞量(H_t)。在这种情况下，种群在 $G(X_t) = H_t$ 时达到平衡。这是一个简单的点，但鉴于它在下面所有分析中的重要性，有必要重复一下。资源量调整至增长量等于捕捞量，是导致资源量时间路径移向平衡的平衡因素。若捕捞量发生变化，平衡将发生变化，当增长量与新捕捞量相等时，又达到平衡。

图 2.3 表示相同参数下存在和不存在捕捞活动的种群大小的时间路径。假定初始资源量为 20 000 t，恒定捕捞量为 3 000 t。从图中可看出，有两点较为明显：第一，捕捞活动下的时间路径比无捕捞活动下的时间路径在每个时间点都低；第二，平衡资源量小

于环境容纳量。第一点清楚地表明渔业经济中的一个基本组成部分,即权衡捕捞多少用于当前消费,应该保留多少在水域中继续生长。关于资源量的捕捞机会成本可以决定是现在捕捞还是未来捕捞,这在下文有详细讨论。

第二点是根据种群增长的基本逻辑推导而来的。在一个未开发的渔业中,当补充量和种群生长所增加的生物量与自然死亡所减少的生物量相等时,就达到平衡。存在捕捞活动时(图 2.4),存在另一种形式的死亡,但平衡仍会在增加量与减少量相等时产生。正如上文所指出的,当种群净自然增长量等于捕捞量时,就达到平衡。

换个角度看,有时关于可持续收获,提出观点非常幼稚,就是“只要不影响海洋中种群大小,商业捕捞就没问题”,但是捕捞总会影响种群大小。事实上,为了利于自然环境的生产力,种群必然要减少。当资源量处于环境容纳量时,由于密度制约效应将导致种群增长降低,密度增加将导致食物和栖息地竞争加剧。减少资源量和密度能够加快种群的增长,从而形成可持续捕捞的基础。

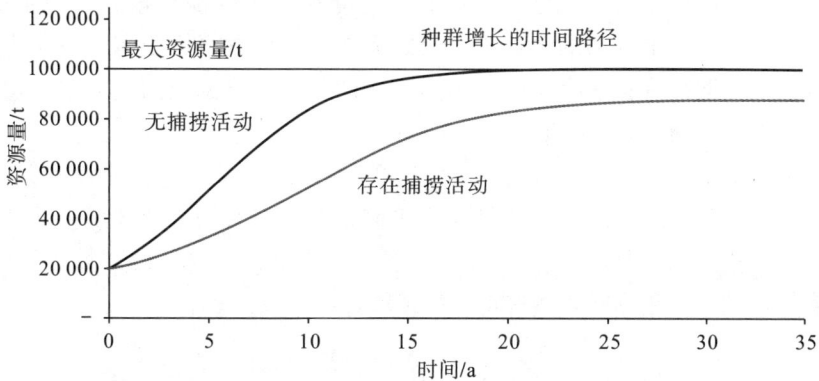

图 2.4　存在捕捞活动和无捕捞活动下的种群增长时间路径

这里有两点需要说明。首先,种群大小有许多可能的平衡点,我们要进一步讨论这一点,使用群体平衡和以下的持续产量函数。其次,新的种群大小均衡需要的时间不等。在很多情况下,考虑均衡种群大小或收获水平变化时均衡的变化不是很有用。通常认为更有用的方法是考虑种群大小趋于均衡时的时间路径。时间路径的形状取决于初始种群大小、生长函数中的参数以及收获量(或渔获量)。

渔业长期优化管理的一个重要概念就是鱼类资源可以被看作一种市场产品的资本,通过削减短期产量可以对该种资本进行投资。正如所有的投资一样,关键要确保未来获得的产品价值高于当前损失的产品价值。这一点在下面有详细的讨论,但在调整种群数量时,了解时间的重要性非常关键。

2.4　商业捕捞的详细分析

以上分析讨论了种群动态变化中增长和收获(harvest)之间的基本关系。收获是渔业参与者协商行为的结果,了解渔业开发必须要弄清产生捕捞决定的因素。同样,适宜的渔业管理,需要了解各种类型的法规如何影响捕捞决策。反过来,这将影响捕捞量和资源量，可以通过引入渔业产量或生产函数的概念来解决上述问题。年产量可被视为资源量和捕捞努力量的函数，这里将捕捞努力量定义为标准捕捞天数。捕捞努力量的概念在下文有详细的介绍。

令 y_t 为短期产量：

$$y_t = qX_tE_t \tag{2.6}$$

其中，q 是可捕系数，E_t 是捕捞努力量。可捕系数与捕捞技术有关。公式(2.6)是经常用于渔业经济模型中的一个标准产量公式。由于它是线性的，所以计算较为方便。但是，其隐含的假设不符合渔业边际生产力递减的经济规律。该公式中，额外增加一单位的捕捞努力量或资源量所增加的产量相同。若捕捞努力量足够大，由公式会得出渔获量大于实际资源量的结论。下面会讨论一些更符合实际的产量函数，公式(2.6)的易操作性使其非常有用。

需要强调的是，公式(2.6)是一个短期产量函数，任意时间点均存在一个资源量。这个函数表示某一资源量下，不同水平的捕捞努力量所产生的渔获量。当资源量较大时，相同的捕捞努力量会产生更多的渔获量，反之亦然。该函数将用于解释下文中所有的渔获量。该函数的短期性是非常明显的，因为渔业的参与者根据当前资源量做出决策，而当前资源量可能是平衡的，也可能不是平衡的。

在一定资源量下不同捕捞努力量所产生的产量，对于了解当前渔业活动是很重要的，但持续产量的概念无论对长期分析还是作为参照系都同样有用。持续产量曲线表示捕捞努力量与持续产量之间的关系，由于捕捞量等于增长量，所以持续产量能够一直维持。只有增长量与短期产量相等，才能获得可持续产量：

$$rX\left(1 - \frac{X}{K}\right) = qEX$$

即

$$r - \frac{rX}{K} = qE$$

解 X 得

$$X = K - \frac{qK}{r}E \tag{2.7}$$

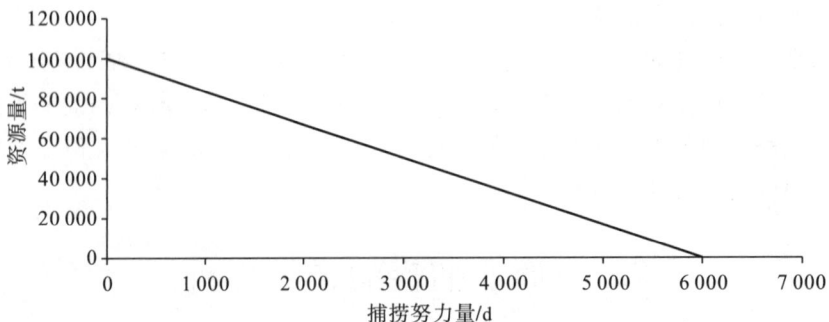

图 2.5　种群平衡曲线

该函数称为种群平衡曲线（population equilibrium curve，PEC），作为一个重要的概念，它在下面的公式和图形分析中会多次用到。它表明平衡资源量与捕捞努力量成反比

（见图 2.5，用表 2.1 中的参数得到的 PEC）。

　　如上所述，对于每一个捕捞努力量都存在一个不同的平衡资源量，这仅是上述原理的延伸。每一捕捞努力量水平都对应着一个渔获量，因此在一个特定的范围内每一个捕捞努力量将会对应一个平衡资源量。特别地，当 E 等于 0 时，平衡资源量等于环境容纳量 K。增加捕捞努力量将会使平衡资源量减少；当 E 等于 r/q 时，可持续资源量等于 0。后者可以通过用 r/q 替代公式(2.6)中的 E 来解释，由此产生的渔获量为 rX。当捕捞量与种群增长相抵消时，种群灭绝。

　　将种群平衡公式(2.7)代入短期产量公式(2.6)，得到关于 E 的可持续产量函数公式：

$$Y = aE - bE^2 \tag{2.8}$$

其中，$a = qK$，$b = q^2K/r$。资源量是确定持续产量的一个重要因素。由于平衡资源量是捕捞努力量的函数，所以包含在公式中。

　　持续产量曲线的形状取决于增长量与短期产量公式的参数 r、K、q。图 2.6 所示曲线表示种群达到一定捕捞努力量下的平衡时，该捕捞努力量所产生的渔获量。在低捕捞努力量时，增加捕捞努力量会增加持续产量，因为在种群增长曲线的右侧，随着资源量降低，种群增长量增加（见图 2.2）。在某点之后，捕捞努力量增加会导致持续产量降低，因为资源量的进一步降低将导致增长量降低。渔业最大持续产量等于种群最大增长量。

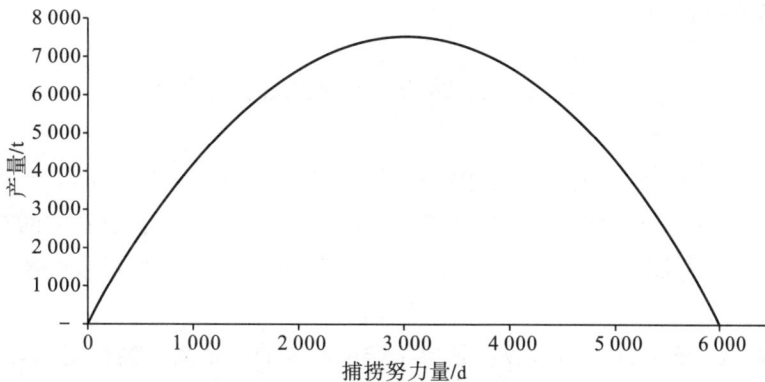

图 2.6　可持续产量曲线

　　E 的临界水平可以用公式(2.8)来确定。对 E 求导，令公式为 0，求解得到 E_{MSY} 等于 $a/2b$ 或 3 000 天，当 $aE = bE^2$ 时，产量降为 0，其中 $E = a/b$ 或者 6 000 天。

　　解释持续产量曲线必须十分谨慎。图形表达了 x 轴上的不同值（自变量）与其对应的 y 轴上的值（因变量）之间的关系。持续产量曲线表示一定捕捞努力量的平衡产量，当沿着曲线移动时捕捞努力量和资源量都在发生变化。

　　持续产量曲线仅考虑了平衡点。由于其特有的性质，它忽略了因捕捞努力量和捕捞量的变化、种群所需的调整时间等因素。在曲线右侧，降低捕捞努力量能够增加产量，但是短期内捕捞努力量的降低通常会导致产量下降。原因在于，随着捕捞努力量的降低，产量最初会降低，但最终会随着资源量的增加而增加。由于曲线上之前的点是平衡点，因此捕捞量小于增长量，资源量将开始增加。实际上，捕捞量和增长量都会增加，但增长量增加地更快。使系统达到可持续产量曲线上一个新平衡时的平衡因素是，种群调整到捕捞量再次与增长量相等。

2.5 生物经济基本模型

基于上述种群动态生物学介绍，现在将经济学引入分析中。生物学分析包括讨论捕捞努力量、产量、资源量之间的关系，但了解商业性渔业的活动还需要了解特定情况下实际产生的捕捞努力量大小，这是生物经济模型的目的。在绝大多数情况下，商业捕捞是由利润驱使的，通过分析价格和成本信息以及利润如何随着产出而变化，可以构建出可能的捕捞努力量与产出的模型。下面介绍一个简单且基于持续产量曲线的模型，尽管较为简单，但它可以用来介绍渔业生物经济学的基本原理。下面介绍的复杂模型是此模型基础上的拓展。

渔业管理的生物经济学有两个根本性的核心问题：①捕捞努力量应该达到什么水平？这个问题隐含的意义是要解释什么时候才说"应该"；②如果任其自由发展，行业参与者投入的捕捞努力量可能会是什么水平？这两个问题之所以重要，因为答案不同。解释其为什么不同，以及怎样使渔业向期望捕捞努力量移动是渔业生物经济学的重要组成部分。这个模型中给出的答案是静态意义上的，但就目前而言也足够了。更多的细节会在以下更复杂且更现实的模型中提出。

2.6 收入函数和成本函数的推导

为了使问题简化，假定鱼价 P 和单位捕捞努力量的成本 C_E 都是常数，利用这些经济参数可推导出持续产量和增长曲线的"货币"形式。它们可用来表示成本和收入如何随着捕捞努力量或资源量而改变。总可持续收益 TSR_E 作为捕捞努力量的函数可表示如下：

$$\mathrm{TSR}_E = P(aE - bE^2) \tag{2.9}$$

其中，$a = qK$，$b = q^2K/r$。持续收益是持续产量曲线的一个简单线性变换，它表示种群调整至某一捕捞努力量后该捕捞努力量所产生的收益。TSR_E 曲线与持续产量曲线的形状相同，虽然 X 轴仍然是捕捞努力量，但是 Y 轴是以美元衡量，而不是生物量。

总成本 TC_E 作为捕捞努力量的函数，可表示如下：

$$\mathrm{TC}_E = C_E E \tag{2.10}$$

可见，总成本将随着捕捞努力量的增加而呈线性增加。

相同的信息也可以用平均收益和平均成本来表示。捕捞努力量的平均可持续收益等于总收益除以捕捞努力量，它是捕捞努力量 E 的递减函数。捕捞努力量的平均成本等于总成本除以捕捞努力量，并假设 C_E 是一个水平的直线。捕捞努力量的平均成本等于捕捞努力量的边际成本。

$$\mathrm{ASR}_E = aP - bPE \tag{2.11}$$

$$\mathrm{AC}_E = C_E \tag{2.12}$$

为了表示捕捞努力量与资源量之间的关系，考察不同资源量下的持续收益和成本显得很有必要。这里讨论的问题还有助于考虑动态的最适利用（见第 3 章）。作为资源量函

数的总持续收益 TSR_X，其等于鱼价与增长函数的乘积。

$$\text{TSR}_X = PrX\left(1 - \frac{X}{K}\right) \tag{2.13}$$

它表示任意资源量下，在可持续基础上能够获得的收益。利用 PEC、公式(2.7)可以求出任意资源量下持续产量对应的捕捞努力量。

$$E = (K - X)\frac{r}{qK} \tag{2.14}$$

在任意资源量下，持续产量的总成本 TC_X 可表示如下：

$$\text{TC}_X = C_E(K - X)\frac{r}{qK} \tag{2.15}$$

随着资源量的增加，获得持续产量的捕捞努力量降低，因此 TC_X 与资源量呈反比。

关于 E 和 X 的总收益和成本曲线分别表示在图 2.7(a)和 2.7(b)中。平均收益和成本曲线表示在图 2.7(c)中。一些关键变量的值表示在图 2.7 的附表中。

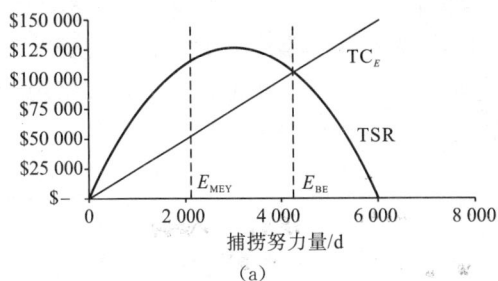

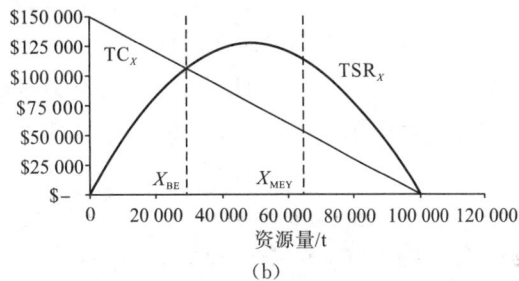

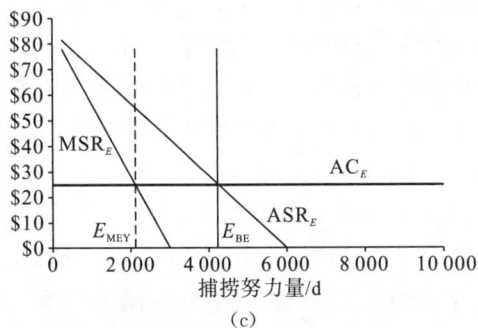

E_{BE}	4 235		E_{MEY}	2 118
X_{BE}	29 412		X_{MEY}	64 706
Y_{BE}	6 228		Y_{MEY}	6 851
AC fich	$17		AC fich	$773
Profit	$0		Profit	$63 529

图 2.7　总收益、平均收益、边际收益和成本

2.7　静态最大经济产量

上述函数可用来解决上面提到的两个问题。第一个是应该产生多大的捕捞努力量，答案取决于我们的期望目标。虽然有很多可能的渔业管理目标，我们着重于经济效益(见第 1 章及该章参考文献)。作为对比，需要注意的是，通常提出的目标是最大持续产量。它甚至不需要考虑如何实现该目标的经济因素，仅需在持续产量曲线的最高点进行作业。在本章的例子中，年捕捞努力量等于 3 000 天，可持续产量为 7 500 t。

有效的经济产出水平遵循基本经济原理。经济学是研究稀缺资源配置的一门学科，就渔业产出而言，其目标是实现净价值的最大化。鱼类对社会的价值是什么，以及捕捞它们需要放弃什么？从这个角度来看，产生多少捕捞努力量的问题取决于，随着更多的捕捞努力量施加于鱼类种群所产生的收入与支出的关系。上岸的渔获有价值，但也有成本。投入对捕捞鱼类所需的捕捞努力量是必要的，而投入在经济中具有其他的潜在用途。考虑到以上这些因素，静态最适捕捞努力量水平位于持续收益与成本曲线之间差值最大的地方[见图 2.7(a)和 2.7(b)]，这发生在 E_{MSY} 和 X_{MSY} 点。

更确切地说，静态最大经济产量发生在最大总持续净收益对应的 E 上，总净收益可表示如下：

$$NR_E = P(aE - bE^2) - C_E E \tag{2.16}$$

对 NR_E 求导：

$$\frac{\partial NR_E}{\partial E} = P(a - 2bE) - C_E \tag{2.17}$$

令公式等于 0，NR_E 在该捕捞努力量下达到最大，表示如下：

$$P(a - 2bE) = C_E \tag{2.18}$$

公式(2.18)左侧可以看作捕捞努力量的边际持续收益。这是产值的变化，由捕捞努力量的变化所引起。右侧是单位捕捞努力量的边际成本。只有当增加一单位捕捞努力量所获得收益高于成本时，增加捕捞努力量才有意义。解公式(2.18)得

$$E_{MEY} = \frac{Pa - C_E}{2Pb} \tag{2.19}$$

在本章实例中，E_{MEY} 等于 2 118 d。

静态经济最优也可以根据资源量函数的收益和成本来描绘（见图 2.7b）。最大利润发生在资源量为 64 706 t 时，该资源量是捕捞努力量为 2 118 d 时的平衡资源量。

从经济学角度了解最适开发利用的逻辑性是非常重要的，因此重申上述数学运算的经济解释非常有用。因为本书也供非经济学专业的人员查阅，所以必须说明的是，问题不仅仅是捕捞量的净收益最大化。经济学家关心的不只是利润的净收益最大化，他们还关心渔业产量与其余经济的最佳平衡。净收益最大化的必要条件表示在公式(2.18)中，即 MR_E 等于 MC_E。根据图 2.7(b)，最适捕捞努力量位于 MR_E 与 MC_E 曲线的相交处。MR_E 是每增加一个单位的捕捞努力量可以获得的额外收入，MC_E 是每增加一个单位的捕捞努力量所增加的额外成本。从整个经济角度来看，这也表示将产生捕捞努力量的投入用于经济中的其他方面所产生的商品和服务的价值。只要增加一个单位捕捞努力量的收益大于其所需的机会成本，继续增加捕捞努力量是有意义的。收益大于成本，总利润增加。从社会角度来看，用于产生捕捞努力量的资源，渔业生产价值的增长将多于经济其他部门产值的下降。当 MR_E 小于 MC_E，产生相同收益所消耗的捕捞成本更多。在该范围内增加捕捞努力量是没有意义的，最适捕捞努力量位于 MR_E 等于 MC_E 时。

2.8 开放式渔业的利用

现在回到这个问题：鉴于个体参与者的私人动机，商业性渔业如何运作。对个体企业行为进行经济分析有一个基本宗旨：利润最大化是其商业经营和决策的主要目标。Adam Smith 将这种利益追逐称作"看不见的手"，因为它会使资源移向其利润最大处。当个体不承担其行为的全部成本时，这只"看不见的手"将会失效。开放式渔业的一个重要的问题在于，每个参与者都会具有根据个人收益做出独立决策的激励。这些独立的决策对所有参与者都具有重要的关联影响。

图 2.7(c) 可以很好地解释该模型的个人行为动机。下面将对其进行详细讨论。假定参与者类似，渔业平均收益和成本整体上表示个体企业水平上的情况。尽管捕捞努力量用横坐标表示，但产生捕捞努力量的决策是由单独的个体做出。若每个参与者运用个人的收益和成本作为制定决策的基础，渔业将会在 ASR_E 与 AC_E 曲线的相交处达到的生物经济平衡[见公式(2.11)和(2.12)]。生物经济平衡处的捕捞努力量为

$$E_{BE} = \frac{aP - C_E}{bP} \tag{2.20}$$

该平衡的原理可以解释如下：图 2.7(c) 中 E_{BE} 左侧的任意一点，单位捕捞努力量的收益大于成本，所有参与者都将盈利，因此具有增加捕捞努力量的激励；此外，潜在参与者可以看到当前参与者的盈利，认为进入渔业能够获得利润。这些激励将促使个体增加捕捞努力量，甚至在总可持续捕捞量将下降时，捕捞努力量仍在增加。需注意的是，当捕捞努力量超过 3 000 d 时，虽然平均收益仍然高于平均成本，但可持续产量和收益将会降低。

同样的，当捕捞努力量高于 E_{BE} 时，平均收益小于成本，个体参与者将减少捕捞努力量或者退出渔业。由于捕捞努力量在 E_{BE} 左侧将增加，在 E_{BE} 右侧将降低，因此在 E_{BE} 时将达到平衡。

生物经济平衡也表示在图 2.7(a) 和 2.7(b) 中，它位于总收入与总成本曲线相交处。它清楚地表明，在开放式渔业中所有可能的净收益都将消失。

开放式渔业利用不会产生一个经济有效的结果。若平衡时的捕捞努力量高于必需的捕捞努力量，将会导致平衡时的资源量比适宜资源量低。

从图 2.7 中的附表可以看出，单位渔获量的平均成本(产量除以总捕捞成本)在静态最大经济产量点比在生物经济平衡点低。因为在公开入渔下，只要利润为正，渔船就会继续进入，捕捞努力量将增加，直到捕捞努力量和资源量的组合达到渔获物的平均成本等于渔获物的价格。很重要的一点是，捕捞努力量和资源量均是在生产中投入。在最大经济产量点，捕捞努力量与资源量的组合是渔获物平均成本位于利润最大处。

为什么开放式渔业会产生净利润非最大化的低效率捕捞努力量？答案在于产权结构产生的激励。尽管个体作业者拥有自己的渔船，并具有渔业中的人造资本产权，但无人具有海洋中鱼类的所有权，海洋中的鱼类资本没有产权。尽管每个参与者在更高的资源量下作业可以获得更高的利润，但作业者无法保证他们对资源的投入能够得到补偿。若某一作业者降低捕捞努力量以促进资源量增长，却无法保证其他参与者不会进入渔业捕捞额外的渔获物。在这种情况下，个体作业者仅会考虑单位捕捞努力量的平均收益与个人单位捕捞努力量的成本之差。也就是说，个体作业者将考虑 AR_E 与 MC_E 之差，而不是 MR_E 与 MC_E 之差。MR_E 衡量整体上增加的渔业产值，但个体作业者仅考虑个人收益。正如图 2.7(c) 所示，在 AR_E 大于 MC_E 的范围内，MR_E 小于 MC_E。在上述范围内，

尽管整个渔业的利润为负，但个体作业者由于个人利润为正，导致其具有增加捕捞努力量的激励。尽管每个个体都会根据自己的个人利益进行渔业活动，但在净利润为 0 时，他们都会停止渔业活动。

为了了解产权的重要性，假设单个渔民或者有组织的渔业团体对渔业资源具有限制入渔的实际产权；采用的捕捞努力量是一个统一的决定，而不是很多个体渔民的私人决定。由于产生一单位捕捞努力量的全部收益和成本全部由决策者承担，如果他们关心的是总净利润，则会遵循 MR_E 等于 MC_E 的规则。产权决定如何决策，这关系重大。在理想情况下，决策制定者承担所有的收益和成本的产权非常重要。这不像开放式渔业中的增加捕捞努力量的决定对所有参与者都产生影响，而是仅对单个决策制定者有影响。

但是，分析时需要谨慎，一个重要前提是作业者的行为是相互独立的。若作业者知道现在的情况，并采取考虑其他作业者影响的作业规则，公开进入的滥捕就可以避免。例如，若参与者能够了解当捕捞努力量超过 E_{MEY}，所有参与者的总收益将降低，他们就可以对每个参与者的捕捞努力量做出限制。尽管这在理论上可行，但在很多实际情况下却不可能发生，因为可能的参与者数量太大，个体作业者很难看到自身对其他参与者的影响，更重要的是，使捕捞努力量保持在最适水平的协议很难达成。

然而，下面将看到，试图模仿渔业资源所有权所提供的激励的渔业法规，在同时获得较高的可持续鱼类种群和有效的捕捞努力量水平方面可以获得成功。基于产权的管理机制能够防止发生在开放式渔业以及后文所述的非基于产权的渔业管理中的利润浪费。

2.9 公开入渔下的结构变化

上述分析说明了开放式渔业的基本问题。由于缺乏产权，基于个人收益的个体渔民具有过度捕捞的动机。由于渔业分配投入过剩使得最后一单位的边际收益小于边际成本，并导致资源量小于适宜资源量，潜在收益消失。这些结果在静态模型中已被证明，该模型假定价格、成本、技术不变。当鱼价上升或捕鱼技术改善时，开放式渔业利用的前景更黯淡。任何与捕捞努力量产生有关的投入成本降低，也会产生长期有害的影响。

作为本论点的参考框架，需要注意的是，市场中大多数的其他商品和服务、更高的价格、更低的投入成本或技术进步是有利的，因为这会导致产量的增加。这些变化增加了利润，这些利润使参与者有动力对这个行业进行更多的投入。然而关键的一点是，其他行业中可以增加更多的必要投入，但在渔业不可行。因为尽管可以引进更多的渔船，却无法增加更多的生产力，该关键差异将产生不同的结果。

图 2.8 表示上述描述状态下增加鱼价的情况。总持续收益曲线（TSR_E）在每个捕捞努力量下均相应上移，TSR_E 曲线与总成本曲线 TC_E 曲线在更高的捕捞努力量下相交。利润的增加将吸引更多的捕捞努力量，这种情况最终会导致资源量和产量的降低，毫无疑问，平衡资源量也会下降。这遵循 PEC 原理，它表明平衡资源量与捕捞努力量呈反比（见图 2.5）。由于当前渔业处于 TSR_E 曲线的负斜率部分，所以平衡产量降低。

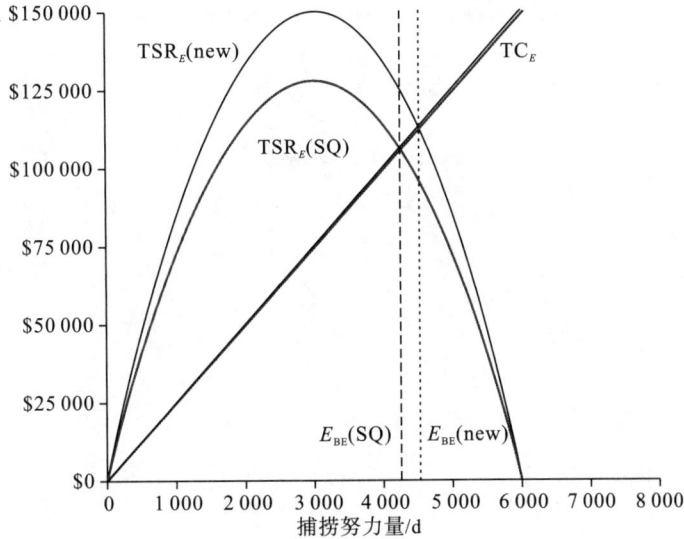

图 2.8　价格对生物经济平衡的影响

　　若 TC_E 与 TSR_E 曲线相交于上升部分，结果将不同。在这种情况下，尽管平衡资源量将下降，但增加鱼价能够使产出增加。但由于当前以及新平衡时的净收益为 0，价格上升所带来的收益将被捕捞努力量的增加和资源量的降低所抵消。

　　捕捞努力量的成本降低或技术改善使可捕系数 q 升高，也会产生相同的结果。上述潜在的有利影响在开放式渔业中都将会消失。

参 考 文 献

Anderson L G. 1986. The economics of fisheries management, revised and enlarged edition. The Johns Hopkins University Press, Baltimore, MD.

Anderson L G. 2002. Fisheries economics, volumes I and II. Ashgate Publishers, Burlington, VT.

Charles A T. 2001. Sustainable fishery systems. Blackwell Science Ltd., Malden, MA.

Clark C W. 1976. Mathematical bioeconomics: the optimal management of renewable resources. John Wiley and Sons, New York.

Clark C W. 1990. Mathematical bioeconomics: the optimal management of renewable resources, second edition. John Wiley & Sons, Inc., New York, NY.

Clark C W. 2006. The worldwide crisis in fisheries: economic models and human behavior. Cambridge University Press, New York, NY.

Conrad J M. 1999. Resource economics. Cambridge University Press, New York, NY.

Hannesson R. 1993. Bioeconomic analysis of fisheries. Fishing News Books, Osney Mead, Oxford.

Hundloe T. 2002. Valuing fisheries: an economic framework. University of Queensland Press, St. Lucia, Australia.

Schaefer M B. 1954. Some aspects of the dynamics of populations important to the management of commercial marine species. Inter-American Tropical Tuna Commission Bulletin, 1: 27—56.

Scott A D. 1955. The fishery: the objectives of sole ownership. Journal of Political Economy 63: 116—124.

Seijo J C, Defeo O, Salas S. 1998. Fisheries bioeconomics: theory, modeling and management. FAO Fisheries Technical Paper, 368 van den Bergh J C J M，Hoekstra J，Imeson R，et al. 2006． Bioeconomic modelling and valuation of exploited marine e-cosystems． Springer，Dordrecht，The Netherlands．

Verhulst P F. 1838． Notice sur la loe que la population poursuit dans son accroissement． Correspondance Math′ematique et Physique，10：113—121．

Walters C J，Martell S J D. 2004． Fisheries ecology and management． Princeton University Press，Princeton，NJ.

第 3 章 公开入渔的动力学

3.1 引 言

本章有两个目的：第一，更详细地介绍渔业动力学的概念，它分析了种群和捕捞努力量如何根据生态和经济条件随着时间推移而改变；第二，介绍一种分类模型（disaggregated model），考虑个体船队作业者的决策过程。此分类模型对于渔业开发状况的模拟更加稳定可靠，在考虑管制的影响时，这一点尤为重要。

首先，我们根据第 2 章介绍的综合模型（aggregate model）来描述种群动态的基础。其次，建立分类模型，将其结果与综合模型比较。然后利用分类模型表示动态分析的变化情况。在该过程中，我们详细地描述了渔业中的个人和集体行为，例如渔船进入和退出渔业的时间、不同种群条件下如何作业等问题。

3.2 生物经济平衡

当总收益等于总成本时，渔业达到公开入渔下的生物经济平衡。上述分析是依据持续产量曲线，它包含了捕捞努力量对种群大小的影响，目的是解释渔业最适开发量与公开入渔平衡量之间的区别。下文将拓展讨论范围，并探讨生物经济平衡的概念，主要讨论达到平衡的过程，同时兼顾到渔业生物和经济两方面。由于处于平衡状态的渔业非常少，所以该讨论非常重要。平衡的概念对总体研究较为有用，但在考虑一个实际政策时意义不大。在任意时间点，存在一个特定的资源量和潜在捕捞努力量，且这两者很有可能处于非平衡的组合。因为资源量和捕捞努力量是随时间变化的，这将在下文讨论。当考虑管制时，我们不仅要了解它的现状，而且还要掌握渔业的走向以及如何通过改变时间路径使渔业朝我们期望的方向发展。

生物经济平衡发生在种群大小和捕捞努力量水平保持不变的情况下，这是生物和经济的同时平衡。种群平衡曲线（PEC）表明生物平衡下资源量和捕捞努力量的组合（图 3.1），它表示：在任意种群大小下，捕捞量与增长量相等时的捕捞努力量水平。因为增长量等于捕获量时，种群大小将不变。另外，种群平衡曲线还可以看作一条线，将种群−捕捞努力量空间分成捕捞努力量和种群大小的组合，其中种群大小会有增减。在线上方的所有点，现存捕捞努力量水平的捕获量将大于现存种群大小下的增长量，因此种群大小将变小。另外，在该线之下所有捕捞努力量和种群大小的组合表示，捕获量将小于增长量，因此种群的规模将增长。生物经济平衡位于种群平衡曲线上的某点。

当捕鱼收益等于得到该收益的捕捞努力量的成本时，捕捞努力量将不会改变，这为经济平衡提供了条件。当捕捞努力量与种群大小的现存组合使得总收入大于总支出时，都会激励现有捕鱼者加大捕捞努力量，而且还会吸引其他人进入渔业。这些将会在分类模型中做详尽解释。另一方面，当现存种群大小与捕捞努力量组合产生相反结果时，将刺激捕捞努力量的减少。

运用短期收益函数[公式(2.6)]，经济平衡（总收入等于总支出）的条件如下：

$$PqXE = C_E E \tag{3.1}$$

之所以不使用持续产量曲线，是因为它将产生生物平衡，解公式(3.1)得到 X：

$$X = C_E/Pq \tag{3.2}$$

该式称为经济平衡曲线（EEC），它展示了 X 和 E 的组合，使得收入与支出相等。由于是线性产量函数，利润为零的种群大小与捕捞努力量无关，所以经济平衡曲线为一条水平的直线（正如下面所述，在不同的假设条件下，EEC 具有不同的斜率）。图 3.1 表示了 EEC 曲线，它将资源量-捕捞努力量区域划分为利润为正和负的部分。所有 EEC 曲线上的点，相应的 E 和 X 产生的收益大于成本。在这种情况下，捕捞努力量有增加的趋势；位于 EEC 曲线下的点，相应的 E 和 X 产生的收益小于成本。在这种情况下，捕捞努力量将降低。

PEC 和 EEC 相交处为生物经济平衡点。PEC 上所有的点表示生物平衡，EEC 上所有的点表示经济平衡，所以两条曲线相交处对应的 X 和 E 值为生物经济平衡点。EEC 和 PEC 为探讨公开入渔平衡提供了一种方法，但在这种情况下，重要的变量可在同一张图中同时表示，平衡下的捕捞努力量水平和资源量与图 2.7 所示相同。

为了探讨渔业达到生物经济平衡的动态变化，根据 EEC 和 PEC 将资源量-捕捞努力量区域划分为四个区域，E 和 X 变化的方向可以被归纳如下：

PEC 和 EEC 上方的区域 $\qquad$ X 降低 E 增加

PEC 上方、EEC 下方的区域 $\qquad$ X 降低 E 降低

PEC 和 EEC 下方的区域 $\qquad$ X 增加 E 降低

PEC 下方、EEC 上方的区域 $\qquad$ X 增加 E 增加

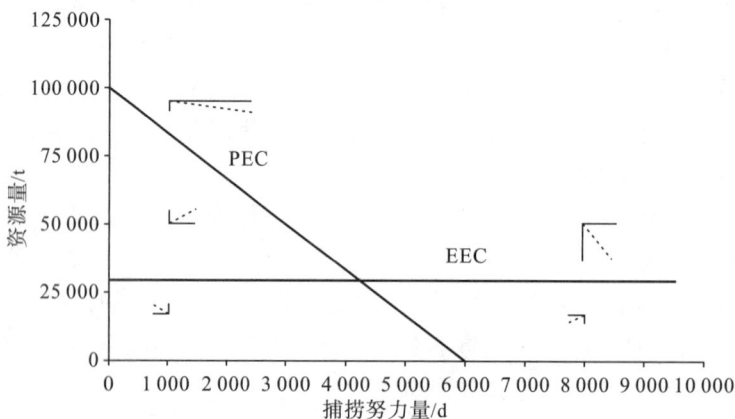

图 3.1 资源量-捕捞努力量区域中的 PEC 和 EEC

从原始生物量和低捕捞努力量开始，矢量的变化将产生整体变化，并以顺时针方向环绕生物经济平衡点，这种路径能否达到平衡取决于 E 和 X 相对比率的变化。这在下文有详细讨论。

3.3　达到平衡的过程

为了更好地了解公开入渔作业，分析渔业达到生物经济平衡的过程是非常必要的。也就是说，当渔业未处于生物经济平衡时，资源量和捕捞努力量是如何随时间量变化的。Vernon Smith(1968，1969)首先探讨了这个问题，资源量取决于现存捕捞努力量和资源量下，捕捞量和增长量之间的差值。根据增长和短期产量函数，资源量变化的离散函数可表示如下：

$$X_{t+1} = X_t + rX_t(1 - X_t/K) - qX_tE_t \qquad (3.3)$$

资源量的变化直接遵循种群动态逻辑斯谛模型，没有精确计算捕捞努力量随时间变化的方法。但是，假定捕捞努力量的大小与单位捕捞努力量的利润成正比，则可表示如下：

$$E_{t+1} = E_t + \frac{\varphi[PqX_tE_t - C_EE_t]}{E_t}$$

即

$$E_{t+1} = E_t + \varphi[PqX_t - C_E] \qquad (3.4)$$

其中，φ 为进入/退出系数。若单位捕捞努力量的净收益为正值，捕捞努力量会增加；相反，捕捞努力量会降低。根据本书讨论的目的，将 φ 值设为 25，见表 3.1。

PEC 和 EEC 将资源量−捕捞努力量区域划为四个区域，这四个区域的资源量和捕捞努力量有特定类型的变化。给定一组资源量和捕捞努力量，上述公式能够准确计算出它们的变化情况。通过分析两个因子的变化，能够了解资源量−捕捞努力量区域整体的变化情况。这体现在图 3.1 五个不同的箭头上，在每种情况下，黑线表示给定参数下捕捞努力量和资源量的变化方向，虚线表示合成向量的变化。此外，图中的不同点不仅其矢量的方向发生变化，其长度也在改变。对于一个特定的捕捞努力量，当资源量从零向 EEC 增加时，捕捞努力量开始大幅度向左移动，然后逐渐以较小幅度左移。在 EEC 上，捕捞努力量保持不变，当捕捞努力量由 EEC 向上增加时，捕捞努力量不断向右移动。同样，对于一个特定资源量，当捕捞努力量向 PEC 增加时，资源量向上移动的幅度越来越小，资源量在 PEC 上保持不变。当捕捞努力量增至 PEC 的右侧时，资源量下降幅度越来越大。换句话说，向量变化的角度和长度会根据最初点的位置而发生变化。当接近 PEC 时，资源量的变化趋于零；当接近 EEC 时，捕捞努力量的变化趋于零。

这些变化随时间的累积效应体现在图 3.2 中。图 3.2(a)中的虚线表明资源量和捕捞努力量的变化轨迹，假设初始点的船队规模和资源量较小。必须强调的是，曲线的形状取决于系统参数的绝对和相对值。选择当前的参数是因为它们能够产生一个特定的调整模式，它对解释一些基本点非常有用。然而，探讨一个重要内容是：如何通过参数的变化来改变调整模式。同样重要的是，当解释轨迹曲线时，一些时间段不能完全解释。例如图 3.1 向量长度所示，当资源量和捕捞努力量均较高时，系统通过部分轨迹的速度更快。

轨迹曲线为一个新开发的渔业达到平衡提供了一种可行的方法。需要注意的是，路径的斜率与前面的讨论一致，曲线从 EEC 上方开始，到达 PEC 的右方后，朝东南方向移动，资源量和捕捞努力量均将增加。在包含原始资源量和低捕捞努力量的新渔业中，高利润会吸引更多捕捞努力量，这将导致资源量的降低。当轨迹曲线穿过 EEC 曲线时，路径会发生改变而向西南方向移动，捕捞努力量和资源量均下降，最终会达到利润为负的点，捕捞努力量开始下降。然而，由于捕捞量仍大于增长量，资源量继续降低。当轨迹曲线再次与 PEC 相交时，路径又会发生改变而向西北方向移动，低捕捞努力量会使捕捞量减少，从而使得资源量上升。然而，资源量还未达到产生正利润的数量时，捕捞努力量仍继续降低。当再次穿过 EEC 时，轨迹转向东北方向，资源量增加使得利润为正，捕捞努力量又开始增加。但捕捞努力量仍处于较低水平，所以捕捞量小于增长量，资源量继续增加。当轨迹再次穿过 PEC 时，渔业回到初始状态，并向东南方向移动。如图 3.2(a)所示，路径以螺旋向内方向，移向生物经济平衡点对应的资源量和捕捞努力量。

该分析具体演示了运用静态模型了解渔业的一个问题，静态模型表示了使渔业达到平衡的捕捞努力量与种群大小组合。然而，正如轨迹曲线所示，与平衡水平相比，资源量更低，捕捞努力量更高，这被称为"动态过度"。静态模型中这种情况会变得更差。

图 3.2(b)和 3.2(c)提供了一个稍微不同的视角。图 3.2(b)表示作为捕捞努力量函数的持续收入和成本曲线，图 3.2(a)表示了捕捞努力量和种群大小随时间的总收入变化轨迹。持续收入曲线表明：对于一给定的捕捞努力量，种群达到平衡时，收益才会产生。虚线表示在每个特定的时间点下，每个捕捞努力量所产生的收益。随着渔业首次扩张，每个捕捞努力量对应的收益大于成本，捕捞努力量继续增加，这是时间路径向上倾斜最高的部分。不久后，由于资源量的降低，导致收益和捕捞努力量开始降低。若收益小于成本，捕捞努力量将持续下降，这是时间路径的第二部分，它朝西南方向移动。平衡捕捞努力量位于时间路径上的收益与该点的总成本相等处。

图 3.2(c)表示总成本和总收益与资源量的关系。图 3.2(a)表示了随着渔业的发展，捕捞努力量、资源量和总收益随时间的变化路径。在这种情况下，路径从图的右侧开始，移向西北方向。最初，虚线表示的实际收入高于持续收入，这意味着当前捕捞努力量水平所产生的捕捞量大于增长量，资源量下降。随着资源量和捕捞努力量的变化，最终所达到点的实际收入低于持续收入，这就意味着捕捞量小于增长量，资源量增加。当实际收入等于持续收入时，达到平衡种群资源量。

剩余的几张图表示一些重要变量如何随时间而变化。给定一个初始资源量，在这种特定的情况下，整体变化会导致资源量上下波动，直到其达到平衡水平[图 3.2(d)]。由于资源量和捕捞努力量的变化，增长量和捕捞量将会出现如图 3.2(f)的变化。当处于增长量大于捕捞量的阶段时，资源量上升；反之亦然。捕捞努力量背后的驱动力表示在图 3.2(e)和 3.2(g)中。若净利润为正，船队规模将增加，反之亦然。同样，在这种情况下，捕捞努力量会上下波动，最终达到平衡水平，捕捞努力量的增加最终使净利润降为零。

有人可能因此尝试将产量变化与捕捞努力量变化的变化联系起来，但它们并不总是向同一个方向移动，因为种群大小随时都在发生变化。捕捞努力量可能会增加，但资源量若降低的足够快，产量可能会下降。

（a）

（b）

（c）

（d）

（e）

（f）

（g）

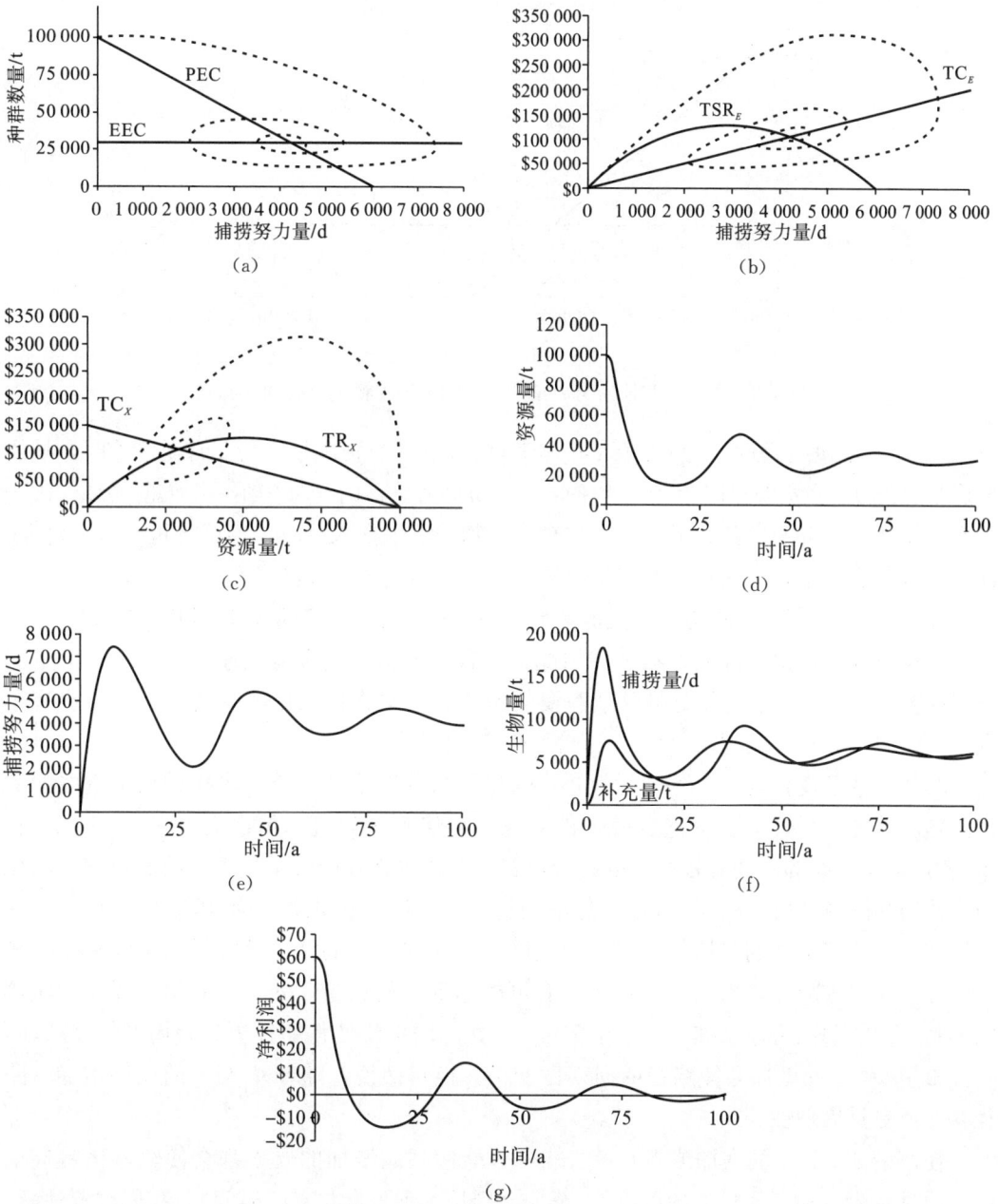

图 3.2 静态与动态资源量、产量、成本和收入

同样，上述时间路径是经济和生物参数的绝对和相对大小的结果，这种轨迹被许多世界商业性渔业所遵循。但是，除了进入/退出系数外，任何一个参数的变化都会使生物经济平衡点和时间路径发生改变，有些参数还会影响系统的稳定性。

为了更清楚地了解渔业的驱动因素，我们简要地考虑不同参数如何改变渔业状态。不同的进入/退出系数可用图 3.3 表示，实线代表 φ 从 25 减至 10 的时间路径。由于 φ 的减小，渔业将更直接地达到生物经济平衡。相对资源量的降低来说，渔船的进入较小，过度动态不明显。

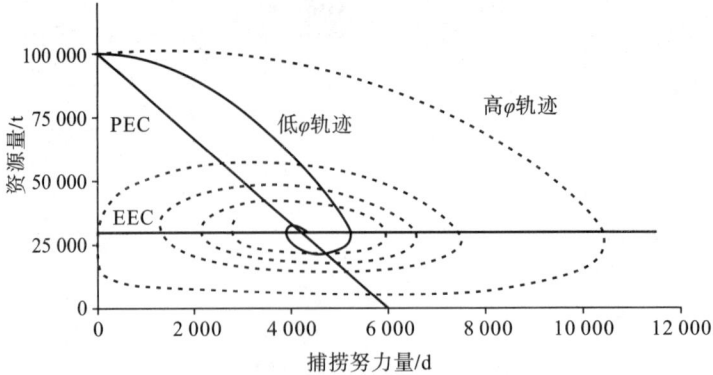

图 3.3　资源量和捕捞努力量达到生物经济平衡的动态轨迹路径

　　另一个极端中，虚线轨迹表示 φ 增至 50 的情况。当资源量降为非常低水平时，捕捞努力量趋于 0。当资源量降为较低水平时，捕捞努力量移向 0 时存在一个大的循环。因为没有捕捞活动，资源量开始增加；当它高于生物经济平衡水平时，渔民将再次进入渔业。此外，从该点开始，时间路径开始持续循环，不会达到生物经济平衡。

　　EEC 下侧、PEC 右侧是一个关键区域。在该区域中，资源量较低且仍在降低，但捕捞努力量较高，且也在降低。在极端情况下，若捕捞努力量没有快速下降，理论上资源量可能被降为 0，这是这个简单模型假设的假象。下文将讨论更实际的分类模型会有不同结论，并且有充足的理由。

　　其他参数值变化将产生不同的轨迹，这里不讨论图形的细节，先探讨几个重要的关键问题。首先，尽管上述研究表示 φ 的变化如何影响了轨迹，但事实上 φ/r（内禀增长率）才是至关重要的。拥有较高 r 的种群，其繁殖力更强，能够承受更大的商业捕捞的压力。使用如图 3.3 所示的循环轨迹作为一个参考框架，r 的增加会使 PEC 向右旋转，这将增加生物经济平衡的捕捞努力量。与此同时，时间路径的循环性降低，达到平衡的概率增加。Φ 水平越高，更高的 r 意味着有可能达到平衡状态。Φ 与 r 的相对规模和轨迹的形状之间的关系可总结如下：对于常量 r，Φ 的增加将使得路径更具有周期性。然而，对于常量 Φ，r 的增加会使路径的周期性变小。换句话说，随着 Φ 与 r 的比率增加，路径将变得更具周期性。

　　任何诸如 P、q 的增加或者 C_E 的减少等能使利润增加的要素都会使轨迹更具周期性，同时减少达到平衡状态的可能性（至少会延长达到平衡状态的时间）。我们也要注意，起初的条件能够深刻地影响到时间路径以及稳定平衡条件。接下来探讨的更加实际的模型能够更好地展示这一点。

3.4　分类模型中的生物经济平衡

　　第 2 章讨论的综合模型有效地论证了公开入渔中渔业开发的一般性结论。为了将重点放在基本因素的分析上，处理捕捞努力量-实际产量的决策制定过程将被掩盖。为了提供一个更完整的分析，我们建立了一个分类模型，考虑实际产生捕捞努力量渔船的数量和活动。作业船数(V)是模型的主要控制变量，但它也需要考虑渔船如何确定所产生的捕捞努力量。

为了识别所涉及的众多方面，该模型明确地讨论了不同因素如何影响捕捞努力量，虽然我们的模型只考虑了两个变量，但实际上在渔船作业过程中存在很多变量的输入。渔船经营者会选择利润最大化的组合，这非常重要，下面我们会看到，传统渔业管制直接或间接影响投入的选择，从而影响渔船的收益和效率。

分类模型类似于标准微观经济分析中运用平均和边际成本曲线解释利润最大化行为。但是，由于季节性禁渔、总捕捞量限制、限制单次捕捞量以及其他常见的影响渔船作业天数的管理，所以必须增加一个额外的指标，明确将作业天数加入分析中。

本节的目的之一是建立分类模型，使其可以直接与综合模型相比较。我们将继续使用上述生物参数和技术参数，关于成本的可比性将在下面讨论。表 3.1 是新参数值的汇总。

表 3.1　分类模型中的参数集

名称		符号	值
生物参数	内禀增长率	r	0.3
	环境容纳量/t	K	100 000
	初始资源量/t	$X_{initial}$	100 000
平衡值	最大可持续产量/t	Y_{MSY}	7 500
	生物经济平衡产量/t	Y_{BE}	6 228
	最大经济产量/t	Y_{MEY}	6 851
	MSY 对应的资源量/t	X_{MSY}	50 000
	BE 对应的资源量/t	X_{BE}	29 412
	MEY 对应的资源量/t	X_{MEY}	64 706
	MSY 对应的渔船数/艘	V_{MSY}	10.00
	MSY 对应的捕捞努力量/d	E_{MSY}	3 000
	BE 对应的渔船数/艘	V_{BE}	14.12
	BE 对应的捕捞努力量/d	E_{BE}	4 235
	MEY 对应的渔船数/艘	V_{MEY}	7.06
	MEY 对应的捕捞努力量/d	E_{MEY}	2 118
经济参数	鱼价	P	\$17.00
	可捕系数	q	0.000 050
成本参数	日 MC 纵截距	C_j	\$5.00
	日 MC 斜率	C_s	\$5.00
	固定成本	FC	\$3 000
	最大捕捞天数	D_{max}	150
	最大日捕捞努力量	f_{max}	3.20
	进入/退出系数	Φ'	0.000 28

续表

名称		符号	值
成本参数	合计进入/退出系数	Φ	25
	初始船队数量	$V_{initial}$	1
计算的经济参数	最小 ATC 的日捕捞努力量	f_{min}	2.00
	最小 ATC 的年捕捞努力量	$D_{max}f_{min}$	300
	最小 ATC 的年可变成本	VC_{min}	\$4 500
	最小 ATC 的 CPUE	$C_{\bar{E}}$	\$25.00

应该强调的是，建立该模型是为了获得所涉及问题的基本性质，而不是提供实际渔船作业的完整图。尽管该模型较为简单，但它可以为管理渔业提供有用的视角，同时可以为解释管理的影响提供基础。

一艘渔船所能产生的总捕捞努力量可以视为渔船数量(V)、作业天数(D)、日捕捞努力量(f)的函数。在渔业经济模型中，大写字母 E 通常用来表示总捕捞努力量，我们在分析中也采用该方法。尽管小写字母 e 可以作为渔船日捕捞努力量参数，但是下面建立的年龄结构模型中用到以 e 为底的自然对数，这会引起混淆。因此，小写字母 f 用于表示渔船日捕捞努力量。

我们建立的综合模型基于上述三个变量，为了简化数学分析，可以在保证普遍性的情况下，假设正常作业天数(D)是一个常数，这将避免必须使 D 成为内生变量，但仍需要考虑直接或间接控制渔期长度的规定。D_{max} 表示正常作业的天数，日捕捞努力量 f 是内生变量。为了考虑实际的渔船作业，令 f_{max} 表示一天能产生的最大捕捞努力量。

综合模型和分类模型产生的捕捞努力量之间的关系可以表示如下：

$$E = VfD_{max} \tag{3.5}$$

由于实际的生产决策是在渔船水平上做出的，渔船成本函数是船队成本函数的基本构件，令 D_{max} 为一恒定值，年捕捞努力量是 f 的函数，即 $E_v = D_{max}f$。假定成本是 f 的二次函数，捕捞努力量函数的总成本可以表示如下：

$$C_v(E_v) = D_{max}(c_i f + c_s f^2) + FC \tag{3.6}$$

c_i 和 c_s 是参数，FC 为年固定成本。渔船季节性平均成本(单位捕捞努力量的平均成本)如下：

$$AC_v(D_{max}f) = c_i + c_s f + \frac{FC}{fD_{max}} \tag{3.7}$$

因为捕捞努力量以天为计算单位，单位捕捞努力量的边际成本：

$$MC(f) = c_i + 2c_s f \tag{3.8}$$

船队在平均成本曲线的最小处，即平均成本等于边际成本处作业。令公式(3.7)和公式(3.8)相等，解出 f，记为 f_{min}。

$$f_{min} = \left(\frac{FC}{D_{max}c_s}\right)^{\frac{1}{2}} \tag{3.9}$$

这是分析中一个非常有用参考点，因为这意味着若渔船在 f_{min} 条件下作业，渔船单位捕捞努力量的平均成本将达到最小（假定 f_{max} 大于 f_{min}），令 C_E 为 f_{min} 作业条件下的单位捕捞努力量成本。

$$C_E^* = c_i + c_s f_{min} + \frac{FC}{f_{min} D_{max}} \tag{3.10}$$

在综合模型中，选择表 3.1 的成本参数，$C_E^* = C_E$。这使得两个模型易于比较，因为平衡种群和船队数量相同。根据表 3.1 中的参数，$f_{min} = 2$ 时，C_E^* 为 \$25；虽然平衡值相同，但达到平衡的过程不同。

利用上面的成本结构，我们可以扩展前面章节的分析。首先，可以使用船队成本曲线观察渔船水平上的决策制定，这可以为微观生物经济学提供视角，并为捕捞成本的确定提供更完整的视图。其次，可以将最适公开入渔开发的简单一维模型发展成多维模型，从而更完整地解释经济效益的细节。此外，可以扩展本章第一部分的动态分析来观测渔船的进入和退出，这样可以更好地了解公开入渔下的渔业资源开发。

3. 4. 1　渔船作业

控制渔船主要是通过控制日捕捞努力量，渔船利润函数如下：

$$\pi_{v(t)} = D_{max} \pi_D - FC \tag{3.11a}$$

日利润函数 π_D 为

$$\pi_D = PfqX - (c_i f + c_s f^2) \tag{3.11b}$$

后者是决定最适日捕捞努力量水平的基础。利润最大化的 f 值出现在边际收益等于边际成本处。

$$PqX = c_i + 2c_s f \tag{3.12}$$

利润最大化的日捕捞努力量 f 是资源量的函数，可以表示如下：

$$f^*(X) = \frac{PqX - c_i}{2c_s} \tag{3.13}$$

鉴于最大捕捞努力量的限制，生产的决策制定为

$$f^*(X) = \min\left[\frac{PqX - c_i}{2c_s}, \max f\right] \qquad 若(PqX - c_i) > 0 \tag{3.14}$$

$$f^*(X) = 0 \qquad 若(PqX - c_i) < 0 \tag{3.15}$$

解释如下：当资源量较高时，$\left\{X > \dfrac{2c_s(\max f) + c_i}{Pq}\right\}$，船队在最大产出水平下作业；

当资源量较低时，$\left\{X < \dfrac{c_i}{Pq}\right\}$，由于收益小于可变成本，捕捞作业不会产生利润；若处于中间范围，f 的利润最大化取决于资源量。

这可以用图 3.4(b) 日产量的相关曲线来表示，$MC(f)$ 曲线从 0 至 f_{max} 一直递增，在该点上，边际成本曲线是一个垂线，日捕捞努力量的边际收益为 PqX，最适捕捞量发生在 PqX 等于 $MC(f)$ 处。根据图中 PqX 曲线对应的资源量，最适日捕捞捕捞量为 3。若 PqX 与垂线相交于 $MC(f)$ 纵截距的下部，则该资源量对应的最适产量为 0。另一个极端情况下，PqX 与 $MC(f)$ 曲线垂直部分相交，最适产量为 f_{max}。

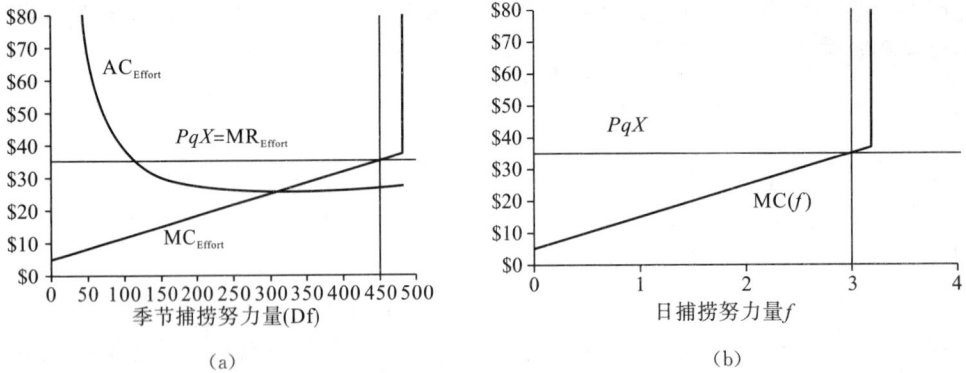

图 3.4 季平均成本和边际成本与日平均成本和边际成本

假定作业天数恒定，将日分析曲线转换成季节性成本曲线较为简单，季节平均成本用公式(3.7)表示，季节性产量仅仅与日捕捞努力量和 D_{max} 有关。季节性边际成本与日边际成本之间的关系如下：

$$\text{MC}(f) = \text{MC}(D_{max}f) \tag{3.16}$$

从技术上来说，产生一定数量的季节产量存在无数种方法，要视渔船的作业天数以及日捕捞努力量而定。当捕捞天数一定时，仅存在一种方法可以在限定的 f 下作业并产生一个特定的产量。这是公式(3.16)成立的原因，该规定将保证给定捕捞水平的总可变成本最小。捕捞活动分散在可捕期中，所以最后一单位捕捞努力量的边际成本在每天都是相等的。

用季节成本曲线来分析作业决策较为简便，因为利润水平可以很容易地从图中观察到。最适季节捕捞努力量与最适日捕捞努力量遵循相同的决策规则。船队在 $PqX = \text{MC}(D_{max}f)$ 作业时，利润达到最大。假定代表种群大小的曲线 PqX 为图 3.4(a)，则渔船每年产生 450 单位捕捞努力量，由于单位捕捞努力量的收益大于平均成本，所以船队在该点具有正利润，在这种情况下渔船具有进入渔业的倾向。

若 PqX 与 $\text{MC}(D_{max}f)$ 相交于平均成本曲线下部，渔船由于无法产生利润，从而会逐渐退出渔业，图 3.4 清楚地演示了种群大小的变化与渔船利润变化之间的关系。经济平衡处的资源量对应于 PqX 在 AC 曲线的最小处与 $\text{MC}(D_{max}f)$ 相交点的资源量，即公开入渔平衡点的资源量为 PqX 与 AC 相切处的资源量。公开入渔平衡的一个重要方面是渔船被强制作业，以使平均成本最小化。

生物经济平衡发生于 PqX 与边际成本和平均成本均相等时。同样，渔船在 f_{min} 处作业[见公式(3.7)和(3.8)]，利用公式(3.10)，平衡种群大小可以表示如下：

$$X_{BE} = \frac{[c_i + c_s f_{min} + (\text{FC}/f_{min}D_{max})]}{Pq} \tag{3.17}$$

根据假设，它与公式(3.2)相等。

在做进一步分析之前，我们有必要对其经济效益情况做出预计，下文就对此做具体陈述。根据上文研究发现，生物经济平衡的资源量与鱼价、成本、捕捞努力量的生产力有关[见公式(3.17)]。若成本上升，资源量将增加。事实上，这解释了哪些传统管理措施会增加资源量，直接或间接地增加捕捞成本，我们在下面讨论出现这种现象的微观经济学原因。

　　有几种方法可用于计算公开入渔平衡条件的渔船规模，但公式(3.17)是计算平衡状态下种群大小较为简单的方法。因为在该资源量下，渔船在 f_{min} 下作业，公开入渔的渔船数量如下：

$$V_{BE} = \frac{GX_{BE}}{D_{max}f_{min}qX_{BE}} \tag{3.18}$$

　　这表示公开入渔下为了获得持续产量，在 AC 曲线的最小处作业的渔船数量。在本例中，渔船数量为 14.12 艘。

　　综合模型和分类模型的一个重要区别是，综合模型的捕捞成本设为定值，而分类模型成本函数的参数为常数，但捕捞成本会改变渔船的作业。而且，最大经济产量 MEY 的经济分析更为复杂，因为它不仅要考虑捕捞努力量的大小，还需要考虑捕捞努力量如何产生以及其所需成本。

　　通过分析分类模型的最适利用，认为它与公式(2.16)～(2.19)的讨论具有可比性，可持续利用函数与公式(2.16)类似：

$$\prod(V,f) = P[a(VfD_{max}) - b(VfD_{max})^2] - VC_v \tag{3.19}$$

　　该式对考察最适利用较为适宜，因为捕捞努力量对种群长期变化的影响属于可持续产量函数。在这种情况下，存在两个控制变量：渔船数量和单位渔船的日捕捞努力量。为了找到静态最大经济产量点，我们需要找到产生总利润最大化的组合。经过一些处理后，关于 V 和 f 的利润最大化的一阶条件可表示如下：

$$\frac{\partial \prod}{\partial V} = P[a - 2b(VfD_{max})] - \frac{C_v}{fD_{max}} = 0 \tag{3.20}$$

$$\frac{\partial \prod}{\partial f} = P[a - 2b(VfD_{max})] - \frac{\partial C_v}{\partial f}\left(\frac{1}{D_{max}}\right) = 0 \tag{3.21}$$

　　在解释这些条件之前，若想使它们同时成立，需要：

$$\frac{C_v}{fD_{max}} = \frac{\partial C_v}{\partial f}\left(\frac{1}{D_{max}}\right) \tag{3.22}$$

　　由于等式左侧与公式(3.7)(单位捕捞努力量的平均成本)相等；右侧与公式(3.8)(单位捕捞努力量的边际成本)相等，若捕捞努力量处于利润最大化水平，则 f 等于 f_{min}。尽管运算有些复杂，但原理较为简单。最适开发的必要条件是渔船在最有效的水平作业。更规范地说，两个一阶条件可以解释如下，两者的第一部分都是单位捕捞努力量的边际持续收益[见公式(2.18)]。捕捞努力量可以沿着两个方向扩张，即更多的渔船会加入渔业，以及现有的渔船还会增大捕捞努力量。增加一条渔船产生的收益应等于增加一条渔船的边际成本，且渔船增加一单位捕捞努力量产生的收益等于其成本，此外两个扩张途径的最后一单位捕捞努力量的成本应该相同。

　　由于 f 必须与 f_{min} 相等，由公式(3.20)或(3.21)可以解出最适船数，利用公式(3.20)，得出：

$$V_{MEY} = \frac{Pa - C_E^*}{2Pbf_{min}D_{max}} \tag{3.23}$$

根据表 3.1 中的参数，得到最适船数为 7.06，最适总捕捞努力量等于 $V_{MEY}f_{min}D_{max}$，与公式(2.19)产生相同值。

3.4.2　分类模型中的动力学

动态分析的构件是 EEC、PEC 和轨迹曲线。当运用分类模型时，考虑它们将如何变化。一个根本的变化是，控制变量是船数而不是总捕捞努力量，所以水平轴是船数。这将影响 PEC 的轨迹，但 EEC 不受影响。平衡种群大小与船数无关，如公式(3.17)所示。

传统解释认为，PEC 表示捕捞量等于增长量时种群和捕捞努力量的组合。根据分类分析，在考虑资源量将如何影响渔船生产捕捞努力量 f 行为下，最好将其视为任意资源量下都能维持的渔船数量，曲线可以用下面的公式得到：

$$G(X) = VD_{max}qXf^*(X) \qquad (3.24)$$

左侧为种群增长量，右侧为一定资源量下给定船队的捕捞量。$f^*(X)$ 是利润最大时的日捕捞努力量，见公式(3.14)。$f^*(X)$ 等于特定种群大小下的 f 最大值，解 V：

$$V = \frac{G(X)}{D_{max}qXf^*(X)} \qquad (3.25)$$

关于船数的 EEC 和 PEC 曲线见图 3.5。需要注意的是，PEC 在分类模型中不是一条直线，这与综合模型中的情况不同，因为单位渔船捕捞努力量与资源量成反比，即资源量降低，渔船的日捕捞努力量也降低。所以，在捕捞努力量保持一定的情况下，可以容纳更多的渔船。注意在资源量非常小时，渔船的数量会变得很大，因为最适日捕捞努力量接近零。

表示资源量和渔船数量变化公式的轨迹在这种情况下可表示为

$$X_{t+1} = X_t + G(X_t) - qV_tf^*(X_t)D_{max}X_t \qquad (3.26)$$

$$V_{t+1} = V_t + \varphi_1\pi_{v(t)} \qquad (3.27)$$

为了使综合模型和分类模型的动态结果相似，有必要调整进入/退出系数，因为进入和退出以渔船的形式发生，而不是单位捕捞努力量。在最初的公式中，变化是依据单位捕捞努力量[见公式(3.4)]。

$$\Delta E = \varphi(PqX_t - C_E) \qquad (3.28)$$

根据公式(3.10)和 f_{min}，为了得到一个定值，令

$$\Delta V = \varphi_1(PqX - C_E^*)D_{max}f_{min} \qquad (3.29)$$

φ_1 是我们寻找的新系数，将公式(3.29)乘以 $D_{max}{}^*f_{min}$ 可以得到由船队数量引起的总捕捞努力量的变化情况。令其等于公式(3.28)，求出 φ_1 为

$$\varphi_1 = \frac{\varphi}{(D_{max}f_{min})^2} \qquad (3.30)$$

从例子中得出的值在表 3.1 中。

公开入渔中资源量和渔船数量的时间路径也表示在图 3.5 中，考虑到成本条件是指定的，该系统平衡时的资源量和总捕捞努力量组合与综合模型相同，但是两者的时间路径不同。与图 3.2(a)相比，到达平衡状态下的轨迹更直接。

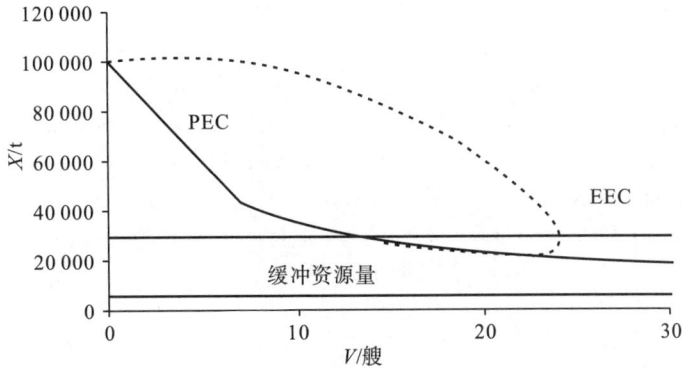

图 3.5　分类模型下公开入渔资源量的船队数量的时间路径

　　之所以造成轨迹差异是由于存在两个因素使得系统达到平衡。分类模型中，种群大小的变化使船数和捕捞努力量均发生变化，累积效应共同加速达到平衡的路径，从另一种方式来看，随着种群的降低，渔船操作者降低日捕捞努力量，系统的波动就更小。若日捕捞努力量为一定值，随着种群的减小，对任意船数，不会造成过度开发。需要注意的是，综合模型中的 PEC 更偏向右侧，这意味着种群能够承受更大的船数，同时使捕捞量小于增长量。

　　这种现象表示在图 3.6 中，它表示当渔业沿着图 3.5 的轨迹移动时，船数和总捕捞努力量的时间路径。由于日捕捞努力量的降低，当渔船数量仍在增加时，事实上总捕捞努力量已经开始下降。此外，总捕捞努力量比渔船数量更快接近平衡水平，这意味着在轨迹的后部，渔船数量的变化对总捕捞努力量没有影响。

　　分类模型存在一个有趣的现象。根据渔船不会在资源量小于 c_i/pq 时进行作业这个事实[见公式(3.15)]，我们可以将其称之为缓冲资源量，因为一旦轨迹曲线达到这一点，它将会返回。由于捕捞努力量降为零，资源量开始增加。与综合模型相比，这个缓冲种群现象从不同角度下看待了公开入渔下种群灭绝的可能性。

参 考 文 献

Anderson L G. 2002. Fisheries economics, Vols I and II. Ashgate Publishers, Burlington, VT.

Bjørndal T, Conrad J M. 1987. The dynamics of an open access fishery. The Canadian Journal of Economics, 1(20): 74−85.

Hartwick J M. 1982. Free access and the dynamics of the fishery. In Mirman L J, Spulber D F(eds), Essays in the Economics of Renewable Resources. North Holland, Oxford.

Sanchirico J N, Wilen J E. 1999. Bioeconomics of spatial exploitation in a patchy environment. Journal of Environmental Economics and Management, 37: 129−150.

Sanchirico J N, Wilen J E. 2001. Dynamics of spatial exploitation: a metapopulation approach. Natural Resource Modeling, 14: 391−418.

Sanchirico J N, Wilen J E. 2005. Optimal spatial management of renewable resources: matching policy scope to ecosystem scale. Journal of Environmental Economics and Management 50: 23−46.

Seijo J C, Defeo O, Salas S. 1998. Fisheries bioeconomics: theory, modeling and management. FAO Fisheries Technical Paper, 368: 108

Smith M J, Sanchirico J N, Wilen J E. 2009. The economics of spatial-dynamic processes: applications to renewable resources. Journal of Environmental Economics and Management, 57: 104—121.

Smith V L, 1968. Economics of productions from natural resources. American Economic Review, 58: 409—431.

Smith V L, 1969. On models of commercial fishing. Journal of Political Economy, 77: 181—198.

Wilen J E, 1976. Common property resources and the dynamics of over-exploitation: the case of the North Pacific fur seal. Paper No. 3 in the Programme in Resource Economics. Department of Economics, University of British Columbia.

第4章 最适动态利用

4.1 引 言

本章将更详细地讨论经济高效的渔业开发。前几章中的静态分析详细地解释了渔业经济高效利用的基本概念，同时阐明了为什么没有或者产权不明下的公开入渔具有导致捕捞努力量和资源量无效结合的刺激。然而，静态分析没有考虑资源量随着捕捞努力量的变化进行调整所需要的时间，而时间对掌握不同收获模式的收益和亏损的复杂性质非常重要。由于自然死亡率、捕捞死亡率和资源量会随时间发生变化，这些变化会影响获得的实际和潜在净收益。

目前高强度的捕捞压力以更低的资源量和未来更低的捕捞潜力而产生收益。此外，减少或保持较低的捕捞压力使得更多的鱼类生长和繁殖，并获得未来更高的潜在收益，但这会降低当前渔业开发的收益，这是渔业保护的基础问题，所以权衡是现在捕捞还是将其留在海洋中以后捕捞是非常必要的。这是一个比其他问题看起来更为复杂的问题，它需要同时考虑种群动态、捕捞技术、鱼产品的价值、时间偏好和其他投资的回报率。从经济方面来看，为了获得种群的动态最适利用，选择一个长期的捕捞策略能使目前产出的产品净价值最大化。从当前资源量开始，最适利用可以根据捕捞努力量的时间路径来定义，捕捞努力量的时间路径将产生捕捞量和资源量的时间路径，我们寻找的捕捞努力量的时间路径是获得捕捞净收益（NPV）最大值。

出于教学的目的，考虑有关资源量的问题非常重要。进一步说，该问题可以被分为两个部分。首先，我们的目的是什么？也就是说，若目标是净利润最大化，我们最终要获得多大的资源量？其次，如何实现该目的？换言之，捕捞努力量如何随时间的变化使捕捞量和增长量的组合移向期望的水平，并使捕捞净利润最大化。

在开始讨论之前需要重申，最适利用的真正目标是适度地利用当前资源和捕捞投入，而不是使利润最大化。适度利用必须考虑机会成本，所以总金额或鱼产品的价值不重要。从经济角度来看，若增加一单位的捕捞努力量，其捕捞成本大于单位鱼产品的价值，则捕捞更多的鱼是没有意义的，关注利润需要考虑这些机会成本。

Clark 和 Munro（1975）最先开始考虑动态最适利用，在此之前大部分研究都是静态分析，没有将鱼类种群当做是一个有资本的产品（Anderson，2002）。Clark 和 Munro 运用与第 2 章相同的线性短期产量函数得到"黄金法则"公式，这为问题"目的是什么"提供了一个明确的回答。按照线性模型，问题"如何实现该目的"的答案，尽管是正确的，但没有吸引力。若当前的资源量低于最适量，解决方案可能是禁止捕捞活动这种极端的方法；若当前资源量大于最适量，捕捞努力量可能会达到最大。无论处在什么位置，都应尽快达到最适资源量。

　　这里的分析与 Clark 和 Munro(1975)的开创性研究成果类似，但是我们将运用一个非线性产量函数，且分析与捕捞努力量有关。这样能够更细致地解释"如何实现该目的"这个问题，同时可以更完整地对比固定最适利用点和公开入渔生物经济平衡。

　　本章将阐述以下内容：首先，通过引入一个短期产量曲线，将第 2 章的确定综合模型(deterministic aggregate model)进行扩展，即捕捞努力量和资源量均为非线性的。然后将提供最优解的形式化数学推导，该讨论更重要的是不同条件下的经济解释。讨论同时包含了"目的是什么"和"如何实现目的"两个问题，第二个问题的准确答案我们很难获得，但是解释其原理却相对容易。

4.2　非线性产量函数的一般模型

　　根据目前大部分文献中的分析，且为了更简单地阐述问题，上述模型采用线性短期产量函数。但是，由于增长函数的非线性，导致持续产量曲线也是非线性，使其能够解决静态最适利用点。运用短期函数进行动态分析，引入非线性函数是非常必要的，这可以通过下面的一般短期产量函数来得到：

$$y = qX^{\beta_1}E^{\beta_2} \tag{4.1}$$

　　上面所用的线性产量函数[见公式(2.6)]是公式(4.1)指数均为 1 的一个特殊情况。

　　与前面的章节一样，利用数值实例用来简化讨论。采用两个独立的情况来解释会使得下面的讨论更清晰：在第一种情况下，假设 $\beta_1 = 1$、$\beta_2 < 1$，这意味着资源量的收益是固定的，但捕捞努力量的边际收益递减；第二种情况下，$\beta_1 = 0$ 且 $\beta_2 < 1$，这是一种特殊的情况，即产量不是资源量的直接函数，这发生在集群性鱼类中，例如鲱鱼，理论上，持续捕捞较小的集群性鱼类直至其资源被破坏，将会产生严重的问题。通过比较两种情况，可以详细地解释渔业利用中"种群效应"。例子中所用的值均列在表 4.1 中，为了使模型与上面讨论的例子具有一致性和可比性，产量函数中的指数必须随着捕捞量和退出/进入系数而发生改变。这些变化的影响在下面会详细讨论。

表 4.1　案例一的经济参数和平衡值

名称		符号	值	
生物参数	内禀增长率	r	0.3	
	环境容纳量/t	K	100 000	
	初始资源量/t	X_{initial}	95 000	
			情况 1	情况 2
经济参数	鱼价	P	\$17.00	\$17.00
	单位捕捞努力量成本	C_E	\$25.00	\$25.00
	标准可捕系数	q	0.000 050	0.000 050
	新可捕系数	q'	0.000 263	8
	贴现率			

续表

名称		符号	值	
经济参数	资源量系数	β_1	1	0
	捕捞努力量系数	β_2	0.8	0.8
	进入/退出系数	φ	25	50
	初始捕捞努力量/d	E_{initial}	400	300
平衡值	最大可持续产量/t	Y_{MSY}	7 500	7 500
	生物经济平衡产量/t	Y_{BE}	6 275	7 006
	静态最大经济产量/t	Y_{MEY}	6 772	2 870
	MSY 处的资源量/t	X_{MSY}	50 000	50 000
	BE 处的资源量/t	X_{BE}	29 795	62 829　37 171
	静态 MEY 处的资源量/t	X_{MEY}	65 582	89 286　10 714
	MSY 处的捕捞努力量/d	E_{MSY}	2 792	5 188
	BE 处的捕捞努力量/d	E_{BE}	4 267	4 764
	静态 MEY 处的捕捞努力量/d	E_{MEY}	1 750	1 561

4.2.1　案例一的经济平衡曲线（EEC）和种群平衡曲线（PEC）

相对于线性模型，经济平衡曲线（EEC）和种群平衡曲线（PEC）在非线性模型中的差异值得探究。除此之外，图形分析也对分析最适动态利用提供了一个很好的框架。通过令增长曲线和短期产量曲线相等，得到 PEC，并解出 X。利用案例一中的假设，即

$$rX\left(1-\frac{X}{K}\right) = qXE^{\beta_2} \tag{4.2}$$

$$X = K - \left(\frac{Kq}{r}\right)E^{\beta_2} \tag{4.2a}$$

为了讨论的完整性，也可通过以下情况获得持续产量曲线，将公式（4.2a）代入公式（4.1）中，令 β_1 等于 1，得出：

$$Y = aE^{\beta_2} - bE^{2\beta_2} \tag{4.3}$$

其中，$a = qK$，$b = Kq^2/r$。此外，图 4.1 表示的生物经济平衡下的资源量和静态最大经济产量（MEY）将有助于我们的分析。

关于资源量的总收益曲线对分析也非常有用。在这种情况下，任意资源量下，使捕捞量与增长量相等的捕捞努力量为 $\{[(K-X)r]/qK\}^{1/\beta_2}$ [见公式（2.14）]。

令总收益等于总成本，得到新的 EEC，求解 X 如下：

$$PqXE^{\beta_2} = EC_E \tag{4.4}$$

$$X = \frac{C_E}{PqE^{\beta_2-1}} \tag{4.4a}$$

新 PEC 和 EEC 均是非线性的，曲线如图 4.1 所示。捕捞努力量的递减边际收益使

PEC 凸向原点，由于同样的原因，EEC 不再是水平的，而是一条向上倾斜的曲线；随着资源量增加，需要大量捕捞努力量使利润降为 0。与之前一样，生物经济平衡发生在两条曲线的相交处。

EEC 表示总利润等于零时，E 和 X 的结合。为了方便讨论，可以加入另一个经济参照系。短期利润函数为

$$\prod = PqXE^{\beta_2} - EC_E \tag{4.5}$$

求 E 的一阶导数，令其为零，解 X，得到 E 和 X 组合的公式，其中给定 X 的年利润最大化。

$$\beta_2 PqXE^{\beta_2 - 1} - C_E = 0 \tag{4.5a}$$

$$X = \frac{C_E}{\beta_2 PqE^{\beta_2 - 1}} \tag{4.5b}$$

年最大经济产量曲线（MEY）表示在图 4.1 中。对于曲线上方的任意一点，一定 X 水平下的捕捞努力量小于利润最大化对应的捕捞努力量。将最大经济产量曲线（MEY）和种群平衡曲线（PEC）相交处的资源量表示为 X_∞，其原因将在下文中解释。

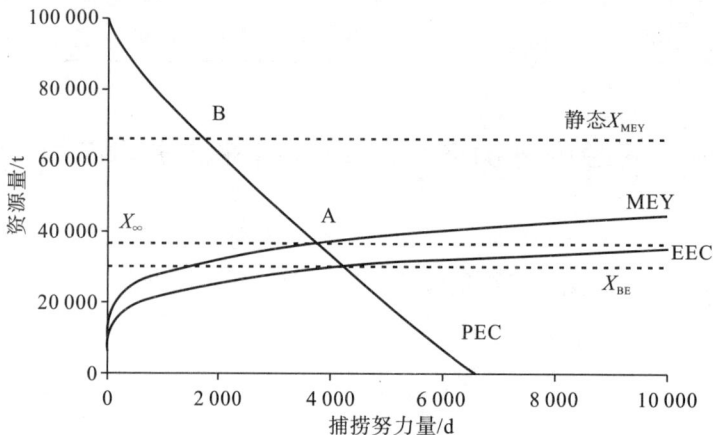

图 4.1　年最大经济产量（MEY）以及案例一所对应的 EEC 和 PEC

年最大经济产量曲线可以用不同方式表示，这对于解释动态最适利用的条件非常有用。运用隐性产量函数，当前利润可以表示如下：

$$\prod = Py(E, X) - C(E) \tag{4.6}$$

利润最大化的一阶条件是边际收益等于边际成本。为了便于解释，下面将用等式右边的字母代替等式左边的导数：$\mathrm{d}G(X)/\mathrm{d}X = G'$，$\mathrm{d}C(E)/\mathrm{d}E = C'$，$\mathrm{d}y/\mathrm{d}X = y_x$，$\mathrm{d}y/\mathrm{d}E = y_E$。

$$Py_E - C' = 0 \tag{4.6a}$$

两边同除以 y_E 得到：

$$P - \frac{C'}{y_E} = 0 \tag{4.6b}$$

C'/y_E 可看作边际成本，该式提供了产出而不是捕捞努力量的利润最大化条件。当前利润最大化要求鱼的价格等于其边际成本。

即使在这种情况下，该分析也能为"目的是什么"这个问题提供一些提示。若最适资源量是可持续的，它必定位于 PEC 上的某处，因为这样捕捞量与增长量才相等。此外，资源量必须大于生物经济平衡处的资源量 X_{BE}，因为 PEC 曲线上的该点利润为 0。所以，首先最适资源量必定在 PEC 曲线上且大于 X_{BE} 处，然而对于 MEY 曲线右侧上的任意一点，获得的利润将小于最大利润。此外，捕捞努力量的减少从动态和静态角度来看都是合理的。当前利润上升，资源量增加，以提供未来更高的利润。因此，最适资源量位于 PEC 上的 A 点或 A 点以上的位置。另外，资源量等于静态 X_{MEY} 时，持续净收益最大，因此最适资源量大于该水平是没有意义的。简要来说，最适资源量必须位于 PEC 曲线上的 A 点和 B 点之间。

4.2.2　案例二的经济平衡曲线（EEC）和种群平衡曲线（PEC）

考虑到 β_1 等于 0 的情况。由于 X^0 等于 1，产量曲线可以表示如下：

$$y = qE^{\beta_2} \tag{4.7}$$

此外，PEC 可以表示如下：

$$rX\left(1 - \frac{X}{K}\right) = qE^{\beta_2} \tag{4.8}$$

解 E 得到：

$$E = \left[\frac{r}{q}X\left(1 - \frac{X}{K}\right)\right]^{1/\beta_2} \tag{4.8a}$$

因为增长曲线呈一个倒 U 形，所以 PEC 关于 X 也会有一个类似的形状。对任意一个 E，存在两个 X 同时使捕捞量等于增长量（见图 4.2 的 PEC）。

案例二的利润函数为

$$\prod = PqE^{\beta_2} - EC_E \tag{4.9}$$

通过求解公式（4.9）的 E 得到 EEC，MEY 曲线通过令利润函数关于 E 的一阶导数等于 0，求解 E 得到，这两个公式如下：

$$\text{EEC}: E_{BE} = \left(\frac{C_E}{Pq}\right)^{1/(\beta_2-1)} \tag{4.9a}$$

$$\text{MEY}: E_{MEY} = \left(\frac{C_E}{\beta_2 Pq}\right)^{1/(\beta_2-1)} \tag{4.9b}$$

E_{BE} 和 E_{MEY} 均恒定，不是资源量的函数。考虑到案例二的参数值，这两条曲线也在图 4.2 中。因为捕捞量不是资源量的函数，所以这些曲线具有不同的含义。图 4.1 中，较高的资源量能承受较高的平衡捕捞努力量，并需要更高的捕捞努力量水平使任意种群大小下的净利润最大化，这种情况如图 4.2 所示，在该点与资源量大小关系不大。但是，正如下面所讨论的，这最终会导致资源的耗竭。

尽管图 4.1 和图 4.2 存在显著的差异，解释却是一样的。生物经济平衡发生在 PEC 和 EEC 相交处，存在两个可能的平衡点 $X_{BE(h)}$ 和 $X_{BE(l)}$，EEC 和 MEY 关于 PEC 的相对位置依赖于价格成本比，更高的价格成本比将使曲线右移。若 EEC 太靠右，而未与 PEC

相交，将不存在生物经济平衡。若不考虑资源量，短期利润最大化的捕捞努力量水平会导致捕捞量大于增长量，其影响下文有讨论。

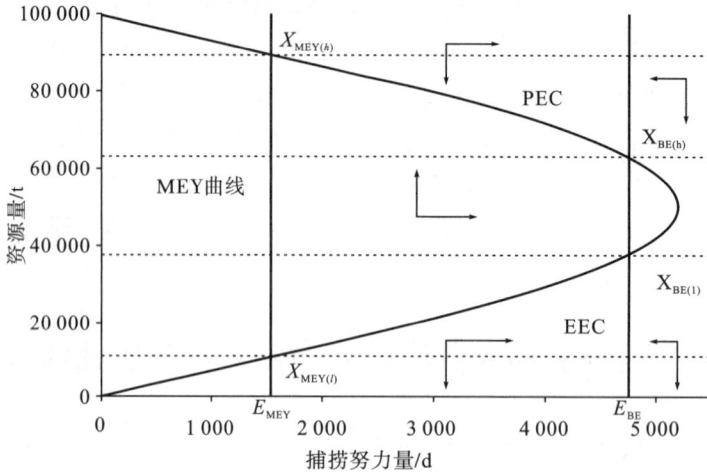

图 4.2 最大经济产量（MEY）及案例二所相应的 EEC 和 PEC

轨迹分析在这种情况下有所不同，正如第 3 章所分析的，达到公开入渔平衡取决于图中 X 和 E 的相对变化。对于 EEC 右侧所有的点，由于利润小于 0，导致捕捞努力量降低，反之亦然。资源量的变化较难解释，但 PEC 左侧所有的点表示资源量增加，曲线右侧的点表示资源量降低，这种情况下捕捞量不随资源量的变化而变化。取与增长曲线右半部分有关的、PEC 曲线上部的任意一点，此处资源量的增加会使增长量降低，捕捞量将等于增长量。对于任意捕捞努力量，随着资源量增加，增长量会降低且捕捞量小于增长量。此外，PEC 上部的任意点，资源量会降低。反之，PEC 上半部分以下的所有点，资源量会增加。

PEC 下半部分表示增长曲线的左侧，此处资源量的增加会使增长量增加。此外，对于任意捕捞努力量水平，随着资源量增加，增长量也会增加，但捕捞量保持不变，所以资源量会增加。而且，PEC 内部的任意一点，资源量都会增加。

对于任意捕捞努力量水平，考虑从 PEC 下半部分的一个点向更低的一个点移动。在较低的资源量时，增长量降低而捕捞量保持不变，所以资源量会降低。最终，PEC 的最大捕捞努力量右侧的任意一点，没有相应的资源量使得捕捞量等于增长量，对于这些捕捞努力量水平，资源量总是保持下降，图 4.2 的箭头总结了这些关系。

尽管存在两个平衡点，但只有 $X_{BE(h)}$ 是稳定的。根据进入/退出系数的大小，对于 EEC 左侧和下半部 PEC 上方的任意一点，作业点会朝着平衡点 A 移动，处于较高资源量 EEC 右侧的点是有问题的，资源量和捕捞努力量都会降低，所以作业点会移向平衡点，但也有可能移向 PEC 下方的点。在这个范围内，资源量会继续降低，并最终导致种群的灭绝。

在这种情况下，MEY 也能提供最适利用的初步信息。由于捕捞努力量的增加会使当前的利润降低，所以在该曲线右侧作业是没有意义的。

4.3　最适动态利用的形式分析

渔业动态有效利用问题可以被视为一个最适控制问题。鱼类种群作为一种资产能随时间持续而产生利润。自然种群动态变化可以通过捕捞努力量的变化来调节，捕捞努力量是控制变量。问题是，如何通过改变控制变量来调整状态变量，从而使产出的净现值(NPV)最大化。

该问题的分析非常复杂，它是依据庞特里雅金原理(Pontryagin principle)，并设一个哈密顿函数(Hamiltonian function)，然后用它去推导一些情况。自 Clark 和 Munro(1975)的开创性工作以来，这些分析是现代渔业经济学的一个基本组成部分，想要了解更多数学运算细节的读者可以参考本章的参考文献。

为了使分析更具有普遍性，将运用短期产量、成本、生长的隐函数。当讨论下面两种情况时会用到具体的函数。

任一年的利润为

$$\prod(t) = Py[E(t), X(t)] - C[E(t)] \tag{4.10}$$

其中，$y(\ )$是短期产量曲线，$C(\ )$是成本曲线。假定两条曲线都是连续且二阶可导的。利润随时间的现值为

$$PV = \int_0^\infty e^{-\delta t} \prod(t) dt \tag{4.11}$$

其中，δ 是贴现率，需要找到捕捞努力量的时间路径使公式(4.11)满足以下式子：

$$0 \leqslant E(t) \leqslant E_{max}$$
$$X(t) > 0$$

$$\frac{dX}{dt} = G[X(t)] - y[X(t), E(t)]$$

其中，E_{max}是任意年份产生的最大捕捞努力量，它的相关性在下文将明确阐述。资源量必须一直是正值，资源量的净变化由增长量和捕捞量的差值决定。

Hamiltonian 公式为

$$H = e^{-\delta t}\{Py[E(t), X(t)] - C[E(t)]\} + \lambda(t)\{G[X(t)] - y[X(t), E(t)]\}$$

$$\tag{4.12}$$

$\lambda(t)$称为共态变量，这是边际单位种群在 t 时间贴现为现值的影子价格。影子价格表示，由于给定时期内资源量增加一单位，引起种群边际价格在捕捞 NPV 上的增加。换句话说，尽管价格 P 代表一单位鱼产品的价格，$\lambda(t)$表示海洋中一单位鱼在时间 t 内的贴现值。按照下面的说明分析，上述情况会更清晰。

Hamiltonian 函数最大化需要：

$$\frac{\partial H}{\partial E} = 0 \quad 任意一点 \tag{4.13}$$

$$\frac{d\lambda}{dt} = \frac{-\partial H}{\partial X} \tag{4.14}$$

4.3.1 "目标是什么": 黄金法则的技术推导

尽管两个条件对于完整的解决问题非常重要, 公式(4.13)对回答问题"怎样达到目标"很有用, 公式(4.14)开始讨论问题"目标是什么"。公式(4.13)的解决方案对回答第二个问题提供了一个重要的环节。

求公式(4.13)得到:

$$Py_E - C' = e^{\delta t}\lambda(t)y_E \qquad (4.13a)$$

这也可以表示如下:

$$P - \frac{C'}{y_E} = \lambda(t)e^{\delta t} \qquad (4.13b)$$

公式(4.13b)的左侧是公式(4.6b)中价格减去边际成本。

解公式(4.14)得

$$\frac{d\lambda}{dt} = -e^{-\delta t}(Py_x) + \lambda(t)(y_x - G') \qquad (4.14a)$$

对公式(4.13)的时间 t 进行求导:

$$\frac{d\lambda}{dt} = -\delta e^{-\delta t}\left(P - \frac{C'}{y_E}\right) \qquad (4.15)$$

求公式(4.14)、(4.15)和(4.13b)中 $\lambda(t)$ 的值, 解 δ 得

$$G' + \frac{y_x(C'/y_E)}{P - (C'/y_E)} = \delta \qquad (4.16)$$

公式(4.16)与 Clark 和 Munro(1975)推导的黄金法则公式相等, 考虑到我们的分析是关于捕捞努力量, 这是一个含有两个未知数 X 和 E 的公式。然而, 由于我们期望获得最适的稳定资源量, 所以增长量必须等于捕捞量。

4.3.2 "目标是什么": 黄金法则的启发式推导

在解读黄金法则之前, 我们先提供这个公式的一个较为非正式的推导, 推导过程能让我们更直观地解读结果(Bjørndal 和 Munro, 1998)。问题是如将判断动态的最适资源量视为一个投资问题, 那么投资的回报是什么? 增加一单位的鱼类种群会获得什么? 增加另一单位种群的成本是多少? 投资的损失是多少? 若支付 $100, 投资能够一直获得 $10/年的回报, 则内部盈利率(IRR)为 10%, 则可以通过年收益($10)除以购买价格($100)来求得收入。这是一个好的投资么? 答案取决于市场利率。假定利率为 7.5%, 如果把 $100 放在银行, 那么年收益为 $7.5, 比上述假设的投资得到的回报低, 由于投资的内部盈利率(IRR)高于利率, 投资是好的。也就是说, 若年利润的份额和投资价格大于利率, 则投资是有利可图的。

相同的推导可用于资源量的投资, 区别在于年利润是固定的, 而投资成本则随资源量而变化, 原理是相同的。只要增加另一单位种群的内部盈利率 IRR 大于贴现率, 增加资源量可获利。

图 4.3 包括了关于资源量的持续收益和成本曲线，根据案例一的参数（用案例二的参数会产生不同形状的图形，其含义在下面解释），关于线性模型的相同曲线表示在图 2.7(b)中，生物经济平衡时的资源量和静态 MEY 时的资源量均被表示出来，明显可看出最适资源量大于 X_{BE}，因为只有超过这个范围持续利润才大于零。

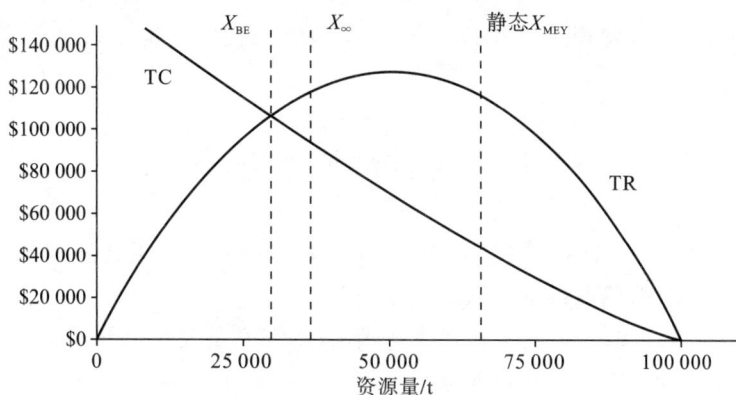

图 4.3 案例一条件下：关于种群大小的持续收益和成本曲线

值得注意的是，静态最大经济产量 MEY 大于 X_{MSY}。尽管在动态最大经济产量时，上述情况并不总是发生（见下文），但 Grafton，Kompas 和 Hilborn（2007）最新研究发现，这种情况经常发生。

让我们回顾一下图表包含的公式。首先，需要用只关于资源量的公式来表示所有事物，同时继续使用隐函数。当生长量等于捕获量时，E 和 X 的组合将产生持续产量。

$$y(X,E) - G(X) = 0 \tag{4.17}$$

为了仅用有关资源量的函数表示利润，必须要解公式（4.17）中的 X。

$$E = E(X) \tag{4.17a}$$

上式可看作是种群平衡曲线（PEC）的逆公式。应指出，在某些情况下，PEC 可以具有双重价值（例如某些 X 水平对应两个 E 值），只要 E 的边际生产率为正值，逆公式就只有一个值；在任意资源量下，仅存在一个 E 使增长量等于捕捞量。逆曲线表达了任意资源量下生长量所需的捕捞努力量水平。将其替换到短期产量曲线，获得 X 函数的持续产量曲线。持续利润函数为

$$\pi = Py[E(X),X] - C[E(X)] \tag{4.18}$$

由于资源量增加而引起的持续利润变化可表示如下：

$$\frac{\partial \pi}{\partial X} = P\left(Y_E \frac{dE}{dX} + y_x\right) - C' \frac{dE}{dX} \tag{4.18a}$$

对公式（4.17）微分得

$$\frac{dE}{dX} = \frac{G_X - y_x}{y_E} \tag{4.18b}$$

将式（4.18b）代入公式（4.18a），得到：

$$\frac{\partial \pi}{\partial X} = \left(P - \frac{C'}{y_E}\right)G' + y_x\left(\frac{C'}{y_E}\right) \tag{4.19}$$

公式(4.19)表示了多捕捞一单位种群时的持续年利润，这是内部盈利率 IRR 关于资源量的计算式，分母是之前没有多捕捞一单位种群时的成本 $[P-(C'/y_E)]$。因此，获得最适种群资源量的条件为

$$\frac{\partial \pi / \partial X}{P-(C'/y_E)} = \delta \tag{4.20}$$

分析公式(4.19)，发现公式(4.20)与公式(4.16)相同。推导最适资源量的方法与 Hamiltonian 过程相同。

4.4　黄金法则的解释

为了便于解释，运用两种形式[公式(4.16)和(4.10)]考虑黄金法则公式，这两个公式都表示鱼类种群的内部盈利率 IRR。

首先讨论公式(4.16)，资源量的增加会影响持续产量及捕获该产量的捕捞努力量，G' 为由于资源量增加导致持续产量的变化情况。增长曲线的斜率在物质上可以解释为种群的收益率，它是增长量的变化除以资源量的变化，增长的变化是收益，资源量的变化是获得该收益的成本。

由于资源量变化会使捕捞变得更容易，所以这个问题较为复杂。公式(4.16)中 y_x $(C'/y_E)/(P-C'/y_E)$ 有时被称为边际种群效应，y_x 是种群的边际生产率。当捕捞努力量保持不变，资源量增加一单位会增加该捕捞努力量下的产量。此外，C'/y_E 是捕捞一单位种群的边际成本，因此分子是由于种群效应所节约的成本。一些多余的产量不需要增加捕捞努力量，边际种群效应的分母是捕捞一单位种群的机会成本。

运用公式(4.20)(黄金法则的另一种公式)能够得到潜在最适资源量的相关范围。案例一给出的图形见图4.4，将其称为内部盈利率 IRR 曲线，不包括负函数。曲线与水平轴的交点为静态最大经济产量 MEY 时的资源量，这很容易解释。分子为 $\partial \pi / \partial X$，且其为正，但它随着 X 从下面接近 X_{MEY} 而降低，在 X_{MEY} 处等于 0；在较高的资源量时，边际收益为负。内部盈利率 IRR 曲线始终与水平轴相交于 X_{MEY}，即静态最大经济产量 MEY 时的资源量。

公式(4.20)的分母为 $P-(C'/y_E)$，位于 MEY 曲线上的所有点，该表达式均为 0。MEY 曲线与 PEC 曲线相交于 X_∞，$P-(C'/y_E)$ 的值随着 y_E 的增加而增加。而且，随着种群大小从上部接近 X_∞，公式(4.20)左侧的值趋向无穷大。X_∞ 下面的种群大小，分母为负，内部盈利率 IRR 在该范围内也为负，因此内部盈利率 IRR 函数在 X_∞ 和 X_{MEY} 之间。

最适资源量为 IRR 曲线与代表贴现率的横轴相交处的资源量。该资源量 X 可通过解公式(4.20)获得。它没有明确的分析方法，但可以通过数值方法解得。

回到图4.1的讨论，现在可以看出，最适资源量根据贴现率的大小位于 PEC 曲线上的 A、B 点之间。通过两个极端值的讨论，可以了解贴现率的大小如何影响最适资源量。

若贴现率为无穷大，就不考虑未来的收益。根据现存资源量，任意年份追求的都是当前利润最大化。这意味着沿着最适利用路径，任意资源量下适宜的捕捞努力量水平可由最大经济产量曲线表示，因此渔业活动最终在 X_∞ 处进行。该资源量下的可持续年利

润见图 4.3，它们的利润均为正，但小于 X_{MEY} 处的利润。然而，为了获得更高的年利润，必须减少当前的捕捞量，使资源量增加，但由于贴现率趋向于无穷大，未来利润的增加无法弥补当前利润的减少。

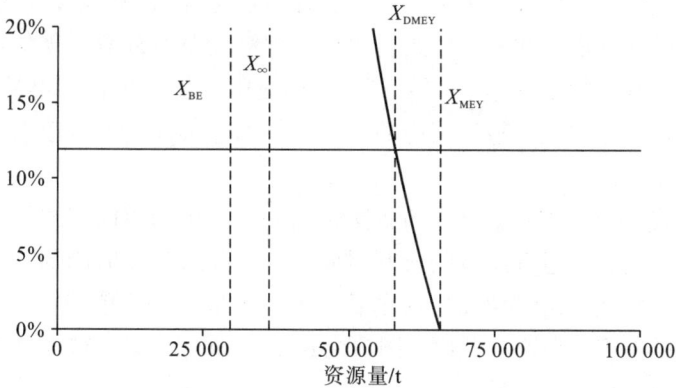

图 4.4　内部盈利率 IRR 曲线

另一方面，若贴现率为 0，则任意年份获得的净收益相同。在该贴现率下，使资源量回到产生最大可持续净收益处是有意义的。在贴现率为 0 时，动态最大经济产量等于静态最大经济产量。总之，贴现率为无穷大时，无论资源量为多少，使当前利润最大才是最优的，这会产生一个固定的最适资源量 X_{∞}；当贴现率为 0 时，最适资源量为 X_{MEY}。

考虑到可能的最大贴现率远小于无穷大，潜在长期资源量的实际范围小于 X_{∞} 与 X_{MEY} 之间的范围。实际上，根据系统的参数，静态资源量与动态资源量之间会存在差异。鉴于这些差异，有人可能会对动态利用是否值得产生怀疑。但是这正好忽略了动态分析的真正贡献，即种群大小的优化时间路径。无论最适资源量和 X_{MEY} 之间的差异有多小，关键问题是如何改变目前的资源量，使其动态优化。

该形式的黄金法则公式能更好地解释案例二的情况，分析更加简单。但是，一些次要问题必须考虑。因为这种情况下 y_x 等于 0，公式(4.16)可简化为

$$G'(X) = \delta \tag{4.21}$$

资源量应保证增长曲线的斜率等于贴现率，称该资源量为 X_{DMEY}，该公式中无价格和成本参数，但存在一个有趣的经济解释。表面上，这意味着在该情况下最适资源量总是小于 X_{MEY}，因为只有在该范围内，G' 才为正值；在该范围外，年持续产量随资源量的增加而增加，资源量的增加是有益的，因为它导致产量的增加，但是在某些点，持续产量的收益无法弥补当前捕捞所损失的价值。在某些情况下，公式(4.16)的解无法为最适资源量提供一个正确的解决方案，因为它忽视了使种群降至或升至 X_{DMEY} 的成本，这将在下文解释。

4.4.1　如何实现目标？

由于决定动态最适资源量的经济逻辑已经建立，下面我们来讨论决定捕捞的适宜时间路径或捕捞努力量使得资源量等于最适资源量的问题。首先考虑公式(4.13b)，正如上

面所讨论的，这种情况必须包含最优捕捞路径的所有点。因此，它可为捕捞努力量随时间如何变化提供线索。为了方便起见，我们用稍微不同的下式表示：

$$P - (C'/y_E) = e^{\delta t}\lambda(t) \tag{4.22}$$

公式左侧是鱼价减去鱼种的边际成本，它是单位鱼种的净价值；$\lambda(t)$ 可以解释为单位种群影子价格的贴现值。此外，公式右边可以解释为单位种群的现值，但这实际上是什么意思？单位鱼种生物量的影子价格表示现存量中增加一单位种群后净价值的变化，所以在产出方面最适利用位于每年捕捞的单位鱼种的边际净价值等于海洋中单位鱼种的现值处。

也许考虑公式(4.22)的一个更好的方法是用一个明确的时间捕捞模式来表示。由于表达式必须包含过渡到最适资源量的所有时间，这意味着任意时间捕捞的最后一单位种群的净现值必须与其他任何时期捕捞的最后一单位种群的净现值 PV 相等。若该条件满足，渔业净收益的总 PV 必须最大化，因为无法通过捕捞时期的转换使收益增加或者减少某一时期的捕捞量而使资源量增加。

当从这个观点来看待问题时，能清楚地明白为什么 $\lambda(t)$ 被解释为单位种群的影子价格。当沿着最适时间路径开发时，$\lambda(t)$ 等于任意时期额外一单位的捕捞量的净现值。

考虑捕捞努力量的时间路径是有意义的，考虑与公式(4.13a)相同的公式(4.23)：

$$(Py_E - C') = e^{\delta t}\lambda(t)y_E \tag{4.23}$$

公式(4.23)左侧是由捕捞努力量的变化导致利润的边际增量。它类似于第 2 章分析静态情况的边际利润[见图 2.7(b)和公式(2.18)]，不同点在于：这里我们讨论的是特定种群大小下的边际利润，而之前我们讨论的是边际持续利润。

为了使当前利润最大化，年捕捞努力量应一直调整到使边际利润为 0。如果增加捕捞努力量使收益大于成本，利润则增加，但是利润的净现值最大化与当前利润最大化不同，相应的必要条件不是使当前的边际净收益等于零。由于表达式的右边为正值，所以为了使净现值 NPV 最大化，在任意时期必须使捕捞努力量水平小于最大现利润时的水平。

下面详细讨论公式(4.23)右侧，$e^{\delta t}\lambda(t)$ 为时间 t 时海洋中单位种群的现值，y_E 是边际捕捞努力量产生的产量。因此，整个表达式代表由于捕捞努力量增加导致海洋中鱼类价值的降低，而且可以将其看作单位捕捞努力量的成本，它表示由于任意时期捕捞努力量的增加导致未来价值的减少。换句话说，为了使利润的净现值最大化，每一时期的捕捞努力量必须增加到当前的边际利润等于所放弃的未来利润，需要考虑当前捕捞努力量如何影响当前利润和未来利润的净现值。

4.4.1.1 最适轨迹曲线：案例一

尽管公式(4.13)的不同形式可用来解释如何随着时间的推移选择捕捞努力量，但除非时间路径 $\lambda(t)$ 已知，否则其有用性不大。遗憾的是，它不能被独立推导，仅能作为 Hamiltonian 问题通解的部分来得到。

但是目前，为了使获得的净收入现值最大化，我们必须思考关于捕捞努力量和资源量组合优化路径的细节。路径取决于初始资源量与长期最适资源量的相对大小，即捕捞努力量如何按时间分布在一个特定种群中。渔船规模是一个重要的考虑因素，因为它是一个潜在限制条件[见公式(4.11)的限制条件]。除了从未开发种群开始的公开入渔轨迹，以及增加的两个最适时间路径外，图 4.5 与图 4.1 的内容基本相同。PEC 上 B 点表示固定动态最优捕捞努力量和资源量的结合，假设贴现率为 12%，资源量通过解公式(4.16)获得，捕捞努力量水平位于该资源量下捕捞量与增长量相等处。

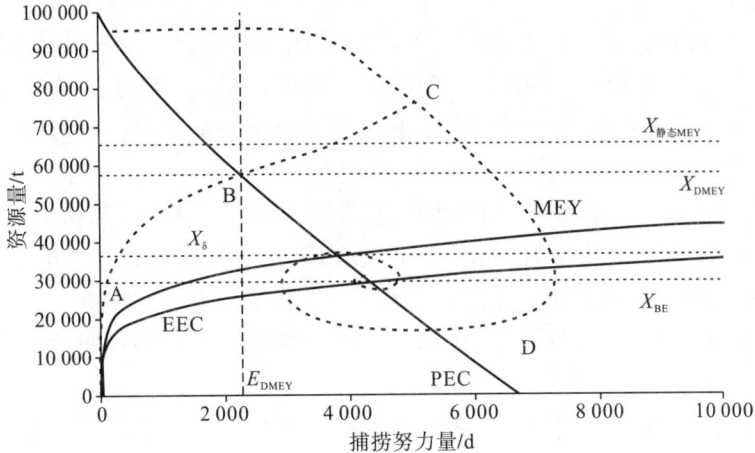

图 4.5 捕捞努力量和资源量的最优路径

若初始资源量为 20 000 t，最优路径到 B 点由路径 AB 表示。所有点必须位于 MEY 曲线左侧，因为对于最优路径上的任意资源量，其捕捞努力量水平必须小于该时期最大现利润时的水平。为了使资源量快速增长，捕捞努力量最初保持在较低水平；随着资源量增加，捕捞努力量逐渐增加，但捕捞努力量仍处于较低水平，从而使捕捞量小于增长量，资源量继续增加至长期最适量。在静止平衡下，捕捞努力量会达到捕捞量等于增长量时的水平。若初始资源量位于 20 000 t 和 X_{DMEY} 之间，最优路径与路径 AB 相连。

CB 轨迹是初始资源量为 70 000 t 时的最优轨迹，资源量需要降低以达到静态最优。捕捞努力量开始相对较高，导致资源量降低，但是最终随着资源量的降低而降至捕捞量等于增长量的最适水平。

高资源量的情况更为复杂。例如，若初始资源量为 100 000 t，当捕捞努力量不受限制时，最优路径在开始阶段需要很高的捕捞努力量水平，从而使资源量降至较低水平；之后，随着资源量的回升，最适路径看起来类似 AB，其中的逻辑显而易见。当不存在贴现或未来利润较低时，在早期获得大量净收益是有意义的。此外，高资源量时获得某一产量的捕捞努力量较小。

尽管资源量快速降低的经济原理是清楚的，但有必要结合一个实际案例来分析。一方面，这种确定性模型忽视了现实渔业中存在的种群衰退时低水平种群产生负面影响的可能性；另一方面，现实中产生的捕捞努力量存在限制，这些限制通常与种群开发历史有关。如果公开入渔促使种群数量降到低水平的话，一个最适的正确方法就是要求开始的捕捞努力量很少。但是，现实中存在的渔船数量可能较大，所以必须使一些渔船停止作业才能保证资源量的增长。对处于发展中的渔业，最初渔船的数量并不多，最优平衡是在合理时间内使渔船数量调整到最优种群大小下的数量，但是仍要保持足够数量，以充分利用早期丰富的资源量，这甚至在理论上都是一个复杂的问题(Clark et al.，1979)。

与该分析对比，当初始资源量从较低直至 X_{DMEY} 时，遵循线性模型的"禁渔"方法(bang-bang 控制法)将要求捕捞努力量为 0。

4.4.1.2 最适轨迹曲线：案例二

公式(4.21)的解名义上可为案例二的动态最优种群提供一个解决方案，见图 4.6，标记为 X_{DMEY}。根据 Schaefer 函数的参数和 12% 的贴现率，得出最优资源量为 30 000 t。尽管 12% 是一个较高的贴现率，但该贴现率有利于建模。最优资源量对应的捕捞努力量表示为 E_{DMEY}。

现在我们认为这个解事实上是正确的，它取决于 E_{MEY}、E_{DMEY} 和初始资源量的大小。E_{MEY} 是最大短期利润的捕捞努力量水平，它与资源量无关[见公式(4.9b)]。若价格—成本比使得 E_{MEY} 在 E_{DMEY} 的左侧，名义上的解决方案将不再有效(见 $E_{MEY}1$)。因为捕捞努力量大于 E_{MEY} 没有意义，无论资源量为多少，高捕捞努力量会使净收益降低，所以不会进行投资。

在这种情况下，实际最适资源量取决于初始资源量，若初始资源量大于 $E_{MEY(l)}$，则最适资源量为 $E_{MEY(h)}$，无论资源量处于该范围何处，在 E_{MEY} 处作业可使当前利润最大化；若资源量小于 $E_{MEY(h)}$，捕捞量小于增长量，资源量增加。另一方面，若资源量大于 $E_{MEY(h)}$，将出现相反情况。在这两种情况下，E_{MEY} 轨迹是一条直线，向上或向下移动取决于初始资源量。

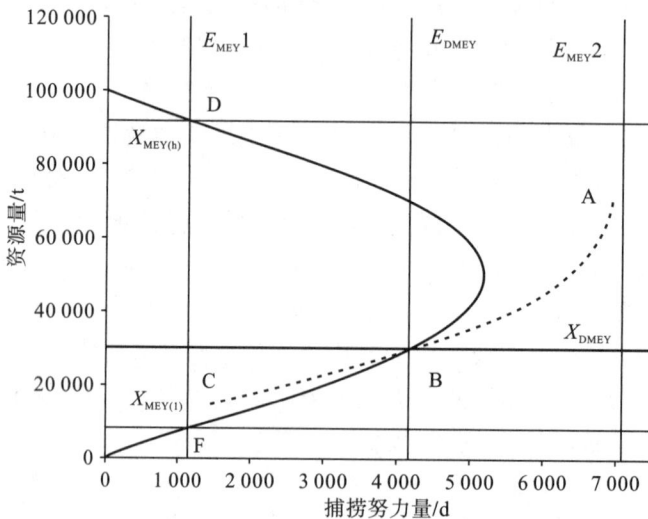

图 4.6 捕捞量不是资源量函数时的最适路径

资源量变化是当前利润最大化的一个间接效应，种群本身不存在有计划的投资，因为高资源量不会增加当前或未来的利润。通过在 E_{DMEY} 处作业使资源量移动到 X_{DMEY} 是没有意义的，尽管公式(4.21)得到的结论是需要移动，但是移动后利润会降低。

另一方面，若初始资源量小于 $X_{MEY(l)}$，根据确定的初始资源量，达到最适资源量的最适路径就在 PEC 的左侧。对于超过资源量的范围，在 $E_{MEY}1$ 处作业会使捕捞量大于增长量，资源最终会衰竭。因此，为了维持资源量，在较低的捕捞努力量下作业，从而使资源量增加是必要的，轨迹必须在 PEC 的内部。在这种情况下，必须放弃部分当前利益以获得未来永久的利润。最优路径与 PEC 在 $X_{MEY(l)}$、E_{MEY} 处相交，由于捕捞量等于增长量，所以资源量保持稳定。为什么不使资源量增至 $X_{MEY(h)}$？因为这样做不会使产出 NPV 最大化。一旦资源量达到 $X_{MEY(l)}$、E 达到 E_{MEY}，捕捞努力量需要降低，以保证资源量增加。这样做会降低当前利润，但却不会影响未来利润。

随着价格－成本比增加，E_{MEY} 曲线偏向右侧，对于 PEC 右侧的这些情况，公式(4.21)的解释是有效的(见 $E_{MEY}2$)，PEC 不与 EEC 相交，所以不存在等于 $X_{MEY(l)}$ 和 $X_{MEY(h)}$ 的点。

在这种情况下，最适资源量为 X_{DMEY}，资源量位于增长曲线斜率等于贴现率处，轨迹路线与图 4.5 表示的类似，其中初始资源量大于 X_{DMEY}，根据实际的初始资源量，最优路径在 AB 上的某处。同样的，当初始资源量小于 X_{DMEY} 时，CB 为最优轨迹。由于 AB 在 PEC 外面，所以曲线上所有 E 和 X 的组合点增长量均小于捕捞量，资源量降低。相反的情况包括 CB 上的所有点。

无论哪一条轨迹，捕捞努力量均小于当前利润最大化的 $E_{MEY}2$，$E_{MEY}2$ 与轨迹之间的距离与种群影子价格的大小有关[见公式(4.23)]。当资源量较高时，单位捕捞努力量的成本较低，所以捕捞努力量和产量均较高。最初，捕捞努力量接近 $E_{MEY}2$，尽管资源量降低，但当前利润高于未来利润的现值。另一方面，当资源量较低时，单位捕捞努力量的成本较高，所以捕捞努力量应该处于较低水平，以保证资源量的增加，随着资源量的增加，单位捕捞努力量的成本沿着 CB 曲线降低。

参 考 文 献

Anderson L G. 2002. Introductory essay. In Anderson L G(ed.), Fisheries economics: collected essays, Volume 1. Ashgate Publishers, Aldershot, England.

Bjørndal T, Munro G. 1998. The economics of fisheries management: a survey. In Tietenberg T, Folmer H(eds), The International Yearbook of Environmental and Resource Economics 1998/1999, Cheltenham, Edward Elgar

Clark C W. 1976. Mathematical bioeconomics: the optimal management of renewable resources. John Wiley & Sons, New York.

Clark C W, Munro G R. 1975. The economics of fishing and modern capital theory: a simplified approach. Journal of Environmental Economics and Management, 5(2): 96−106.

Clark C W, Clarke F H, Munro G R. 1979. The optimal exploitation of renewable resource stocks: problems of irreversible investment. Econometrica, 47: 25−47.

Grafton R Q, Kompas T, Hilborn R W. 2007. Economics of over exploitation revisited. Science, 318: 1601.

第5章 年龄结构生物经济模型

5.1 引 言

前面的章节已经提出了有关 Schaefer 逻辑斯谛增长生物模型的渔业生物经济学基本理论，这虽然是一个简单的生物模型，但由于所需数据较容易获得，所以仍将其用于分析一些实际渔业。由于该模型数学处理较简单，且能够很容易地转换为仿真模型，所以便于分析。它阐述了种群大小在有捕捞和无捕捞时的基本要素，为演示公开入渔、最适利用和管理开发的动力学提供了一个宝贵的平台。

在 Schaefer 模型中，新个体补充的净效应以及现存个体的增长和自然死亡率都表示在这个简单的公式中。此外，当讨论资源量随时间的变化时，若考虑捕捞死亡率，则应假设自然死亡率和捕捞死亡率是独立的。

尽管这更为复杂，但采用单独考虑补充、增长、自然死亡率的年龄结构模型能更好地了解种群的动态变化过程。本章主要阐述年龄结构模型原理，以及如何应用于类似上述的生物经济模型中。在大多数情况下，遵循 Schaefer 模型的经济和渔业管理条例可根据年龄结构模型来表示。事实上，虽然这需要数值方法而不是分析方法，但它可以推导出持续收入、成本曲线以及种群平衡曲线、经济平衡曲线（PEC 和 EEC）。它还可用于分析开捕年龄以及资源量-补充量关系的特点。但是，在大多数情况下，介绍它的目的不是为了更多地学习渔业经济学本身，而是确保经济原理能够应用在最佳的生物经济模型中。

从另一方面来看，Schaefer 模型可以相对容易地得到从年龄结构模型推导出的基本结果。

首先，需要解释 Schaefer 模型同年龄结构模型的基本差异，同时引入一些定义。在 Schaefer 模型中，生物状态变量是种群生物量，X 是一个标量，当捕捞量等于增长量，资源量不变，达到生物平衡。

在年龄结构模型中，状态变量的等价物必须看作是一个向量，该向量是每一个年龄组所包含的个体数量，我们可以将其定义为年龄组数据集（age-class profile，ACP）。

$$ACP = \{N_0, N_1, N_2, \cdots, N_k\} \tag{5.1}$$

N_i 是 k 个不同的年龄组的个体数量。我们可以根据不同生物量测定描述 ACP。某年龄的生物量 X_i 可表示为个体数量与该年龄下的平均重量 w_i 的乘积，则生物量 ACP 为

$$ACP = \{N_0 w_0, N_1 w_1, N_2 w_2, \cdots, N_k w_k\}$$
$$= \{X_0, X_1, X_2, \cdots, X_k\} \tag{5.2}$$

另一种衡量生物量的指标是产卵种群生物量（spawning stock biomass，SSB），SSB 可用于衡量特定年龄组的产卵潜力，它可以视为某一年龄组性成熟个体，由一个特定年

龄繁殖系数 (s_i) 来衡量，但是根据所涉及物种的复杂性可能存在不同的定义。SSB ACP 为

$$\text{SSB ACP} = \{s_0 N_0 w_0, s_1 N_1 w_1, s_2 N_2 w_2, \cdots, s_k N_k w_k\}$$
$$= \{s_0 X_0, s_1 X_1, s_2 X_2, \cdots, s_k X_k\} \tag{5.3}$$

尽管要考察 ACP 有很多不同的方式，但是用个体数据集是最基础的方法。为了方便定义，在没有进一步说明或者修改的情况下，年龄组数据集(age-class profile)或 ACP 一般用个数或者尾数来表述。

虽然完整地描述种群需要 ACP，但将种群特征表示为与总生物量(total biomass, TB)或产卵群体生物量(SSB)相关的标量更为方便。前者对考察潜在捕捞量更有效，后者对探讨繁殖潜力更有效。

$$\text{TB} = \sum_{i=0}^{i=k} N_i w_i = \sum_{i=0}^{i=k} X_i \tag{5.4}$$

$$\text{SSB} = \sum_{i=0}^{i=k} s_i N_i w_i = \sum_{i=0}^{i=k} s_i X_i \tag{5.5}$$

可见，TB 和 SSB 之间可进行线性转换。将 Schaefer 模型与年龄结构模型做比较时，X 类似于 TB 或 SSB，但仍存在差异，因为 ACP 的组成与总价值同等重要。非常重要的一点是：特定的 ACP 产生确切的 TB 或者 SSB，但存在很多 ACP 产生特定的 TB 或 SSB 的情况。

由于捕捞量包括任意年份不同年龄组的个体数量，因此有必要用向量来表示产量。产量 ACP 是一个向量，它代表每个年龄组捕捞的个体数量。产量 ACP 是种群数量 ACP 和总捕捞努力量的函数，计算该向量的公式推导过程和讨论如下[见公式(5.22)]：

$$\text{ACP} = \{Y_0(N_0), Y_1(N_1), Y_2(N_2), \cdots, Y_k(N_k)\} \tag{5.6}$$

应该指出的是，特定年龄的产量是捕捞努力量、特定年龄的渔获率和自然死亡率的函数，这在下文有介绍。

由此得出，生物量的产量 ACP 和总产量可表示为

生物量的产量 ACP $= \{w_0 Y_0(N_0), w_1 Y_1(N_1), w_2 Y_2(N_2), \cdots, w_k Y_k(N_k)\}$ (5.7)

$$\text{总产量} = \sum_{i=0}^{i=k} Y_i(N_i) w_i \tag{5.8}$$

进一步假设价格会随着年龄和个体大小发生变动，P_i 是特定年龄组价格，则总收益为

$$\text{总收益} = \sum_{i=0}^{i=k} P_i Y_i(N_i) w_i \tag{5.9}$$

用年龄结构模型解释生物平衡比用 Schaefer 模型更为复杂。平衡需要 ACP 向量的元素不再发生变化，这将产生一个固定的 SSB，但是固定 SSB 是由固定 ACP 产生的，反之则不成立。

若追踪鱼类种群动态情况，就有必要追踪 ACP 向量每个元素的变化。尽管它与 Schaefer 模型中的捕捞量和增长量类似，但却更为复杂。我们知道"捕捞量等于增长量"是 Schaefer 模型中的平衡条件，但只有更详细地描述细微点，才能获得年龄结构模型达到平衡的条件。

5.2 年龄结构生物经济模型

首先，探讨第3章动态分类 Schaefer 模型的公式[见公式(3.26)和(3.27)，为了方便阅读，这里再次将其列出]：

$$X_{t+1} = X_t + G(X_t) - qE_tX_t \tag{3.26}$$

$$V_{t+1} = V_t + \varphi_1\pi_t \tag{3.27}$$

公式(3.26)表示资源量的变化，公式(3.27)表示船队数量的变化。资源量以生物量为标量进行衡量，资源量的变化取决于增长量和捕捞量的大小。增长量是资源量的函数，捕捞量与可捕系数、资源量、总捕捞努力量有关，总捕捞努力量与渔船数量、日捕捞努力量、作业天数有关，即 $E_t = V_tf^*(X_t)D_{\max}$。捕捞努力量与可捕系数的乘积为捕捞死亡率，即 $F_t = qE_t$。在年龄结构模型中，有必要讨论特定年龄的捕捞死亡率，且不能只看种群总死亡率，但原理是相同的。特定年龄的捕捞死亡率是捕捞努力量和特定年龄可捕系数的函数。这在下文有更详细的解释[见公式(5.20)的讨论]。

船队数量的变化取决于每艘渔船的利润，而利润是鱼价、成本、总产量、渔船数量的函数。除了鱼价和成本，其他部分都包含在种群变化公式中。

年龄结构生物经济模型也能得到这两个公式所获得结果，除了下面解释的原因，追踪生物量需要一系列的计算，而不仅仅是一个公式，两种模型均可考察船队数量的变化。

正如之前章节一样，为了方便讨论，我们将组建一个模拟模型，并将证明使用该模型来解释年龄结构模型基本原理是有用的(图5.1)。为了简便，我们随机地将年龄结构的数量设为4。这将同时达到两个目的，首先它明确地解释了其中的联系和内在关联，其次它描述了实际年龄结构模拟模型的流程图，本章练习(见CD)中会使用到这个模型。

类似公式(3.26)的生物追踪过程细节可以用图5.1下部的四个方框来解释。生物经济模型可以用A部分完成，它在理论上与Schaefer模型中建立的仿真模型相同，并能表示它是如何通过投入和产出与其他部分相联系的，以及与更完整地生物模型复杂性有关的差异。B、C、D、E部分严格从生物学角度介绍年龄结构分析，B部分运用数量描述年龄结构，而C部分运用重量描述年龄结构以及所有年龄组的总和，D和E分别用数量和重量表示某年龄的捕捞量。

年龄结构模型的基本内容表示在B中。每一行是特定年份的年龄结构情况，第一个下标表示年龄，第二个下标表示年份。根本问题是：给定一个起始的年龄组分布，ACP将如何随时间而变化？

回答该问题首先要介绍世代和世代对角线的概念。任意年份的世代是指补充到1龄组的个体数量。世代对角线记录着随世代的推移各年龄组数量的变化情况。0~4年龄组的世代对角线用不同的灰度表示在B中(注意：从年下标中减去年龄组下标世代的初始年份)。任意年龄 i 和时间 t 的世代对角线可以表示如下：

$$CD = \{N_{i,t}, N_{i+1,t+1}, N_{i+2,t+2}, \cdots, N_{i+k,t+k}\} \tag{5.10}$$

A	V(船数)	f	E	C	R	R/E	π
第0年	V_0	$f(\min)$	E_0	C_0	R_0	R_0/E_0	π_0
第1年	V_1	f_1	E_1	C_1	R_1	R_1/E_1	π_1
第2年	V_2	f_2	E_2	C_2	R_2	R_2/E_2	π_2
第3年	V_3	f_3	E_3	C_3	R_3	R_3/E_3	π_3
第4年	V_4	f_4	E_4	C_4	R_4	R_4/E_4	π_4
第5年	V_5	f_5	E_5	C_5	R_5	R_5/E_5	π_5
第6年	V_6	f_6	E_6	C_6	R_6	R_6/E_6	π_6

B	0龄	1龄	2龄	3龄
第0年	N_{00}	N_{10}	N_{20}	N_{30}
第1年	N_{01}	N_{11}	N_{21}	N_{31}
第2年	N_{02}	N_{12}	N_{22}	N_{32}
第3年	N_{07}	N_{12}	N_{23}	N_{33}
第4年	N_{04}	N_{14}	N_{24}	N_{34}
第5年	N_{05}	N_{15}	N_{25}	N_{35}
第6年	N_{06}	N_{16}	N_{26}	N_{36}

C	0龄	1龄	2龄	3龄	生物量	SSB
第0年	X_{00}	X_{10}	X_{20}	X_{30}	ΣX_{i0}	$\Sigma_{Si} X_{i0}$
第1年	X_{01}	X_{11}	X_{21}	X_{31}	ΣX_{i1}	$\Sigma_{Si} X_{i1}$
第2年	X_{02}	X_{12}	X_{22}	X_{32}	ΣX_{i2}	$\Sigma_{Si} X_{i2}$
第3年	X_{03}	X_{12}	X_{23}	X_{33}	ΣX_{i2}	$\Sigma_{Si} X_{i2}$
第4年	X_{04}	X_{14}	X_{24}	X_{34}	ΣX_{i4}	$\Sigma_{Si} X_{i4}$
第5年	X_{05}	X_{15}	X_{25}	X_{35}	ΣX_{i5}	$\Sigma_{Si} X_{i5}$
第6年	X_{06}	X_{16}	X_{26}	X_{36}	ΣX_{i6}	$\Sigma_{Si} X_{i6}$

D	0龄	1龄	2龄	3龄
第0年	$Y_{00}(N)$	$Y_{10}(N)$	$Y_{20}(N)$	$Y_{30}(N)$
第1年	$Y_{01}(N)$	$Y_{11}(N)$	$Y_{21}(N)$	$Y_{31}(N)$
第2年	$Y_{02}(N)$	$Y_{12}(N)$	$Y_{22}(N)$	$Y_{32}(N)$
第3年	$Y_{03}(N)$	$Y_{12}(N)$	$Y_{23}(N)$	$Y_{33}(N)$
第4年	$Y_{04}(N)$	$Y_{14}(N)$	$Y_{24}(N)$	$Y_{34}(N)$
第5年	$Y_{05}(N)$	$Y_{15}(N)$	$Y_{25}(N)$	$Y_{35}(N)$
第6年	$Y_{06}(N)$	$Y_{16}(N)$	$Y_{26}(N)$	$Y_{36}(N)$

E	0龄	1龄	2龄	3龄	捕捞量	收益
第0年	$Y_{00}(N)$	$Y_{10}(N)$	$Y_{20}(N)$	$Y_{30}(N)$	$\Sigma Y_{i0}(X)$	$\Sigma P_i Y_{i0}(X)$
第1年	$Y_{01}(N)$	$Y_{11}(N)$	$Y_{21}(N)$	$Y_{31}(N)$	$\Sigma Y_{i1}(X)$	$\Sigma P_i Y_{i1}(X)$
第2年	$Y_{02}(N)$	$Y_{12}(N)$	$Y_{22}(N)$	$Y_{32}(N)$	$\Sigma Y_{i2}(X)$	$\Sigma P_i Y_{i2}(X)$
第3年	$Y_{03}(N)$	$Y_{12}(N)$	$Y_{23}(N)$	$Y_{33}(N)$	$\Sigma Y_{i2}(X)$	$\Sigma P_i Y_{i2}(X)$
第4年	$Y_{04}(N)$	$Y_{14}(N)$	$Y_{24}(N)$	$Y_{34}(N)$	$\Sigma Y_{i4}(X)$	$\Sigma P_i Y_{i4}(X)$
第5年	$Y_{05}(N)$	$Y_{15}(N)$	$Y_{25}(N)$	$Y_{35}(N)$	$\Sigma Y_{i5}(X)$	$\Sigma P_i Y_{i5}(X)$
第6年	$Y_{06}(N)$	$Y_{16}(N)$	$Y_{26}(N)$	$Y_{36}(N)$	$\Sigma Y_{i6}(X)$	$\Sigma P_i Y_{i6}(X)$

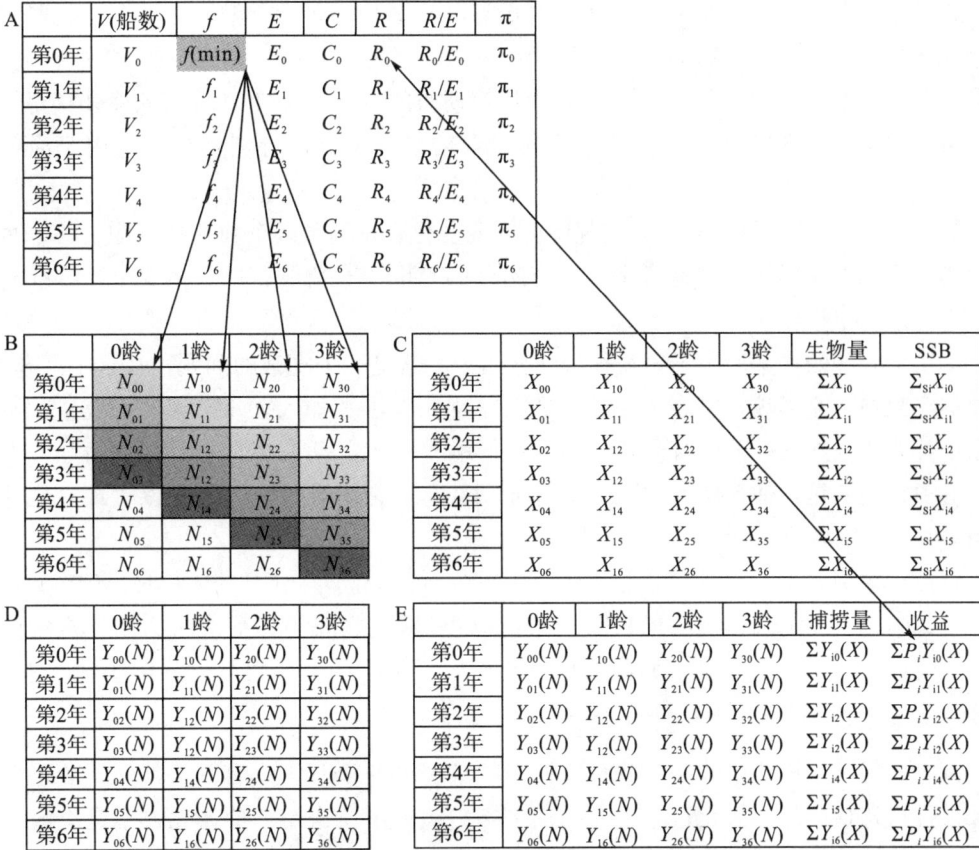

图 5.1 资源量、生物量、捕捞量的经济变量和年龄组随时间的变化

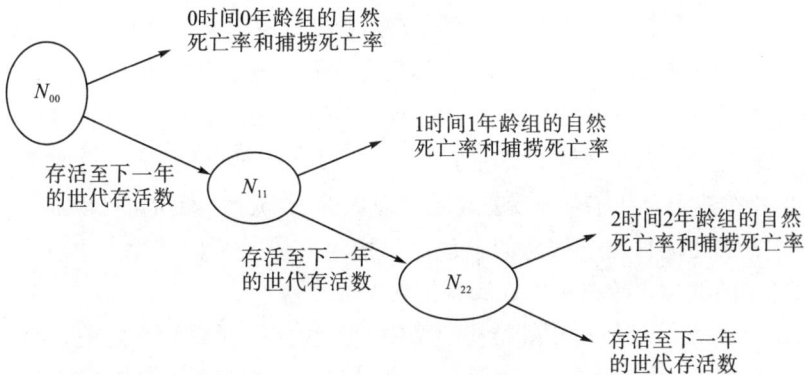

图 5.2 某一年龄世代存活量的动态变化

这里有必要强调一下 ACP 与世代对角线的差异。ACP 表示在网格内的横行中，代表给定时间点某年龄的数量。世代对角线是网格中的对角线，表示随着世代增长，它包含自然死亡率和捕捞死亡率的剩余个体数量。世代对角线的分析可以用图 5.2 详细解释，第 1 阶段 1 龄鱼数量是第 0 阶段 0 龄鱼在考虑自然死亡率和捕捞死亡率后的存活量。一般来说，在任意时期若自然死亡率和捕捞死亡率已知，则 B 中任意一格的数值可以通过计算上部和左侧对角网格中的数值得到，明确的计算步骤如下。

在开始之前，考虑第 3 年的 ACP，由 0 至 3 年世代中的个体组成。例如，N_{33} 是 3 龄的个体数量，即从 0 年开始的世代存活量。可见，任意时期的 ACP 由前一年的补充量、自然死亡率、捕捞死亡率所决定，ACP 中任何期望的变化只能随时间的推移来获得。根据图表，这是一个明显的点，但这是了解种群动态的关键，特别是当它应用于渔业管理中。

现在讨论单位鱼类种群 ACP 如何随时间而变化。这涉及两个独立的问题，一是每个年龄组存活到下一年的比例是多少，这个问题回答世代对角线；二是多少个体将补充到 0 龄组或低年龄组中。

第二个问题的答案取决于鱼类种群的繁殖力。这是一个复杂的问题，在这个问题上，需要假定存在补充函数，以表示在另一阶段作为 SSB 函数加入 0 年龄组的补充量。不同类型的补充函数在下一节中解释，它们如何影响整个种群动态将在本章的后面几节中介绍。必须强调的是，估计所有情况下的补充函数是非常困难的，即使可以实现，估计点的离差往往也非常高。

现在讨论图 5.1 的 C 部分，它表示每年对应 B 部分同年 ACP 的生物量 ACP［见公式 (5.2)］，同时也表示总生物量和 SSB。B 部分与 C 部分之间的关系是 SSB 由任意年份的 ACP 产生。从另一方面看，任意年份中补充到 0 年龄组的个体数与前一年的 SSB 有关，也就是说，B 部分的 N_{0t} 由 C 部分的 $\sum s_i X_{i,t-1}$ 产生。

总之，每年 0 年龄组数量由补充量决定，即通常与 SSB 大小有关，其他年龄组大小由未被自然死亡率和捕捞死亡率改变的前一年龄组大小所决定。捕捞死亡率是决定种群大小和组成如何随时间变化的一个很重要的因素。

D 和 E 部分表示捕捞的数量和重量随时间的变化情况，其值可以通过 B 和 C 中的信息和所用的参数计算得出。显而易见，存在着两种死亡率：自然死亡率和捕捞死亡率。B 部分表示由于两种死亡率导致的各年龄组的数量变化情况。用表中所给的数字计算任意时期任意年龄组总死亡率很简单，例如 1 时期 2 龄的总死亡率可以通过计算 N_{32} 与 N_{21} 的差值得到。也就是说，若第 1 年 2 龄的个体为 1 000 尾，第 2 年 3 龄的个体为 800 尾，第 1 年 2 龄的总死亡数为 200 尾，捕捞量是这个总数的一部分，捕捞量可以通过计算捕捞死亡率与总死亡率的比值得出。捕捞的数量可以用年龄体重系数转化为 E 中的捕捞重量。最后，利用各年龄的鱼价数据可以计算每年获得的收益。

在开始讨论 A 部分如何与年龄结构模型中的生物部分联系起来之前，有必要从纯生物学角度来看该模型如何运用。生物模型的控制变量是捕捞死亡率。假定其他相关参数是已知的，该模型可用于估计在不同的捕捞死亡率下资源量和捕捞水平如何随时间而变化。当在这种方式下使用时，模拟程序有时称为种群预测模型（stock projection model）。反过来看也是可以的，例如该模型可以用于计算获得期望捕捞水平的捕捞死亡率，根据捕捞死亡率可了解捕捞水平如何影响总资源量和未来补充量。该模型可以用于计算实现种群恢复的目标捕捞死亡率，例如目标是在 10 年内使 SSB 增加 25％，用该模型可比较容易地计算出为实现目标的几个不同捕捞死亡率的时间路径。

A 部分完善了生物经济模型。实际上，它本身与上面所用的简单模拟模型类似。在这种情况下，资源量的变化用公式(3.26)记录在一列中。在年龄结构模型中，有必要用 B、C、D、E 部分完成这个任务。A 部分记录个体渔船的作业如何随捕捞收益而变化，由于没有简单的捕捞公式，所以这必须用一个稍微不同的方式来解决。用于推导渔船日利润的产量函数可用于计算利润最大化时的日捕捞努力量[见公式(3.11a)～(3.13)]。分析的基础是渔船能够基于现存资源量计算单位捕捞努力量的收益，这由 PqX 计算得出。鉴于年龄结构模型计算捕捞量的复杂性(见下文)，得到这样的预先计算是不可能的。但是，这个问题可以通过假设渔船作业者使用前一阶段的单位捕捞努力量的平均收益来计算当前最适捕捞努力量。即公式(3.13)必须改写为

$$f_t = \frac{R_{t-1}/E_{t-1} - c_i}{2c_s} \tag{5.11}$$

这意味着，有必要将 0 阶段的日捕捞努力量 f_0 设定一个初始值，本书设为 f_{min}，位于日平均成本曲线的最小处。换句话说，初始年份后任意年份的捕捞努力量和 A 部分第二列变量是前一年单位捕捞努力量的收益函数。单位捕捞努力量收益是 A 部分第 5 列的变量。

生物经济相互关系如下：一定初始船数和假定初始捕捞努力量为 f，计算出初始阶段总捕捞努力量为 E_0，该阶段每个年龄组的捕捞死亡率与 E_0 和年龄组可捕系数有关，用下面的计算表示。根据这些捕捞死亡率可以计算出从第 0 年到第 1 年每个年龄组数量的变化情况，同时也可以得出第 0 年的捕捞水平和收益(见从 E_0 开始的箭头表示对下一年整个 ACP 的影响；见 E 部分的收益列，以及连接来自捕捞量的 R_0 和决定 1 时期内船数的 A 部分收益列的箭头)，A 部分中的经济成分和其他四个部分中的种群增长组成之间的联系。

A 部分的逻辑关系可以总结如下：任意阶段的日捕捞努力量是前一阶段单位捕捞努力量收益的函数，总捕捞努力量是现存船队大小和捕捞天数的函数。总捕捞努力量决定了该阶段的总上岸量、收益以及下一阶段 ACP 的变化情况。下一年船队大小取决于周期性捕捞的利润。

5.3　年龄结构生物经济模型的详述

5.3.1　函数和参数

5.3.1.1　年龄与体重关系

个体生长与食物可获得性、水温和物种代谢率相关，有时由于环境因素和捕捞压力变化，它也会发生变化。

有两种方法可以获得年龄与体重的关系系数。一种方法从实际商业捕捞或调查航行中获得的鱼类个体样本，以获得年龄和平均重量；另一种方法是可以通过观测鱼类耳石上的年轮来获取其年龄。

若无法获得所有年龄组的足够样本，有时可以用长度和重量生长公式来估计。某年龄个体的长度可用 von Bertalanffy 生长公式获得：

$$L_i = L_\infty \left[1 - e^{-k(i-i_0)} \right] \tag{5.12}$$

其中，L_∞ 是物种的最大体长，k 为曲率参数，i_0 生长函数的调整参数。特定年龄的体重 w_i 用下面的体长－体重公式表示：

$$w_i = a_3 L_i^{b_3} \tag{5.13}$$

其中，a_3 和 b_3 是常数且已有估计这些公式参数的标准方法（Ricker，1975；Sparre et al.，1989）

5.3.1.2　补充量

新个体补充是鱼类种群动态中最重要、了解最少、最难估计的。补充量是下面因子的函数：①繁殖期的产卵种群数量；②特定年龄雌性个体的平均繁殖力；③幼体阶段浮游生活的时间；④浮游生活时的环境条件；⑤成体阶段在水体中定居或自由移动时的栖息地条件和食物可获得性；⑥从产卵开始至成体阶段，时间和空间上的捕食者密度。对于定居性种类，栖息地的种群密度是决定补充成功率的一个根本因素。

对于补充群体的数量如何随着 SSB 而变化的问题，有着不同的假设，一些假设在特定物种中应用取得了很好的效果。这里考虑四种类型的补充函数：恒定补充、Beverton-Holt 渐进补充、Ricker 密度依赖型补充、逆补偿补充。这些函数的形状见图 5.3（Beverton and Holt，1957；Caddy，1975；Ricker，1975；Cushing，1981；Gulland，1983；Hilborn and Walters，1992），表 5.1 中列举了这些函数的公式以及模型中所使用的参数值。

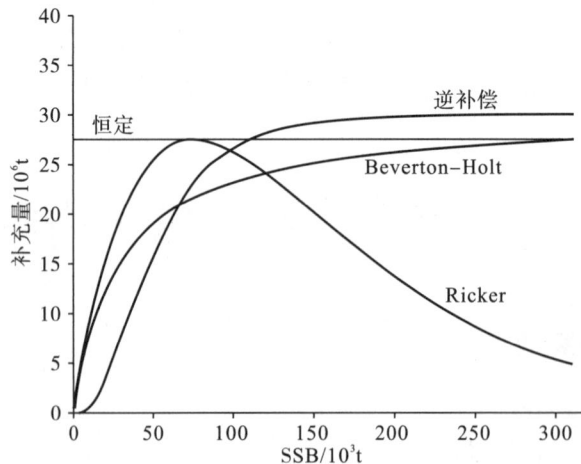

图 5.3　选择性地资源量－补充量关系

Beverton-Holt 函数是一个渐近曲线，在超过一定种群密度后，补充量恒定。这意味着随着种群密度增加，补充率呈算数递减。当补充资源量受到可利用食物或栖息地的限制，或者当捕食者随着猎物资源量的变化不断地调整自己的攻击速率时，可以运用 Beverton-Holt 函数。在这个公式中，α_{bh} 是最大可能补充量，β_{bh} 是产生 $\alpha_{bh}/2$ 补充量的 SSB。

Ricker 函数适用于当资源量较大时，高密度制约机制起作用从而限制补充量的情况。密度制约机制的例子包括后仔鱼期被成鱼的被动捕食，正如沙滩双贝壳类软体动物和其他定栖类物种；在一些鳕鱼种群和鳟鱼中，成鱼对同类仔鱼的捕食；幼鱼密度的加大意味着它们仍需在脆弱环境下生长一段时间；捕食者对于被捕食者数量的反应滞后，因此初期被捕食者的高密度会吸引更多捕食者，而被捕食资源随后减少。在该函数中，α_r 表示低资源量下单位产卵群体的补充量，β_r 表示随着 SSB 增加单位产卵个体补充量的降低率。

表 5.1　补充过程的各种函数形式

函数	公式	值
恒定	$R = R_C$	$R_C = 27\ 500\ 000$
Beverton-Holt	$R = \alpha_{bh} \mathrm{SSB} / (X_{sp} + \beta_{bh})$	$\alpha_{bh} = 30\ 000\ 000$ $\beta_{bh} = 28\ 955$
Ricker	$R = \alpha_r \mathrm{SSB} \mathrm{e}^{-(\beta_r \mathrm{SSB})}$	$\alpha_r = 1\ 000$ $\beta_r = 0.000\ 013$
逆补偿	$R = \alpha_d [1 - \mathrm{e}^{-(\beta_d \mathrm{SSB})}]^3$	$\alpha_d = 30\ 000\ 000$ $\beta_d = 0.000\ 033$

逆补偿补充函数在 SSB 处于低水平时，其补充量较低，但是超过相关范围补充率以递增的速度开始增加，然后增长速率减缓，补充量达到最大值。

简单地说，当数据限制或者存在很多其他的变量影响补充量时，通常很难估计一个特定群体的补充函数。例如，在某些情况下，成鱼的食物可获得性等环境条件比实际成鱼数量更重要。鉴于上述原因，当恒量是某些校正的过去补充量的平均值，有时用恒定补充量较为有效。

补充函数的类型对存在或不存在捕捞死亡率的鱼类种群动态均有重要影响，图 5.3 中的四条曲线将用于下面的实例中。选择的参数要能使不同函数都能兼容模型中的其他参数，从而能够进行一些有限的比较，例如所有曲线的最大补充量会非常接近。尽管补充函数能够很好地解释被开发鱼类群体的整体种群动态，但是其他问题，例如特定年龄的自然死亡系数，也对种群动态有重要影响。正如下面所示，只考虑补充函数的形状和位置很难预测相对平衡资源量。

5.3.1.3　自然死亡率

群体中个体自然死亡率是海洋鱼类种群动态中最敏感的参数之一。造成海洋鱼类自然死亡的可能因素有很多，主要有捕食、产卵压力、疾病、不利的环境因素、食物/空间的缺乏等。简单来说，大多数年龄结构模型假设所有年龄组的自然死亡率相同，通常设为 0.2。而生活史早期的自然死亡率相对较高，因为鱼类在幼体阶段比在成体阶段更容易受到捕食、竞争和不利环境条件等不利因素的影响。Caddy(1991)建立了一个关于自然死亡率的倒数函数，以探讨自然死亡率在各年龄组间的变化情况。Caddy 和 Seijo(2002)论述了使用特定年龄自然死亡率函数的重要性。倒数自然死亡率模型为：

$$M_i = \alpha + \beta/i \tag{5.14}$$

其中，α 和 β 是估计的参数，i 是年龄，自然死亡率最初逐渐降低，随后接近渐近线（见图 5.4）。

本章的生物经济模型既可以用恒定的自然死亡率，也可以用变化的自然死亡率。大多数情况下，实例中均使用恒定自然死亡率。

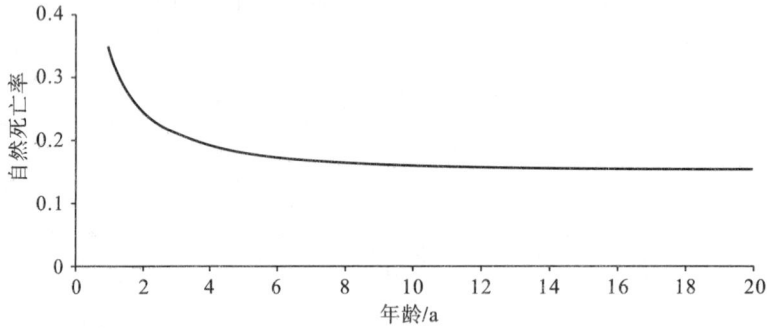

图 5.4　各年龄组的自然死亡率

5.3.2　年龄结构模型的基本计算

年龄结构模型有两套基础运算方法。首先是沿着世代对角线追踪各年龄组的个体数量，其次是计算每个年龄组的年产量。

本小节的目的是解释这些计算是如何得出的。需要注意，进行这些计算时，存在确定的或隐含的假设。Seijo(1998)认为假设如下：①种群的各年龄组比例适当；②各年龄组均匀分布；③捕捞作业前后，在海域中存在同等的捕捞概率；④生长和死亡参数在整个海域的分析中均相同。上述假设并不总能满足，这些情况在下面章节中有介绍。

两种计算方法均需要用到捕捞死亡率和自然死亡率，在对计算进行解释之前，有必要对其背景和使用进行定义。死亡率是某一时期种群死亡的百分比，通常使用年死亡率。但是在渔业中由于存在两种死亡率，所以有必要使其更精确。捕捞活动在整个一年内均存在，在某些情况下捕捞的鱼可能由于自然原因而死亡，对于这种情况，在种群动态分析中通常使用瞬时死亡率。这是一个较为难懂的概念，但可以解释如下：若资源量为 N 的种群，其瞬时死亡率为 $Z\%$，将表示如下：

$$\frac{\mathrm{d}N}{\mathrm{d}t} = -ZN \tag{5.15}$$

在每个瞬时点，若整个时期死亡率相同，资源量会降低 $Z\%$。目前，假定该时期的瞬时资源量为 100，初始种群大小为 N_0，这意味着在第一个瞬时点，资源量降低 $ZN/100$；在该瞬时点后，资源量为 $N_0 - (ZN_0/100)$ 或 $N_0[1-(Z/100)]$；在第二个瞬时点，资源量继续降低 $Z\%$，由于第一个瞬时点的死亡率，所以种群大小会减小。用 N_i 代表第 i 个瞬时点后的种群大小，可以概括如下：

$$N(i) = N_0\left(1 - \frac{Z}{100}\right)^i \tag{5.16}$$

若一个时间段可以分成 100 个瞬时点，则第一阶段结束时的资源量即为第 100 个瞬时点后的资源量。

$$N(100) = N_1 = N_0 \left(1 - \frac{Z}{100}\right)^{100} \tag{5.17}$$

在这种情况下，若瞬时死亡率为 0.3，乘以 $(1-0.3/100)^{100}$ 等于 0.740 484，得到某一时期的死亡率为 0.259 516。因为整个一年内鱼种均有死亡，0.3 的瞬时死亡率运用于一个资源量不断降低的种群中，年死亡率会小于瞬时死亡率。

若瞬时点增至无穷多个，瞬时死亡率为 $Z\%$ 时，某一时期结束时资源量公式可以通过整合式(5.15)来获得：

$$N_1 = N_0 \mathrm{e}^{-Z} \tag{5.18}$$

为了便于比较，令 $\mathrm{e}^{-0.3}$ 为 0.740 818，转化为年死亡率为 0.259 182。任何瞬时死亡率均可以很容易地转换为年死亡率，若 Z 为瞬时死亡率，则年死亡率为 $(1-\mathrm{e}^{-Z})$。值得注意的是瞬时死亡率可能大于 1，例如瞬时死亡率 1.5 可以转化为年死亡率 0.776 87。在任意瞬时点，资源量以大于 1 的速率降低，但由于该时期资源量的降低，使该速率不会持续在整个时期中。

该分析必须使用瞬时死亡率的原因在于瞬时死亡率是累加的，而年死亡率不是。某年龄组同时受到瞬时自然死亡率 M 和瞬时捕捞死亡率 F 的影响，总瞬时死亡率为 $(M+F)$，转化为年总死亡率为 $1-\mathrm{e}^{-(F+M)}$，除去潜在的重复计算问题，考虑瞬间自然死亡率和捕捞死亡率。

要弄清这个问题，下面考虑种群分别受到年自然死亡率 M_a 和年捕捞死亡率 F_a 的情况，得出：

$$N_1 = N_0(1 - F_a)(1 - M_a) = N_0(1 - F_a - M_a + F_a M_a) \tag{5.19}$$

这相当于总年死亡率 $(F_a + M_a - F_a M_a)$，负值部分避免了重复计算在捕捞前已经自然死亡的捕捞死亡率。

自然死亡率 M 和捕捞死亡率 F 都是针对特定年龄组。正如上文所述，年龄组的自然死亡率是模型的参数，年龄组的捕捞死亡率是模型控制变量年捕捞努力量的函数，特定年龄的可捕系数是另一组参数，准确地说：

$$F_{\mathrm{it}} = q_i V_t f_t D_{\max} = q_i E_t \tag{5.20}$$

在时间 t 时，年龄组 i 的捕捞死亡率是由 t 时间的总捕捞努力量和 i 年龄组的特定年龄可捕系数决定的。任意时期的日捕捞努力量 f_t 用公式(5.11)计算。

用上述公式可以推导追踪某年龄组的个体数量沿世代对角线变化的基本公式，由于瞬时死亡率可以累加，若 $F_i = q_i E$ 表示瞬时捕捞死亡率，M 代表瞬时自然死亡率，则总死亡率等于 $(q_i E + M)$。根据公式(5.18)得出 i 年龄组在时间 t 内的资源量与下一个年($i+1$)年龄组的资源量之间的关系：

$$N_{i+1,t+1} = N_{it} \mathrm{e}^{-(M_i + q_i E_t)} \tag{5.21}$$

第 $t+1$ 年、第 $i+1$ 年龄组的个体数量是第 t 年、第 i 年龄组的资源量与 $M_i + q_i E_t$ 的指数函数的乘积。注意 $N_{i+1,t+1}$ 位于图 5.1 的 B 部分 $N_{i,t}$ 的斜右下角，公式(5.21)可用于计算世代对角线。

根据上文计算各年龄组的产量。给定瞬时自然死亡率 M 和瞬时捕捞死亡率 F，总死亡率为 $[1-\mathrm{e}^{-(F_{it}+M_i)}]$。因此，$t$ 时间世代 i 的总死亡数可以通过该因子与年龄组资源量的乘积获得，捕捞量与捕捞死亡率呈比例。此外，某年龄组的捕捞量可以表示如下：

$$Y_{it}(N) = \frac{q_i E_t}{q_i E_t + M_i} N_{it}[1 - \mathrm{e}^{-(q_i E_t + M_i)}] \tag{5.22}$$

公式(5.22)是公式(5.6)中捕捞量 ACP 的组成，捕捞量 ACP 是当前 ACP 和特定捕捞努力量的函数。换句话说，给定一个 ACP，用公式(5.22)可以建立特定捕捞努力量水平的捕捞量 ACP，然后用公式(5.8)和(5.9)可以很容易地获得总捕捞量的重量和收益。

5.4　年龄结构模型的生物分析

正如上述 Schaefer 模型的分析，运用数值实例来演示年龄结构模型很有用。此外，不同补充函数的参数，如表 5.1 中指定的，在本章的实例中均用到了特定年龄的生物参数(表 5.2)，尽管参数是假设的，但对其相对大小进行选择，从而可产生稳定的结果。上述公式所用参数的符号表示在图表的标题中。

表 5.2　特定年龄的生物经济参数

年龄	体长 L_i/cm	体重 W_i/g	可捕系数 q_i	性成熟比率 S_i	自然死亡率 M_i (1/a)	鱼价 P_i /US$
1	16.68	71.47	0.000 002 3	0.0	0.344 8	0.00
2	30.33	429.99	0.000 004 1	0.0	0.243 2	0.00
3	41.51	1 102.19	0.000 006 3	0.2	0.209 3	8.00
4	50.66	2 003.82	0.000 008 4	0.7	0.192 4	12.00
5	58.16	3 030.97	0.000 010 4	1.0	0.182 2	17.00
6	64.29	4 094.97	0.000 012 0	1.0	0.175 5	17.00
7	69.31	5 131.72	0.000 013 3	1.0	0.170 6	17.00
8	73.43	6 100.41	0.000 014 3	1.0	0.167 0	17.00
9	76.79	6 978.70	0.000 015 1	1.0	0.164 2	17.00
10	79.55	7 757.55	0.000 015 7	1.0	0.161 9	17.00
11	81.81	8 436.75	0.000 016 1	1.0	0.160 1	17.00
12	83.65	9 021.47	0.000 016 5	1.0	0.158 5	17.00
13	85.17	9 519.83	0.000 016 8	1.0	0.157 2	17.00
14	86.41	9 941.26	0.000 017 0	1.0	0.156 1	17.00
15	87.42	10 295.42	0.000 017 2	1.0	0.155 1	17.00
16	88.25	10 591.56	0.000 017 3	1.0	0.154 3	17.00
17	88.93	10 838.21	0.000 017 5	1.0	0.153 6	17.00
18	89.49	11 042.98	0.000 017 5	1.0	0.152 9	17.00
19	89.94	11 212.53	0.000 017 6	1.0	0.152 3	17.00
20	90.31	11 352.64	0.000 017 7	1.0	0.151 8	17.00

5.4.1　生物平衡分析

在运用年龄结构模型讨论种群动态之前，有必要先对各种平衡进行讨论。当不存在捕捞活动时平衡 SSB 为多少？不同捕捞努力量下的平衡资源量和捕捞水平为多少？最大可能可持续产量为多少？

在 Schaefer 模型中，通过对比产量和生长函数很容易获得平衡条件。特定捕捞努力量下的生物平衡发生在该捕捞努力量下的短期产量曲线与生长曲线相交处。一般来说，令短期产量函数和生长函数相等，可以获得 PEC 公式，它表示任意捕捞努力量下的平衡资源量。用该公式可以推导出持续产量曲线。在实际年龄结构模型中，可能存在相同的概念，推导的路径更为复杂，但是为了掌握包含多个年龄组、且每个年龄组以不同的速率变化的鱼类种群动态，必须进行讨论。

下面的讨论会使问题更明确，即使捕捞努力量仍保持不变，鱼类种群达到生物平衡也需要很长时间。事实上，这些平衡应该作为理论结构，由于随机性和鱼价、成本、可捕系数的不断变化，它可能在现实中永远不会达到，但将平衡条件作为框架用以掌握种群及其管理是有意义的。

在 Schaefer 模型中，一定捕捞努力量下的平衡发生在资源量不再变化时；在年龄结构模型中，一定捕捞努力量下的平衡发生在 ACP 不再变化时。由于涉及的范围较广，很难准确获得所包含的内容。为了对其进行解释，有必要对世代对角线固定参数(FPCD)进行介绍，世代对角线表示由于自然死亡率和捕捞死亡率导致世代个体数量的降低[见公式(5.10)]。

根据种群生活史中 E 和 SSB 的组合，FPCD 被定义为年龄结构向量。FPCD 定义了初始年份 t 与 E、R 的组合，R 为补充函数：

$$\text{FPCD}_t\big[E, R(\text{SSB})\big] = \{N_{0,t}^*, N_{1,t+1}^*, N_{2,t+2}^*, \cdots, N_{k,t+k}^*\} \tag{5.23}$$

该向量的组成计算如下：

$$N_{0t}^* = R_t(\text{SSB}_t) \tag{5.23a}$$

$$N_{it}^* = R^{-\left(\sum_{t=0}^{t=k} M_i + E_t q_i\right)} \quad i > 0 \tag{5.23b}$$

基本上，由于自然死亡率和捕捞死亡率的存在，各年龄组的资源量每年都会降低；其中，捕捞死亡率是恒定捕捞努力量和特定年龄可捕系数的函数。

需要强调的是，FPCD 是人为定义的。该概念仅在满足限制条件下才能在现实渔业中存在，定义该概念的目的在于其有助于确定平衡条件，采用固定参数世代对角线可以明确的获得年龄结构模型的生物平衡条件。进一步用 FPCD 曲线可以获得相似的平衡概念。

当补充量一定时，一定捕捞努力量下的平衡发生在当前 ACP 等于该捕捞努力量下的 FPCD 处。当 FPCD 向量的组成分别与 ACP 向量的组成相等，只要捕捞努力量保持不变，ACP 就不会发生变化。由于恒定的补充量，初始世代保持不变；由于 $i+1$ 年龄组等于 i 年龄组，所以其他年龄组随时间的推移也保持不变。

生物平衡发生在当前 ACP 与该捕捞努力量下的 FPCD 相等处。此外，由 ACP 得到的 SSB[见公式(5.3)和(5.5)]可获得指定水平的捕捞努力量，这些条件将确保 ACP 不会随时间而变化。

根据特定捕捞努力量生物平衡的基本概念，可以讨论类似 Schaefer 模型中平衡的几个方面。为了对这项讨论进行图形分析，必须将向量转化为标量。首先，通过探讨种群繁殖曲线来考虑开发种群的生物平衡。对于一个给定的补充函数，该曲线可以通过绘制 SSB 相关范围而确定，由 ACP 推导出的 SSB 等于 FPCD[0, R(SSB)]。也就是说，我们想了解由 ACP 得到的 SSB(标量)，且它等于由 0 捕捞努力量水平产生的 FPCD 向量。

补充函数的 SSB 繁殖曲线表示在图 5.5 中，该曲线可以获得未开发种群的大小。特定补充函数的平衡种群大小发生在曲线与 45°对角线相交处，这是曲线上水平轴的生物量在无捕捞努力量时能产生相同的 SSB 的唯一点。未开发平衡 SSB 可以定义为产生一定水平补充量的 SSB；当一段时间内特定年龄的自然死亡率数组等于年龄组数量时，将产生一个符合该 SSB 的 ACP。

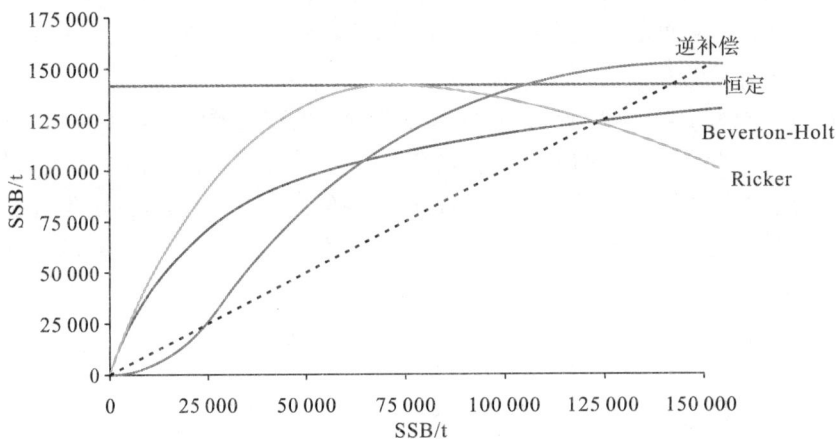

图 5.5　种群繁殖曲线

在年龄结构模型中，未开发种群的平衡 SSB 等于 Schaefer 模型中的环境容纳量。从 FPCD 的规定公式我们可以看出，这不仅是一个简单的参数，未开发的资源量是补充函数参数、特定年龄繁殖率和自然死亡率的函数。

用图 5.3 补充函数的形状对比不同补充函数的平衡点，注意 Beverton-Holt 和 Ricker 函数会产生一个相似的平衡，尽管它们的种群大小和图形形状完全不同，必须注意以下两点：表 5.2 中其他参数的相对大小是人为设定的，逆补偿补充函数会产生两个可能的平衡。

用 SSB 繁殖曲线包含的信息可以构建 PEC 的等价概念。首先，可以建立一系列不同捕捞努力水平下的繁殖曲线，并注意它们与 45°对角线的相交处，E 和 SSB 的组合得到 PEC。

但是，运用特定 SSB 水平下的 FPCD，可以用一个搜索程序找到产生相同的 SSB 的 E。每个补充函数的 PEC 表示在图 5.6 中。

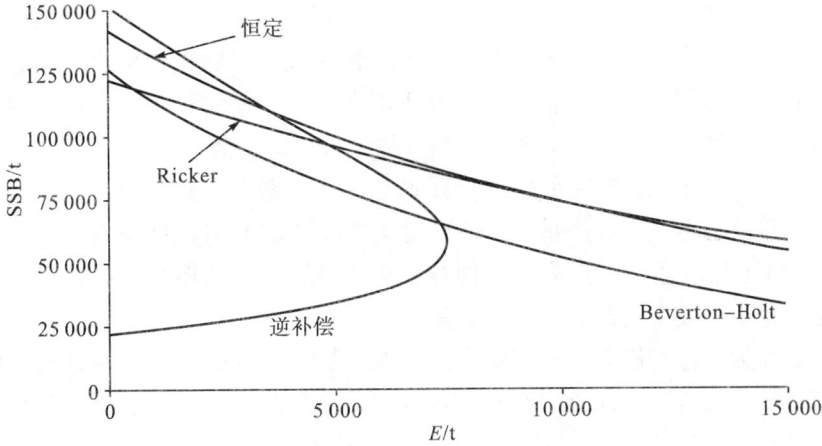

图 5.6　不同补充函数下的种群平衡曲线

PEC 形式上可定义为 E 和 SSB 的组合，其中补充量是由特定的 SSB 产生的。在一定捕捞努力量下产生的总死亡率，以及各年龄组的自然死亡率、可捕系数时，会产生一个符合给定 SSB 的 ACP。

PEC 之间相互类似。此外，除了凹向纵轴的逆补偿 PEC，其他遵循 Schaefer 模型的 PEC 也类似。因为逆补偿补充函数的种群繁殖曲线与 45°线相交于两处，因此在相关捕捞努力水平下存在两个平衡 SSB。随着 E 的增加和种群繁殖曲线的下降，两个平衡点越来越近，直到曲线与 45°线相切时，两点重合。高捕捞努力量时，不存在平衡点。

PEC 的斜率可反映出不同补充函数的一些有意义的方面。例如，Ricker 曲线的初始资源量小于恒定补充量，随着 E 在相关范围增加，平衡时的 SSB 趋于相互接近，原因在于：随着 SSB 降低，这两个函数的补充量相互接近。

作为建立 PEC 获取信息过程的一部分，它可以计算 E 和 SSB 组合下的总产量，而且也可以用图标表示可持续产量、SSB 和持续产量、捕捞努力量之间的关系。前图表示在图 5.7 中。

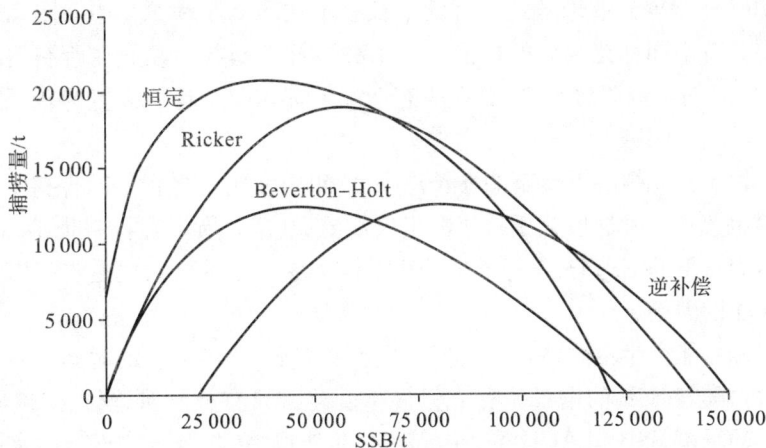

图 5.7　不同补充函数下的可持续产量

这些持续产量曲线类似于 Schaefer 增长曲线，表示任意资源量下的持续捕捞量，但是可持续捕捞不等于自身的增长量。Schaefer 增长曲线可以获得个体生长、补充、自然死亡率的净效应。尽管这些因子被认为存在于图 5.7 曲线的结构中，但由于要考虑自然死亡率和捕捞死亡率之间的相互关系，这会导致分析更加复杂。

在年龄结构模型中，无特定的公式计算 Schaefer 模型中 X_{msy} 的等价因子，但是产生最大可持续产量的种群大小和产量估计值可以从持续产量 SSB 曲线中获得。若可以估计 SSB_{msy}，在管理上它通常可以作为目标种群大小。根据曲线的形状，可以指定一个极限种群大小作为最小可接受资源量，见第 6 章。

用 SSB_{msy} 作为目标种群大小存在很大的影响（见下一章的讨论），但是与该估计值有关的所有信息均非常有用。此外，补充函数的参数、年龄组繁殖力、自然死亡率、年龄组特定可捕系数也很有用。

根据上述的两个重要点，尽管我们倾向于认为 SSB_{msy} 的决定因素完全取决于生物因子，可捕系数取决于经济和技术领域，但是绝对值和相对值的变化将对种群繁殖率有重要影响，一些可能很容易预计，例如低年龄组较高的技术系数将导致可持续产量的降低，因为小体长个体的捕捞量增加。

另一点是正确做好生物研究的重要性，任何参数的错误估计都将会导致安全资源量估计范围的巨大变化。后面的章节会更详细地讨论该问题。

5.5 年龄结构模型的种群动态

平衡分析提供了掌握种群动态的框架。要充分掌握种群动态，必须了解非平衡状态下种群为什么以及如何变化。下面两小节简要的讨论存在和不存在捕捞死亡率时种群的变化情况。

5.5.1 无捕捞活动时种群的增长

用 Schaefer 模型得到的未开发鱼群的增长表示在图 2.3 和 2.4 中。图 5.8 对比了年龄结构模型中具有不同补充函数的种群。除了种群补充函数，参数在所有情况下都是相同的（见表 5.2）。初始资源量和 ACP 在所有情况下都相同，且均设置为较低值，以便于清楚地阐述所涉及的问题。

注意，在恒定补充情况下所有的增长均在 20 年内完成，之后 SSB 保持不变。这个时间段对应年龄组数量，种群填充所有年龄组仅需要 20 年，所以存在一个平衡 ACP（ACP 等于 0 捕捞努力量下的 FPCD），每个年龄组保持不变，自然死亡率是唯一影响两个相邻年龄组相对大小的因子。

其他补充函数能产生不同路径，它们达到平衡需要 20 年以上的时间。由于补充量是资源量的函数，随着 SSB 的增加，补充量发生变化。只有补充量连续在 20 年内均相同时，一个真正的平衡 SSB 和 ACP 才会达到，从而使得 ACP 等于捕捞努力水平为 0 时的 FPCD。事实上，当补充量达到年间的变化不大的阶段，图 5.8 的曲线接近平衡。

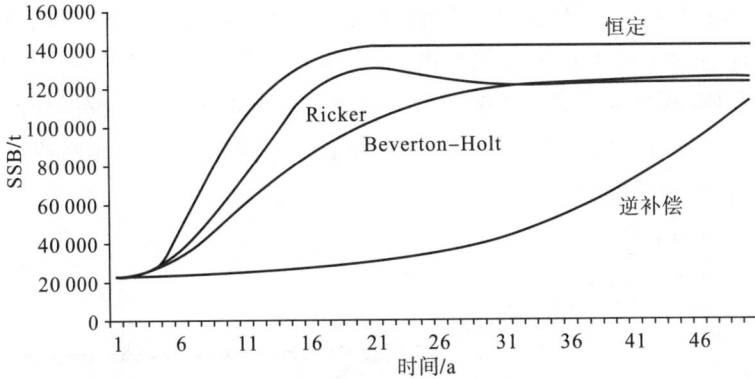

图 5.8　不同补充函数下的种群增长曲线

增长路径形状的差异可以部分由潜在补充函数的性质来解释。Beverton-Holt 函数的补充量随着资源量的增长，趋近于最大值。SSB 增长路径反应了该过程，随着 SSB 继续增长，年补充量开始稳定，这意味着随着这些相似大小的世代通过种群繁殖，SSB 趋于稳定。

Ricker 函数的路径轨迹是种群数量先增至最大，随后逐渐降低。资源量的降低是由补充量的减少而造成的，而补充量的减少是由于高 SSB 的密度制约。事实上，Ricker 补充函数不是总呈峰值增长路径，在高自然死亡率下，图 5.5 表示的 Ricker 种群繁殖曲线与 45°线相交于达到最大值之前。因此，种群增长将不会使 SSB 位于存在密度制约的范围内。

逆补偿补充函数的增长路径最慢，相对于其他函数，它产生的补充量最低，且至少在最初阶段补充量增长速度更低。由于相对更低的初始补充量水平，达到平衡的时间会更长。

所有上述情况的重点是：即使不存在捕捞活动，种群恢复也需要一定的时间。衰退的种群不是较短时间内可以恢复的，尽管其他的参数也很重要，但其恢复的时间长度主要取决于年龄组的数量和补充函数的性质。

可以获得一个类似于图 2.3 的图表。它可以对比存在或不存在恒定捕捞量时，种群的增长情况。考虑到在年龄结构模型中捕捞是内在因素，所以主要讨论存在和不存在一定捕捞努力水平时的差异。但是，在很多情况下，也可以将 Schaefer 分析用于这里。不需要将捕捞努力量降为 0 使种群增长；在一定的捕捞努力量水平下，也存在增长，产生增长的捕捞努力量水平取决于种群的总生物量大小、ACP、补充类型。在这个特例中，用其他三个补充函数令种群增长的捕捞努力量水平可能与逆补偿函数不同。使种群恢复的捕捞努力量水平选择是一个被生物约束所限制的政策选择。现在我们认为，除了其会在较低的 SSB 达到或接近平衡，该种群增长曲线与图 5.8 中的曲线类似。基于 Schaefer 模型的知识也可以在该例子中运用。每个补充函数的平衡资源量随着捕捞努力量的增加而降低。

5.5.2　捕捞活动下种群的变化情况

现在讨论达到恒定捕捞努力量下的生物平衡过程。PEC 表示任意捕捞努力量下的平衡 SSB。根据初始资源量，达到上述种群大小需要一定的时间。图 5.9 用不同补充函数表示了一定捕捞水平下资源量的时间路径。初始资源量为初始 SSB，正如图 5.6 所表示的；当然，不仅与 SSB 有关，构成 SSB 的 ACP 组成也会对其造成影响。在每种情况下，初始资源量的起始 ACP 等于它们无捕捞努力量下的各自的 FPCD。种群移向平衡前存在一个下降的过程。尽管其他种群可能需要更长时间，但具有恒定补充函数的种群达到平衡所需要的时间等于其年龄组数量。

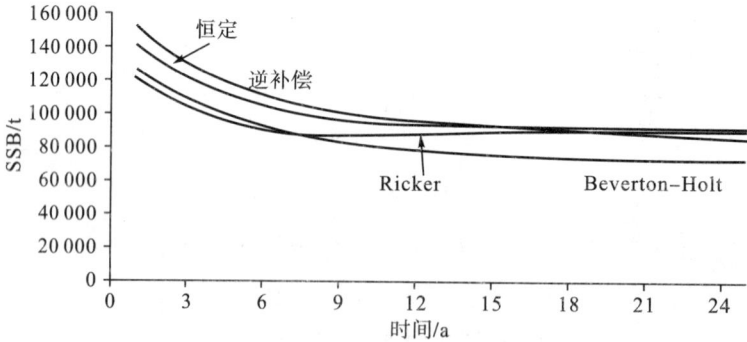

图 5.9 恒定捕捞努力量下移向平衡 SSB 的变化和其补充函数

尽管 Ricker 函数初始平衡较低，但该捕捞努力量水平下存在一个更高的平衡 SSB。随着 E 增加，Ricker 函数 PEC 超过 Beverton-Holt 和逆补偿曲线，原因在于捕捞降低每个水平的补充量的密度制约性，即 ACP 发生变化(每个年龄组的数量更少)。

当开发种群是 ACP 组成时，会发生一个重要的变化。图 5.10 表示初始和结束 ACP，图 5.11 表示捕捞生物量的剖面，两个图都基于恒定补充情况，但是用其他补充函数也能得到相似曲线。捕捞活动对高年龄组的影响更大，这些年龄组的个体数量显著降低，但幼体数量影响较小，因为它们与网具的接触更少，从而使捕捞死亡率更小。由于成体的繁殖率更高，收益会对补充群体造成明显的影响。这也会对捕捞的价值产生影响，因为成体单位生物量的价值更高。当幼鱼存在较高的丢弃率时，这些年龄组的数量也会降低，幼鱼的减少导致高年龄组的鱼种直接和间接被影响。

ACP 变化的概念对掌握年龄结构模型中的平衡非常重要。SSB 是一个标量，SSB 平衡具有一定的迷惑性，因为存在无数个 ACP 值能产生相同的 SSB；但是，仅有一个 ACP 与给定的平衡 SSB 相等，根据现存的自然死亡率和捕捞死亡率，该年龄组才能保持稳定。

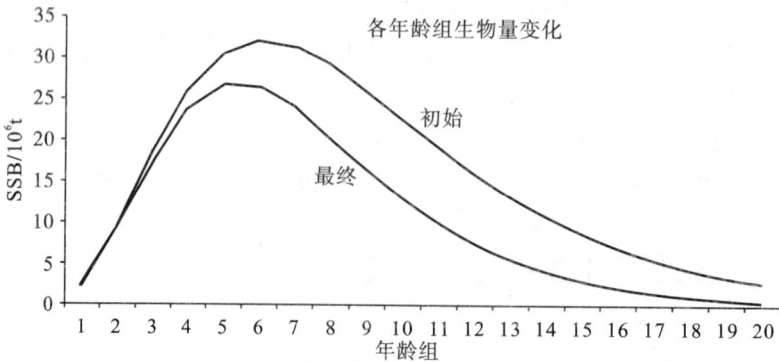

图 5.10 年龄组的初始至最终生物量

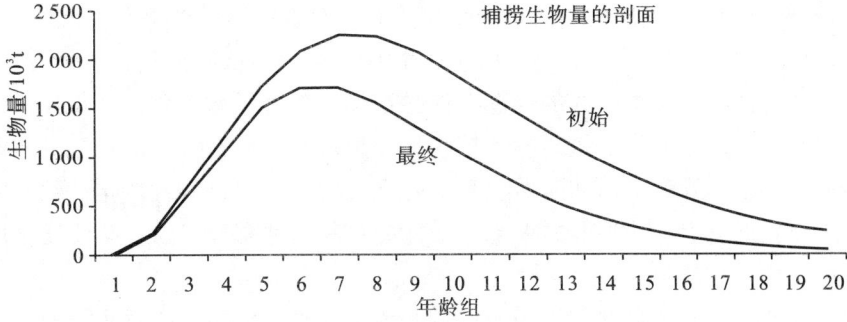

图 5.11　初始和结束捕捞年龄组剖面

5.6　年龄结构模型的生物经济分析

图 5.1 表示了年龄结构生物经济模型 B、C、D、E 部分的生物分析。现在建立一个完整的生物经济模型。正如图 5.1A 表示的，该模型用分类捕捞努力量分析，考虑船队大小和单位渔船的日捕捞努力量的变化。模型的这部分与第 3 章所介绍的类似，特定的成本参数保持不变，所以这里就不再重复，参数表示在表 3.1 最下面的两部分。

5.6.1　静态分析

用 Schaefer 模型得到的静态生物经济分析表示在图 2.7 中，用下面的过程能够获得关于捕捞努力量的 SSB 可持续总收益和成本的等效曲线。每个补充函数关于捕捞努力量的可持续总收益曲线表示在图 5.12 中，用单位捕捞努力量平均成本建立总成本曲线，交点决定了公开入渔的捕捞努力量。给定各种参数的相对大小，恒定补充与 Ricker 补充的平衡捕捞努力量基本相等，而 Beverton-Holt 补充与逆补偿补充的平衡捕捞努力量大体相等。当然，并不会总是出现上述情况，捕捞努力量静态 MEY 水平也可以通过观察获得。这些曲线能够为渔业管理者提供有用的信息，若条件保持不变，可以粗略地估计渔业的持续时间。更重要的是，它可以为计算通过控制捕捞努力量获得的潜在经济利润提供参考。

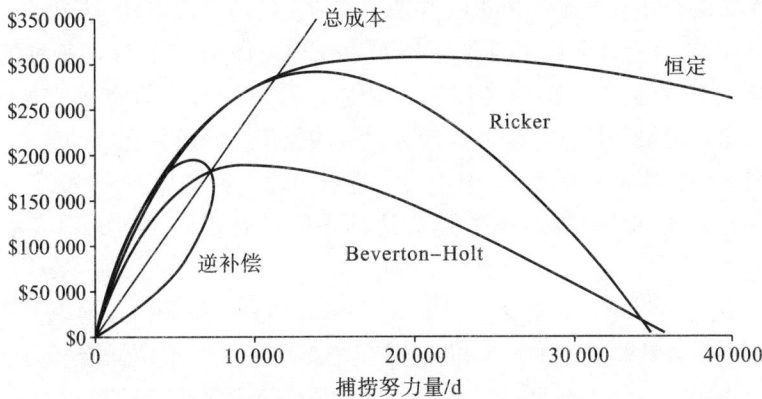

图 5.12　不同补充函数的持续收益曲线

逆补偿补充函数向后弯曲的 PEC 产生向前下降或双重值的持续收益曲线，相同的捕捞努力量可以获得两个不同的 SSB，从而产生两个不同的持续产量，这存在一些影响。对于其他的收益曲线，成本曲线的降低会使平衡捕捞努力量水平增加。但是，当使用逆补偿收益曲线时，成本的降低最初会使捕捞努力量增加，但是最终会达到一点，该处的成本曲线向下移动会导致平衡捕捞努力量的降低。极端情况是线性成本曲线总是低于收益曲线，这将在理论上导致种群的灭绝，平衡捕捞努力量等于 0。收益曲线下降部分的平衡是不稳定的。

可以建立产生相同结果的 SSB 持续收益和成本曲线，但是由于每个补充函数存在不同的曲线，将导致曲线非常混乱。

5.6.2　动态分析

年龄结构模型可以为渔业开发提供动态分析，目标是掌握种群和船队大小如何随时间而变化，分析与 Schafer 模型中的类似。但是，由于我们考虑种群 ACP 如何随时间而变化，而不是某些总生物量的测定，他们之间存在重要差异，我们主要讨论这些差异。SSB 和 E 的时间路径轨迹(关于总捕捞努力量和船队大小)可以由本章建立的模拟模型获得。尽管 E 和 SSB 随时间的轨迹是追踪渔业开发的一个简单方法。需要注意的是，完整地描述鱼类种群需要考虑 ACP 向量。应用 SSB 就是将向量拆分为标量的一个方法，这个方法方便且与政策有关。由于存在不同的 ACP 向量产生相同的 SSB，会导致信息的丢失，这意味着开发利用轨迹的某些方面需要谨慎解释。

为了提供一个熟悉的参照系，可以绘制类似于 PEC 和 EEC 的轨迹曲线。它们类似但不相同，因为它们只在平衡 ACP 才能被定义。PEC 的推导在上文已经介绍了，且结果表示在图 5.6 中。

EEC 是平衡 SSB 和 E 组合的集合，该曲线的总收益等于总成本。尽管不能分解得到该公式，但可以用数值推导它。由于在这些数值计算中必须用总 E，所以计算中必须用到单位捕捞努力量平均成本。形式上，EEC 可以定义为 E 和 SSB 组合的集合，其中补充量是由一定 SSB 产生，当面临一定捕捞努力量下的总死亡率、一系列特定年龄的自然死亡率、可捕系数时，将会产生一个总收益等于该捕捞努力量成本的 ACP。

图 5.13~5.16 表示每个补充函数的 PEC 和 EEC。为了完整性，每种情况都表示了关于总捕捞努力量和船队大小两种情况。为了计算捕捞努力量和渔船数量的 PEC 和 EEC，假定一定资源量下每艘渔船的捕捞努力量均位于利润最大化处。

渔业的发展轨迹表示在图 5.13 中，为了进行对比，将初始 SSB 和 E 的其他组合用于其他的图中。沿着曲线，SSB 不一定会达到平衡，渔船不会在平均成本曲线最小处作业。

PEC 在上文已经讨论过，有必要对 EEC 的形状做一些解释。在简单的 Schaefer 模型中，由于假定产量函数是线性的，所以 EEC 是一条水平线，单位捕捞努力量的利润仅为资源量的函数，净收益等于 0 时，仅存在一个资源量使净收益等于 0。

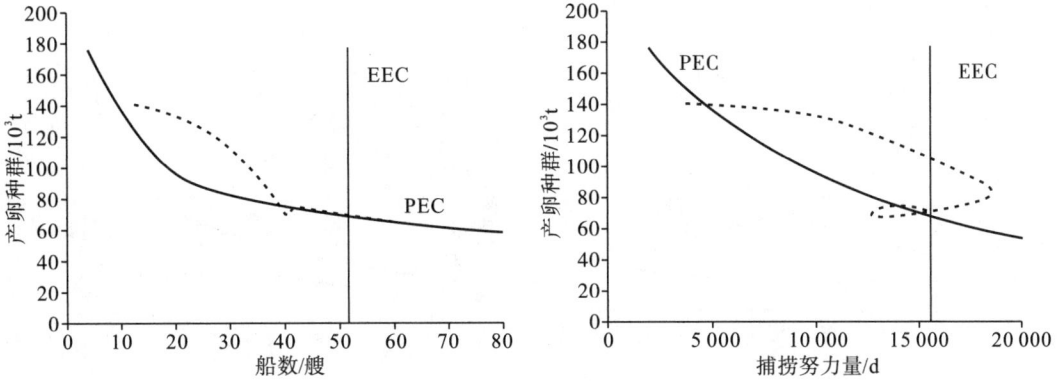

图 5.13　恒定补充

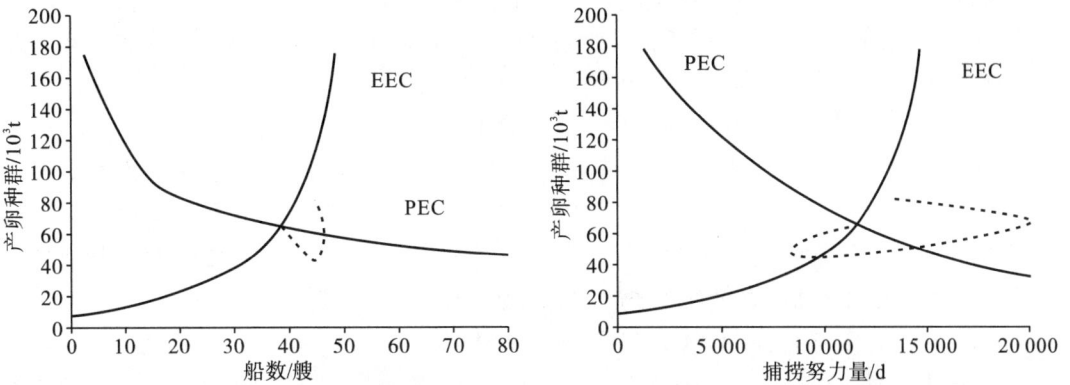

图 5.14　Beverton-Holt 补充

年龄结构模型中的问题更为复杂，恒定补充量的 EEC 是一条垂直的线，补充量不随资源量而变化，当恒定补充量的总收益等于总成本时，只存在一个捕捞努力量。其他的补充函数净收益等于 0 时，SSB 和 E 之间的关系取决于 SSB 和补充量之间的关系。Beverton-Holt 和逆补偿函数的 EEC 斜率一直为正，随着 SSB 增加，补充量增加，在净利润达到 0 之前，种群可以承受更大的捕捞压力。但是，当补充量随着捕捞努力量减少，Ricker 补充函数存在一个向后弯曲的部分。

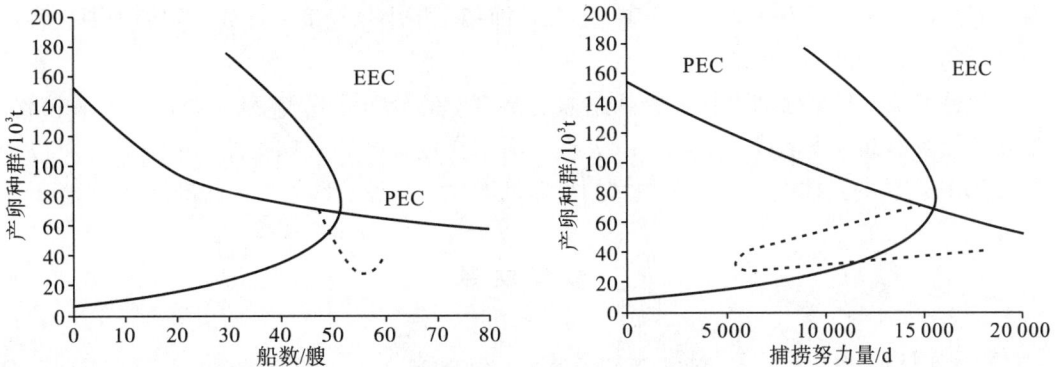

图 5.15　Ricker 补充

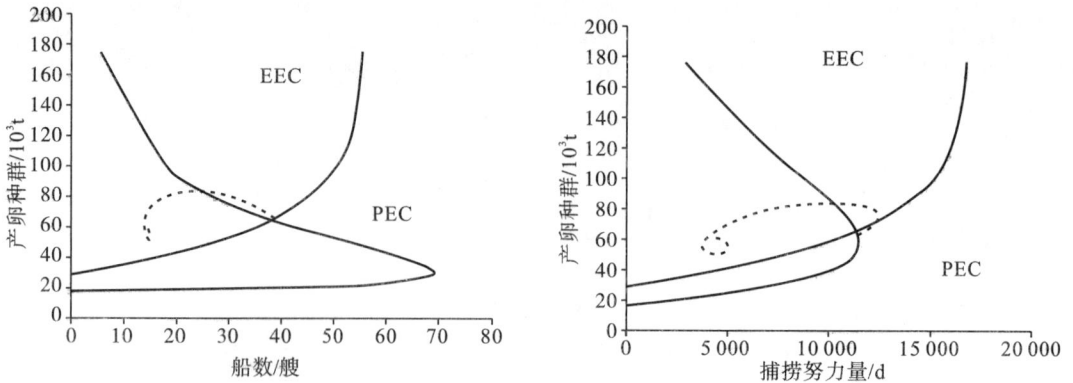

图 5.16　逆补偿补充

　　回到轨迹分析，除了由于年龄结构模型丰度所导致的特定变化，结果与之前介绍的 Schafer 模型类似。本章的目的是描述年龄结构模型，以了解渔业管理下的种群动态，并能为现实世界的渔业管理提供一个更丰富和严格的方法。

　　这些模型将用于下面讨论的管理中，但是有一些值得注意的地方。首先，PEC 和 EEC 上的点不仅代表 SSB 和 E 的组合，也代表一个特定的 ACP 向量（见上面的定义）。这意味着在它们的交叉处，两条曲线相关的 ACP 相同，存在多个 ACP 与 SSB 有关，轨迹上的点取决于初始 ACP 和年龄组自然死亡率、捕捞死亡率。但是，若轨迹达到或处于 PEC 和 EEC 的相交处，不仅存在平衡 SSB，也会存在平衡年龄结构分布。

　　由于存在很多可能的 ACP 可以达到某个 SSB，所以 PEC 和 EEC 无法反映潜在轨迹路径的很多信息。根据第 3 章图 3.1 Schaefer 模型中的分析，EEC 和 PEC 组成的四个象限中每一个区域，轨迹均存在一个特定的变化方向。一旦轨迹经过某个曲线，轨迹变化的大体方向会发生改变。但是可以看出，这与年龄结构模型中的情况不一样。在所有的情况中，关于总捕捞努力量的轨迹持续表现出 SSB 的降低；在轨迹穿过 EEC 后，捕捞努力量增加。EEC 定义为一定 E 水平下，产生零收益的特定 SSB 和 ACP。随着 SSB 降低，捕捞努力量持续增加的原因在于存在的 ACP 使净收益仍为正。

　　最后，根据前面持续收益曲线的下降，逆补偿补充函数向后弯曲的 PEC 能产生相同的现象。较低的成本会使 EEC 下降，此外较低的成本会增加平衡捕捞努力量，但最终成本的降低会使捕捞努力量降低。若 PEC 位于 EEC 的下部，捕捞努力量的平衡水平降为 0。

　　总之，由于满足上述假设，PEC 和 EEC 即相交于生物经济平衡处，它们为图表各部分向量的移动提供了一般的指示。

　　轨迹取决于任意时间点作业船队总捕捞努力量的分布方式和 ACP 组成的实际位置。尽管持续收益和成本曲线的分析可以为渔业活动提供总结和长期预测，而且轨迹可以预测 SSB 和船队的具体变化，但是预测的可靠性取决于各种参数值估计的准确性。

参 考 文 献

Arce M，Seijo J C，Salas S. 1991. Estimación del crecimiento de la langosta Panulirus argus Latreille，mediante funciones de singularidad. Revista de Investigaciones Marinas(Cuba)，12：92—184.

Beverton R H J，Holt S J. 1957． On the dynamics of exploited populations． Fisheries Investments London，（Series 2），19：1—533.

Caddy J F. 1975． Spatial model for an exploited shellfish population，and its application to the Georges Bank scallop fishery． Journal of the Fisheries Research Board of Canada，32：1305—1328.

Caddy J F. 1986． Stock assessment in data-limited situations—the experience in tropical fisheries and its possible relevance to evaluation of invertebrate resources． In Jamieson G S，Bourne N(eds)，North Pacific Workshop on Stock Assessment and Management of Invertebrates． Canadian Special Publication of Fisheries and Aquatic Sciences，92：92—379.

Caddy J F. 1991． Death rates and time intervals：is there an alternative to the constant natural mortality axiom? Reviews in Fish Biologies and Fisheries，1：109—138.

Caddy J F，Seijo J C. 2002． Reproductive contributions forgone with harvesting：a con-ceptual framework． Fisheries Research，59：17—30.

Cushing D H. 1981． Fisheries biology：a study in population dynamics． University of Wisconsin Press，Madison.

Cushing D H. 1982． Climate and fisheries． Academic Press，London，England.

FAO. 2002． The state of world fisheries and aquaculture． FAO Fisheries Technical Paper.

Gulland J A. 1983． Fish stock assessment：a manual of basic methods． John Wiley & Sons，New York.

Hilborn R，Walters C J. 1992． Quantitative fish stock assessment：choice，dynamics and uncertainty． Chapman & Hall，New York.

Lassen H，Medley P. 2001． A practical manual for stock assessment． FAO Fisheries Technical Paper.

Ricker W E. 1975． Computation and interpretation of biological statistics of fish popu-lations． Bulletin of the Fisheries Research Board of Canada，119：300.

Seijo J C，Defeo O，Salas S. 1998． Fisheries bioeconomics：theory，modelling and man-agement． FAO Fisheries Technical Paper，368：108

Sparre P E，Ursin E，Venema C. 1989． Introduction to tropical fish stock assessment． Part 1—Manual． FAO Fisheries Technical Paper，306：337

Sparre P J，Willmann R. 1993． Software for bio-economic analysis of fisheries． BEAM 4． Analytical bio-economic simulation of space-structured multi-species and multi-fleet fisheries． Volume 1：Description of model，186． Volume 2：User's manual，46 pp． FAO Computerized Information Series(Fisheries)． No. 3，FAO，Rome.

第6章 渔业管理过程

6.1 引　言

控制渔业的任务可以分为两个部分：一是根据当前的生物和经济环境选择理想的捕捞量；二是完善法规，在考虑管理部门、参与者的成本及法规如何影响参与者的长期及短期行为后，使实际捕捞量与期望捕捞量相等。这两者并不完全排斥，当我们做进一步讨论时，需要考虑两者的相互关系。这里称第一个问题为渔业管理，第二个问题为渔业管制。本章讨论渔业管理，下一章讨论渔业管制。

6.2　现代渔业管理的模式

在动态最适利用的讨论中，我们讨论以下两个问题：①目标资源量为多少；②从当前资源量到目标资源量所用的路径。尽管根据狭义模型得到的这些问题用于使净收益现值最大化，这些相同的问题不仅是模式的中心，也是当代渔业管理政策的中心。渔业管理模式的发展是一个演化过程，大部分基于渔业管理预警系统，正如联合国粮农组织建立的（FAO，1996）。通过总结基础知识进行范例分析，讨论其发展过程，并补充一些细节。

除了核心内容，基本概念即渔业管理的目标是为了获得可持续基础上的目标种群大小。种群大小应该是考虑政治和社会管理目标的方针策略，它受到当前资源量、船数、环境条件的限制。目标种群大小应该使捕捞活动获得最大可持续收益，除了收益的大小，当遭受环境破坏时种群维护自身的反应也应该考虑。在其他条件相同的情况下，资源量越大，种群就越有弹性。增加弹性与接受较低的可持续收益之间存在一个权衡。

但是，如何定义这些收益呢？从概念上说，可以绘图表示不同变量例如就业率、支付平衡等随种群大小的变化，这可以提供一个更广泛的选择，而不仅仅是获得产量和净收益的最大化。进一步说，可以为每个变量设置权重，得到曲线利润加权最大时的种群大小。

但是，世界上大多数渔业管理计划均认为适宜目标是获得最大长期可持续产量。也就是说，目标种群大小为 X_{MSY}，它会产生最大可持续产量，这是美国 Magnuson Stevens 法案所要求的（见 Magnuson Stevens 法案规定，2009）。X_{MSY} 不是净利润最大化的种群大小，也不是可持续或现值最大化的种群大小（见第 4 章）。由于在既定种群大小情况无法单独确定动态最大经济产量（DMEY）和最大经济产量（MEY），有必要使该种群大小下可持续产量收益最大化。

发展表明，生物经济分析可能会成为现实世界的政策。澳大利亚曾发布过一项政策，

声称用特定的 X_{MEY} 作为所需的目标种群大小。很明显，他们指的是静态 MEY，因为目标为可持续净收益最大化；还指定 X_{MEY} 大于 X_{MSY}，这与最近的研究相符。表明即使考虑 DMEY，该关系也是正确的(Grafton et al.，2007)。澳大利亚的政策也包含了目标种群大小的净利润最大化。

一旦目标种群被指定，结合海洋环境的随机性、现实中数据正确性和可获得性约束、当前决策的政治制度结构，就可以运用一个目标/限制方法设定出一个持续政策，从而获得或维持目标种群大小。模式的基本组成是一套预设了目标种群大小、极限种群大小、并使种群位于或移向目标大小的预定捕捞控制规则，当种群位于或低于极限种群大小时，具有其他紧急和严格的规定。

捕捞控制规则是一个运算法则。在任意时间点，将设定的期望捕捞极限作为种群大小的函数，捕捞控制规则还运用了一个目标/限制框架。捕捞控制规则产生了一个限制捕捞水平，即最大捕捞量，且在一个合理的时期内目标种群仍然可以维持或达到。当为实际允许捕捞量提出建议时，作为预防措施，设定目标捕捞量应小于极限捕捞量，以使种群处于期望生长轨迹上，防止所估计的当前种群大小、预计种群变化或极限捕捞量有误。

该管理模式利用目标和极限参考点同时考虑了种群和管理两方面。目标和极限种群大小为判断当前种群状态提供了一个基础。若当前种群小于极限种群大小，就认为该种群被过度捕捞；若当前捕捞率大于极限捕捞率，则种群同样发生过度捕捞，严格来说，种群未处在朝着目标种群大小的期望轨迹。

当代渔业管理中，需要收集数据和进行调查以开展资源评估，这一评估能够估计当前资源量，并预测不同捕捞水平将如何影响短期种群的生长。

6.3 模式发展的历史回顾

通过解释模式建立的背景，能够更了解它的组成。在大多数情况下，它用于处理当前普遍的问题，即当前渔业管理和管制制度的失败。其中，导致失败的原因首先是数据的限制，其次是管理的政治化。

数据限制问题是普遍且多方面的。首先，缺乏关于种群状态和预期捕捞影响的足够生物信息；简言之，用 Schaefer 剩余产量模型或成熟年龄结构模型均无法建立实际渔业的生物模型。在某些情况下信息不存在，在其他大多数情况下信息不完整，或者即使存在信息，也会有很多不确定性。

本书第 12 章详细地介绍了渔业管理和管制中的风险和不确定性，但本章简要描述该讨论在这里是有用的，很多不确定类型已被确定(Francis 和 Shotten，1997)。例如，尽管补充量可能与产卵种群生物量大小有关，但仍存在相当大的可变性，对于这类型的问题如何被预测，存在一些限制，将其称为过程不确定性。

关于种群动态的经验型生物调查存在三个相关，但概念上不同的不确定类型。数据采集中测量和采样误差称为观测不确定性；模型不确定性包括为特定关系选择正确的函数形式，公式能否模仿实际的自然过程？Beverton-Holt 或 Ricker 公式是否能获得补充量；最后，无论选择何种公式，参数的估计过程会存在不确定性，这两种类型的不确定性统称为系统不确定性。

渔业管理本身也存在不确定性。设定允许可捕量是一回事，将实际的捕捞量限制在该值之内又是另一回事，这称为执行不确定性。它取决于参与者的活动能否被很好地监管和控制。

该发展模式的第二个激励因素是渔业决策制定中体系结构的固有缺陷。制定安全允许捕捞水平的适宜决策经常会出现问题，因为渔业中存在种群维护和就业之间的权衡（Walters 和 Martell，2004）。决策者在制定保护措施时通常会目光短浅，因为利润是长期且不确定的，而成本是短期且确定的。也就是说，他们确定减少产量的决策会立即对就业产生确定的影响；但是，利润被视为种群恢复中的不确定因子，且大小不确定，对捕捞参与者存在不确定影响；此外，它们在几年内不会发生，且很难确定具体的受益者，这样通常会导致容许捕捞量大于谨慎捕捞量。

政治决策制定的另一个问题是决策通常在危急时刻制定。当种群衰退时，管理问题仅存在一个较高的政治属性，既提出大幅度降低捕捞量的决策。但是，当种群衰退时，参与者已经处于绝境中，他们通常陷入严重的财务困境，并且由于缺乏其他就业选择，所以不愿意降低捕捞量而使种群增长。事实上，很多重要的保护决策直到情况恶化后才开始制定，导致无法利用政治决策来提供保护。

捕捞控制规则和限制种群大小的概念在某种程度上是为了处理决策制定中由制度结构产生的问题。因为允许捕捞量由一个简单的规则所决定，所以捕捞控制规则可以减少管理成本。政策只能使种群回到一种水平，但实际上存在无数个控制规则，若遵循这些规则，可以得到目标种群大小。它们的形状和位置取决于达到目标种群大小的时间以及沿着捕捞路径减少捕捞量的更大压力会较早还是较晚出现。这些显然是政策选择问题，重要问题是这些决策可以作为一个先验，提前制定控制规则观察种群的长期变化。所以当存在种群危机时，不需要制定硬性决定。此外，主要的重点在于实现或保持预计的种群大小，正确运用控制规则能够在设定年允许捕捞量时避免由政治过程引起的无关问题。

预设极限种群大小也有助于减少政治问题。特殊管理措施中对需要处理的情况已经提前设置，不需要讨论事情是如何糟糕以及需要做什么等政治问题。

理论上，设定一个极限种群大小是非常简单的。这需要密切关注低资源的种群恢复到目标种群大小的能力；或者从一个稍微不同的观点看待它。考虑到自然系统的随机性，制定一个管理制度使种群大小在目标种群大小附近的合理范围内波动，管理就应被视作是成功的，若控制规则合理设定并实施，尤为如此。但必需做一些限制以确立低于或长期偏离目标种群大小的波动范围。极限种群大小可以认为是可接受范围内的最低资源量。

6.4　捕捞控制规则的详述

除了指定一个选择年捕捞率的预设方法，捕捞控制规则也可以用于处理随机性、数据限制和不确定性等问题，模式的该方面和其他方面可以用第 5 章的可持续产量曲线来说明。图 6.1 表示 Beverton-Holt 补充函数下的可持续产量曲线，其他曲线将在下面说明。

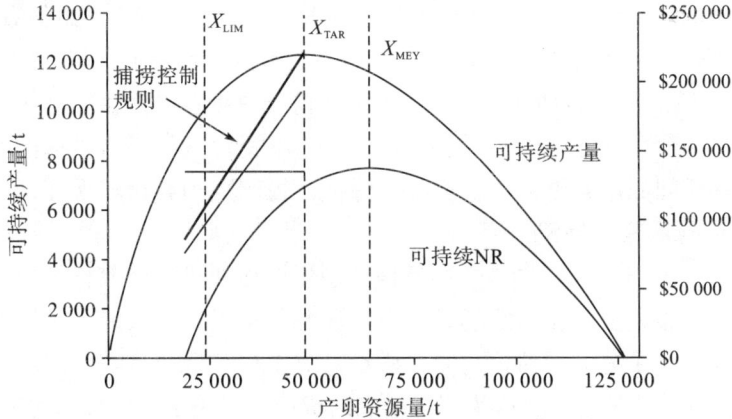

图 6.1　可持续产量和控制规则曲线

可持续产量曲线的推导过程在上文已经介绍。但是还需要回顾一下推导它的必要输入因子，包括种群补充函数、年龄组繁殖系数、个体重量、自然死亡率、可捕率。尽管所需数据较多，但结果在很多地方都很有用，最有用的是目标（产卵）种群大小的选择，其次是对第 5 章中的现存资源量的估计，此外它还可以预测特定捕捞水平下资源量的变化情况。

首先说明这条曲线及其不确定性和随机性。构建曲线的系数必须相当精确，一组系数，即使差异不大，也会造成曲线形状显著的变化。管理者制定出管理策略期望得到可持续产量曲线，并推导出种群特性。但是，认为它能提供"最好的"或至少可以估计种群特性更符合实际。当前数据在下一年可能会出现很大不同，例如 X_{MSY} 的估计值可能会变化。

下面来讨论该确定性的种群特性表示如何被用于选择年允许捕捞量。作为一个参考框架，目标和极限种群大小均已包含在图 6.1 中，目标设定在 X_{MSY}。根据一个常用法则，极限种群大小设定在 $1/2 X_{MSY}$ 处。确定产卵群体极限参考点的大小时，应该考虑种群的恢复能力和寿命。此外，作为种群大小函数的可持续净收益图也包括在图 6.1 中。就这一点而言，根据澳大利亚的政策，目标种群大小为 X_{MEY}。

可持续产量曲线是一个有用的参考体系，因为它为解决特定捕捞水平会导致种群数量增加还是减少的问题提供了一个相对指标。对任意大小种群，若捕捞量在曲线下面，则种群数量增长，反之亦然。而且，若资源量小于 X_{TAR}，为了使种群数量移向 X_{TAR}，捕捞产量必须小于可持续产量。可持续产量和计划捕捞量之间差异越大，则期望种群生长得越快。鉴于下面数据的不确定性，我们继续解释曲线。

下面讨论捕捞控制规则的制定。捕捞控制规则是根据当前的种群大小来指定一个允许捕捞水平。在某些情况下，存在两种不同的控制规则，标准控制规则用于当前资源量大于 X_{LIM} 时，是希望种群以合理的速率移向目标资源量；若当前资源量小于 X_{LIM} 时，则采用种群恢复捕捞控制规则。尽管在现实中不存在明显的分界，但极限种群大小标志着应该采用一个不同且更严格的控制规则的界限。当资源量位于极限值下方时，由于种群特征、生物或环境变量等因素导致无法执行规则，我们就认为标准控制规则失效。利用种群恢复控制规则在一个特定时间内获得目标种群大小通常等于年龄组的数量。

在图 6.1 中，与可持续产量曲线相交于 X_{MSY} 的黑粗线是一个常用的标准捕捞控制规则案例。MSY、F_{MSY} 和当前种群大小等级可由捕捞死亡率推导产生，当用于不同种群大小时，相同的捕捞死亡率会产生不同的捕捞水平。在资源量较小时，标准捕捞控制规则和可持续产量曲线间的差异更大。若资源量降低，控制规则会比较保守；当资源量等于 X_{MSY}，则允许捕捞量等于 MSY。

若当前资源量小于 X_{LIM}，图 6.1 中其他控制规则曲线可能代表恢复控制规则，控制规则曲线均建立在假定恢复计划发起时，当前资源量位于公开入渔平衡资源量，这可以看做可持续净收益曲线与水平轴相交的较低点。对于任意资源量，它们均存在比标准捕捞控制规则更低的允许捕捞量，因为所需增加的资源量取决于达到目标的特定时间。

图 6.1 中水平控制规则曲线是一个恒定捕捞量规定，另一个控制规则曲线是恒定捕捞死亡率规定曲线。两个规定可以使种群在 20 年内从极限资源量增至目标资源量。当达到目标资源量时，捕捞可以增至 MSY 水平。恒定捕捞量规定经常用于渔业中，原因如下：首先，在种群恢复计划的早期，其允许更高的捕捞量，承受的代价在曲线的另一端；其次，在工业化渔业和渔业管理计划中，恒定捕捞量效果会更好。

假定初始资源量相同，图 6.2 表示不同捕捞控制规则的确定性种群生长轨迹。F_{MSY} 控制规则达到目标种群大小需要相当长一段时间，但它使资源量维持在目标种群大小附近。两条种群恢复控制规则同时达到目标种群，但是在恢复计划的早期阶段，恒定 F 控制规则能产生更多的增长。

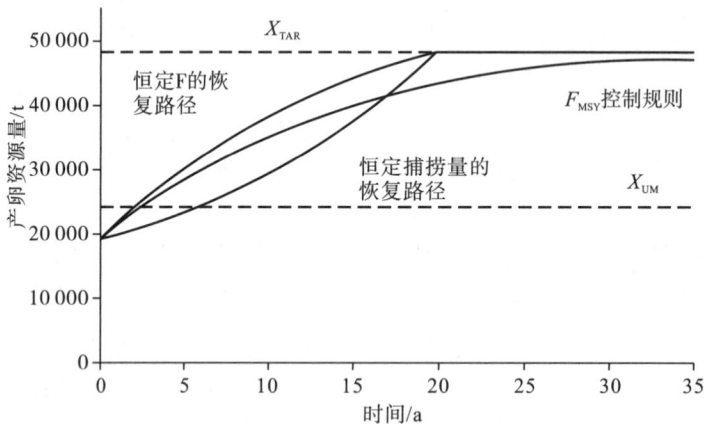

图 6.2 不同控制规则下的种群生长轨迹

图 6.1 可以为实施这个管理过程提供几何解释。曲线上的每一点代表捕捞量和资源量的组合。极限与目标种群大小之间的任意点以及控制规则下的任意点代表管理问题被解决的情况，种群未被过度捕捞，它既不位于目标种群大小，也未处在可接受的速率移向该目标种群大小的过程中。在该资源量范围内，控制规则以上的点表示发生过度捕捞时资源量和捕捞量的组合，在某种意义上此时种群未处在达到目标种群的可接受生长轨迹上。对位于控制规则曲线与可持续产量曲线之间的点，其种群数量会增加，但速度不快。可持续产量曲线上部的点预示着种群数量将降低。

　　另一方面，受限种群大小左侧的点表示种群被过度捕捞的情况。正遭受过度捕捞是一个流动的状态，它与种群是否以正确的速度朝着正确方向移动有关，但已被过度捕捞是种群状态。若资源量低于极限种群大小，必须实施一个更严格的捕捞控制规则。极限种群大小和恢复控制规则以下的点表示种群已被过度捕捞但当前无过度捕捞行为的情况，情况并不乐观，但问题正在被解决。资源恢复控制规则曲线上部的点表示种群不仅已出现过度捕捞状态，且当前仍在过度捕捞，这种情况更为严重。

6.5　限制和目标捕捞量

　　图 6.1 中有效的捕捞控制规则定义了捕捞的极限参考点。极限参考点可认为是资源衰退且需要采取管理措施的一个条件。从这种方式来看，极限控制规则是安全捕捞与过度捕捞之间的分界线。限制和目标框架可用于捕捞量和资源量中，由控制规则设定的捕捞量视为不能超过的极限值。设定一个低于限值的目标捕捞水平以保证实际捕捞量不超过限值是有意义的。

　　在限值和目标产量之间插入一个"安全缓冲区"有两个理由：一是生物不确定性，控制规则需要设定一个捕捞水平使种群生长，考虑到特定可持续产量曲线和种群预测模型的不确定性，设定目标产量小于极限产量有助于解决不确定性，并增加期望增长的概率。二是解决执行不确定性。由于监管和执行困难，导致渔业中的实际捕捞量大于允许捕捞量。现实中存在政策实施不利导致种群数量下降的情况，设定一个较低的标准有助于确保实际捕捞量小于极限值。

　　但是，目标/极限概念如何以一种有意义的方式被应用呢？预先设定一个控制规则可以确定极限捕捞量，那么通过设定一个目标捕捞量可以确定一个相似的过程吗？或者换一种方式，目标产量和极限产量之间的缓冲区为多大才能保证不确定性已被适当考虑了？

　　用第 6 章中年龄结构的模拟程序作为种群推断模型，更详细地讨论上述问题。图 6.3 总结了采用恒定捕捞量后的第一年结果，种群恢复控制规则表示在图 6.1 中。第 0 年，假定种群数量为 19 064，捕捞量为 7 765，用点估计参数值，预计下一个阶段的种群大小 X_1 为 21 123，捕捞控制规则的目的是保持种群在特定的轨迹上增长。确定的种群预测模型表明，特定极限捕捞量会产生一个称为中间目标资源量的特定资源量。但是考虑到点估计的不确定性，我们希望知道下一阶段的实际资源量等于中间目标资源量的概率有多大。

时间	极限捕捞量			目标捕捞量	
	资源量	控制规则	捕捞努力量	5%缓冲区	捕捞努力量
0	19 064	7 765	4 441	7 376	4 197
1	21 132				
	科学不确定性				
	$P(X_1<21\,132)$	49.9%			
	科学和实施不确定性			科学和实施不确定性	
	$P(X_1<21\,132)$	73.5%		$P(X_1<21\,132)$　56.1%	

图 6.3　控制规则的应用

该问题相当于：用不同的点估计参数时，预计资源量为多大。解决它的一种方法是进行蒙特卡罗(Monte Carlo)分析，蒙特卡罗方法是基于重复随机抽样而计算结果的一类计算法则。针对我们的问题，计算过程是先指定输入，根据该例的目的，考虑初始阶段年龄组自然死亡率的变动、可捕系数和年龄组的数量；下一步是获得这些输入的随机值，用这些值计算 X_1。实例中，每个输入项的随机值是将参数乘以平均数为 1、标准差为 0.05 的正态分布中的一个随机数而得出的，在多次重复过程之后，计算出 X_1 可能的分布。

6.6　系统不确定性下的蒙特卡罗结果

从技术上看，蒙特卡罗分析是一个复杂的过程，有几款商业软件使其能够较容易的完成必要步骤，我们这里使用"Crystal Ball(水晶球)"软件。重复试验的结果表示在图 6.4 中，预计 X_1 以类似正态分布的形式分布在我们确定的结果附近。在这个特定的例子中，X_1 小于或等于中间目标种群大小的概率为 49.9%。若概率分布准确地获取了正确参数估计值的范围，这意味着约 50% 的时间，实际的 X_1 值高于确定性估计值；还有 50% 的时间，实际的 X_1 值小于确定性估计值。

尽管这个结论直接与蒙特卡罗分析得出的概率分布有关，但它可能存在一些一般应用。在现实中，各种参数估计的误差可能呈正态分布，这是一个一般性结论。换句话说，除非有理由认为估计程序不管怎样都会存在偏差，这些问题都可以用具有系统不确定性的蒙特卡罗分析来解决。

预计 X_1 值的范围很有意义。若管理者了解他们根据确定的模型实施捕捞限制，他们可能会很不安，因为预计只有在 50% 的时间种群保持生长。但考虑到包含不确定性，这就是其运作方式。确定性估计的周围分散点信息量更大，但这种情况只占 ±5%。

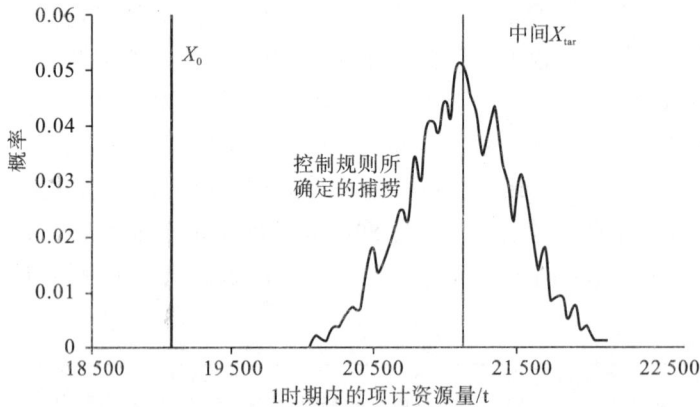

图 6.4　预计种群大小可能的分布

6.7　系统和执行不确定性下的蒙特卡罗结果

尽管图 6.4 中可能的分布能够为估计特定捕捞水平对种群大小的影响提供一些信息，但由于它仅考虑了系统的不确定性，所以其结果不完整。用蒙特卡罗分析使生物参数值在不同的情况下变化，但极限捕捞量的对应捕捞努力量不变。需要考虑的问题是当生物参数可以改变时，根据现存资源量和特定的捕捞水平得到的 X_1 在什么范围。

若在系统不确定性的基础上同时考虑执行不确定性，该问题会更完整。执行不确定性是解决使捕捞量保持在配额内能力的问题。从图 6.3 得出，产生极限捕捞量所需捕捞努力量是 4 441。通过另一个允许生物参数和捕捞努力量变化的蒙特卡罗分析来考虑执行不利的可能性。根据本章的目的，每个重复单位中的捕捞努力量通过将确定的捕捞努力量乘以最低极限分布（其中最可能的值是 1.1，范围为 0.05）中的任意一个数字来获得，小于 1 的数字将产生约 18% 次。这意味着，经常会发生监测和监管程序导致实际捕捞努力量高于目标捕捞量所对应的捕捞努力量。

考虑系统和执行不确定性下的 X_1 分布表示为图 6.5 的实曲线。与仅考虑系统不确定时的分布相比，它涵盖了一个较小范围的值。期望资源量在中间目标资源量下方的概率为 73.5%。很明显，本例中的数据都是假设的，但分析阐述了不同类型的不确定性被处理的方法。考虑到参数估计的准确性和执行捕捞限制的能力，期望资源量相对中间目标资源量的分布信息能够为计算极限捕捞量和目标捕捞量之间缓冲区的大小提供一些指示。

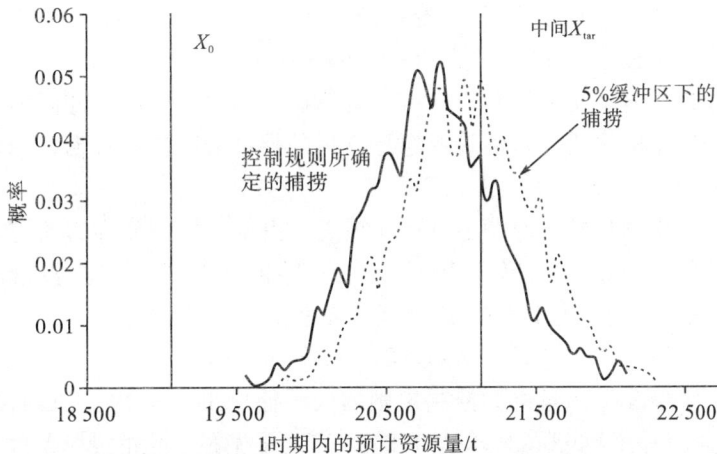

图 6.5　对比存在和不存在缓冲区时种群大小的变化

更进一步可以将目标捕捞量低于极限捕捞量作为基础管理时的分布变化情况。例如，假设目标捕捞量为 7 376（为极限捕捞量的 95%），则需要捕捞努力量降为 4 197。用生成图 6.5 中点状分布函数的捕捞努力量再次进行蒙特卡罗分析。注意所有点均向右移动，X_1 低于中间目标资源量的概率降为 56.1%。

通过将极限产量与目标产量之间缓冲区作为一个政策变量，使其形式化。在这种情况下，随着缓冲区（B）增加，小于中间目标资源量的概率如何变化？令 X_{TT} 表示中间目标资源量，我们可以将其概率表示如下：

$$P(B) = P(X_1 < X_{TT} \mid B) \tag{6.1}$$

我们已经设 B 等于 0 和 5% 的极限产量。图 6.6 表示该函数完整的范围，其中缓冲区表示为限制捕捞量的一部分。在这个特殊的例子中，当缓冲区接近极限捕捞量的 30%

时，预计资源量小于中间目标资源量的概率降为 0。注意，至少在低范围时，曲线呈凸形，这意味着增加缓冲区，其收益不断下降。

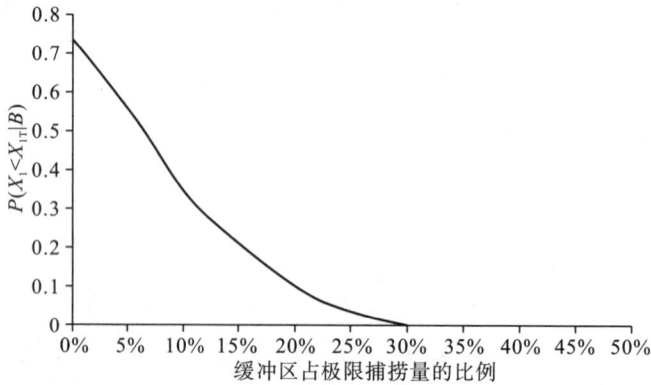

图 6.6 资源量小于中间目标资源量的概率与缓冲区大小之间的关系

但是，如何使该信息以一种有意义的方式被应用呢？一种可能的方法是指定未获得目标种群大小的最大可接受概率，可以令其等于只考虑系统不确定时的结果。在我们的实例中，它大于或等于 50%。所以，若我们想通过插入一个缓冲区来抵消执行不确定性，则需要设定一个接近 6.4% 的极限捕捞量的缓冲区。

但是，也可以用一个简单的风险分析来看待这个问题。设定缓冲区需要成本，它至少等于所放弃捕捞量的净值，即消费者愿意支付的那部分产出与捕捞、处理、分配它的成本之间的差异。

理论上，缺失中间目标种群大小也存在损失，由于一年中放弃的捕捞量与放弃的未来收益之间关系复杂，导致估计较为困难。一种可能的方法是减少建立缓冲区的成本。

将 $P(X_1 < X_{IT} | B)$ 记为 $P(B)$，成本函数最小化可以表示如下：

$$C = P(B)L + (B/LH)NV \tag{6.2}$$

其中 B 是缓冲区，LH 是遵循控制规则的极限捕捞量，NV 是极限捕捞量获得的净值，B 从 0 增至 LH，缓冲区的成本从 0 增至 NV，成本最小化的一阶条件为

$$-P'(B)L = NV/LH \tag{6.3}$$

由于 $P(B)$ 为 B 的逆函数，$-P'(B)$ 为正，对其简单的经济解释为 B 的最适大小发生在预期损失价值的边际减少量等于扩大缓冲区的边际成本，即单位捕捞量的净收益。

重新调整一阶导数条件得到：

$$L = \frac{NV}{LH \times [-P'(B)]} \tag{6.4}$$

这可以计算确定一个缓冲区的最小 L。L 值等于 $P(B)$ 函数在特定缓冲区负斜率的倒数乘以产量的单位价值。概率曲线斜率的分散值表示在图 6.7 中。在我们的例子中，达到递减收益需要一定的时间。

由于可以获得 NV 的估计值和 $P'(B)$，所以可对 L 的大小设定一些界限，这对确定一个特定的缓冲区很必要。例如，若 NV/LH 为 \$5 000，设置一个 20% 的缓冲区，预期的损失将会是 10 倍，即 \$50 000。当缓冲区为 20% 时，系数 10 来自于 $P'(B)$ 值的倒数。

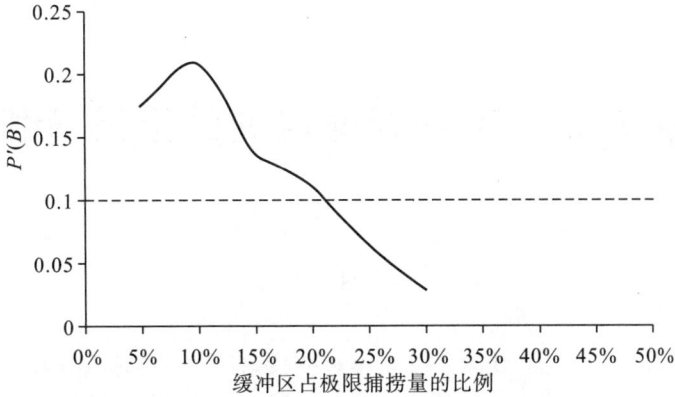

图 6.7　用 $P'(B)$ 值可以估计出给定缓冲区的最小 L 值

可以看出，确定适宜可捕量的问题非常复杂，它需要系统与政策之间处于微妙的平衡，但是获得允许捕捞量只是成功的一半，还需要制定出关于如何监管参与者的行为以确保实际捕捞量小于或等于允许捕捞量的政策。这是一个涉及生物有效性、经济效益、实施有效性等问题的复杂过程，我们在下一章接着讨论第二个问题。

参 考 文 献

Australian Government. 2007. Commonwealth fisheries harvest strategy policy and guidelines. Commonwealth of Australia，Australia，63.

Caddy J F，Mahon R. 1995. Reference points for fisheries management. FAO Fisheries Technical Paper，347，83.

FAO. 1995. Code of conduct for responsible fisheries. FAO，Rome，41.

FAO. 1996. Precautionary approach to capture fisheries and species introductions. FAO Technical Guidelines for Responsible Fisheries，No. 2，FAO，Rome，54.

Francis R I C C，Shotten R. 1997. Risk in fisheries management：a reivew. Canadian Journal of Fisheries and Aquatic Sciences 54：1699—1715.

Garcia S M. 1994. The precautionary principle：its implications in capture fisheries management. Ocean & Coastal Management，22：99—125.

Grafton R Q，Kompas T，Hilborn R W. 2007. Economics of over exploitation revisited. Science 318：1601.

Magnuson-Stevens Act Provisions；Annual catch limits；national standard guidelines. Title 50 Code of Federal Regulations，Pt. 600 2009 ed.

Hilborn R，Maguire J-J，Parma A M，et al. 2001. The precautionary approach and risk management：can they increase the probability of success in fishery management? Canadian Journal of Fisheries and Aquatic Sciences 58：99—107.

Walters C J，Martell J D. 2004. Fisheries ecology and management. Princeton University Press，Princeton，NJ，399.

第7章 渔业管理规则的经济分析

7.1 引 言

渔业管理的问题涉及一个目标存量规模和捕捞时间路径选择，即通过捕捞和禁渔的协调达到渔获量的稳定；这是一个艰难且复杂的过程。但是，同样麻烦的是渔业管制问题，它包括确定如何控制捕捞才能使期望捕捞量和实际捕捞量在任意一年均相等。其中一个问题是，尽管管制目标可以用年产量表示（正如前文介绍的），但渔业是动态的（这已被前面章节讨论的时间路径轨迹所证明），在某个时期发生的事件对未来会产生影响。管制也是如此，某个时期发生的事件对种群和船队大小均会产生影响，且会影响当前管理的效率和未来控制捕捞的一般能力。

首先，考虑下面的简史，渔业管理借鉴了海洋政策报告委员会如何控制年捕捞量随时间的变化（见 USCOP，2004，287ff）。该问题最重要的部分在于参与者对规则的反应，影响其有效性的因素是什么？如何修改规则使其被更正？

当然，渔业不仅是管理，人们可以对其进行捕捞，存在上面介绍的公开入渔。在早期，政府要求参与者的船只或网具获得许可，该许可只需较小的成本即可达到。政府的目标主要是保持捕捞量，并在某些情况下用于增加政府财政收入。人们可以自由捕捞，但许可是不可转让的，一个人不能从其他人手中购得许可证，但却很容易从政府那里购得。在盈利渔业中，这种进入方式会导致参与者数量不断增加，正如上面分析所预计的，这将增加渔业资源的压力。

当渔业严重恶化时，管理者将对现有参与者的作业进行控制。若不改变当前的作法（即只要他们愿意，任何人都可以进行捕鱼活动），就无法限制参与者的数量。通过运用投入控制，例如指定允许渔具的类型和数量、捕捞方法以及限制捕鱼区和捕捞季节，从而限制捕捞量。通过限制参与者的活动，这种管制形式增加捕捞成本，并刺激参与者改变捕捞方法以增加捕捞量，这具有降低管制的生物有效性和增加捕捞成本的双重效应。

管理者也会进行产出控制，例如设定总可捕捞量（total allowable catches，TAC），或限制个体渔民的捕捞量这些管理手段，刺激渔民开发不同类型的渔具或设计新的方法，以保证他们在现有规则下，在整个渔业达到极限值之前，尽可能地捕捞更多的鱼。投入和产出控制均不会刺激渔民推迟或放弃捕捞鱼类，因为若某渔民不进行捕捞作业，资源就会被其他渔民所捕捞。

渔业中存在保持个人捕捞量尽可能高的刺激，这是投入和产出控制不可缺少的一部分。管理者和渔民之间的协调，渔民总是被动的。作为对管理者制定的、用于控制捕捞努力量的每个新措施的反应，渔民具有开发新捕捞方法的刺激，其在遵守法律规则的情况下具有增加捕捞努力量的意愿。由此产生的捕捞量增加促使管理者颁布更多的限制措施，而渔民则开发更加巧妙的方法来解决这些问题。

例如，若管理者限制渔船长度，渔民可能会增加宽度（若其能增加捕捞能力），而不是试图去建造渔船和设计装备使其捕捞更有效。在总产出的控制下，渔民会尽可能地改变投入，使其比其他竞争者的捕捞速度更快；若运用投入控制，渔民则会想办法去避开限制。在短期内，这些规则具有生物有效性，因为渔民调整其渔具或行为需要时间。但是，临时增加资源量仅会导致建造捕捞能力更大的渔船等此类事件的发生，这种现象称为"捕鱼竞争"。

除了保护问题，捕鱼竞争还会产生安全问题。面对急剧减少的捕捞时间，渔民可能会被迫在不安全的环境条件下作业，而不是放弃捕捞以等待较适宜的天气。

作为现代渔业管理计划的下一步发展，管理者通过限制入渔来限制参与者的数量，从而控制总捕捞量或捕捞努力量。尽管这在目前很常见，但是在其第一次实施时，争议非常大，因为其违背了人类可以自由捕捞的传统观点，这些计划通常称为"限制许可制度"。在许可性质中，有几个重要的变化作为部分限制入渔制度而提出。首先，按照定义，限制许可不是免费获得的，且只对特定参与者发行有限的数量，通常是当前参与者的一部分（与限制入渔计划相关的分配问题在下面有更详细的介绍）；其次，与一般捕捞许可不同，限制许可通常会指定允许捕捞的特定数量和渔船类型；再者，在大多数情况下，它们是可转让的，若有人想进入限制入渔，他就需要从当前所有者手中购买许可证；最后，当许可证可出售或某所有者想获得一个新渔船时，存在一个关于许可进入渔船如何被改变的管理条例。真正的目标不仅是限制许可证数量，同时要限制许可渔船的捕捞能力。

但是，限制许可制度也仅仅是另一种投入控制的形式。在很多情况下，当前的投入或产出控制仍然有效。在某些情况下，这些限制入渔制度没有用，因为许可证的数量未对参与者数量产生一个有效的强制约束。在没有形成强制约束的情况下，这部分限制了该问题，至少竞争捕捞或竞争改善其渔船捕捞能力的渔民个体数量有限。根据实际许可证数量相对安全捕捞极限、其他管理控制的类型、渔业中投入替代的潜力、渔船现代化的规定，限制入渔制度至少在短期是有效的。

在限制入渔制度下，当条件不利或捕捞水平持续超过期望水平时，下一步需要指定产出控制并制定新的规定，其中相关许可证将允许捕捞一定资源量。这是一个很大的变化，根据可能捕获的种类，允许捕捞一定资源量比允许特定类型的渔船作业弹性更小。尽管操作渔船仍需要获得许可，但这些许可是免费获得的。控制许可证即许可捕捞量，这些措施最初称为"个人可转让配额"（individual transferable quotas，ITQ），因为大部分捕捞许可是可转让的，目前称其为限制入渔许可（limited-access permits，LAP）。在某些情况下，在许可证使用的方式上，存在其他的控制，例如可转让制度；此外，捕捞许可证是根据 TAC 指定部分发放的。与投入控制中的有限许可制度相反，ITQ 是产出控制。

在确保 TAC 特定份额下，参与者的激励目前与管理者一致。渔民增加捕捞强度的激励被替换为用低成本捕捞完整的份额，并可以最高价格售出质量最好的鱼。由于可转让性，这些激励利用可转让性可以引导至更适宜的地方。参与者在适当数量的捕捞许可证下，可以自由匹配渔船有效容量。

尽管上面简短的介绍对于获取所有涉及的细微差别来说有些过于简单，但其确实为表7.1中渔业规则的分类提供了基础。两个基本的类型是公开入渔和限制入渔。公开入渔不控制参与者的数量，其通过对参与者行为建立投入或产出控制来控制产量。参与者的动机和捕捞控制的目标之间存在一种内在冲突，这通常会使管理的生物和经济有效性出现问题。

表7.1 渔业管理规则体系的分类

公开入渔	限制入渔
免费获得许可证	限制许可证数量
渔船方面的标准	限制许可证制度；ITQ 或 LAP；特定作业的许可捕捞特定数量鱼种的许可
不可转让	可转让或不可转让
规则	补充性规则
投入控制	投入控制
产出控制	产出控制许可证控制

限制入渔制度主要是控制参与者数量，以强制限制捕捞量的方式来实施。限制许可制度是投入控制，因为它们施加了某些弹性约束，其他投入或产出控制通常作为捕捞控制的补充形式，它们关注捕捞努力量，因此存在很多纯公开入渔的缺点；但是，它们能够对总捕捞量设置一些具有约束力的限制，且有可能成功。ITQ 控制捕捞量，并且若其被合理执行，则具有生物有效性；此外，它为尽可能有效地捕捞有限产量提供经济激励。由于 ITQ 基于捕捞量，所以对参与者提出了更严格的限制，但是它可能也需要一些补充性的投入或产出规则。限制许可证和 ITQ 均需要其他控制处于许可证被使用或转让中。

对限制入渔制度下的可转让性问题需要做一些说明。在公开入渔时，这不是一个操作问题，但影响重大。许可证必须从政府处获得，但是所有人都以相同的条件免费获得。根据限制入渔的概念，可转让性成为一个问题。若捕捞许可证数量有限，且制度持续，那么当参与者退休、渔船报废或需要更换时，就有必要确定系统该如何维持。通过出售可转让性以及根据规定更换渔船是最常用的选择。但是，有些人认为许可证不应转让，因为调整它们是政府的职责。根据这种观点，授予永久捕捞许可不利于国家自然资源的合理利用，但是可转让性对限制入渔制度的有效实施具有重要影响。

除了公开入渔和限制入渔的比较，第二个方法是将起源于经济学文献、控制市场应用的规则进行分类。前者，顾名思义，指定产量必须遵循的规则；后者利用市场激励来控制行为，这些激励可以通过价格（税收）或数量被诱导。

然而，在大多数情况下，两个分类系统是等价的。公开入渔下存在补充控制的情况几乎是普遍，它通过管制个体参与者的行为成为一个控制系统。在限制入渔下，许可证数量有限，根据捕捞努力量或产量提供基于市场管理的基础，使许可证可转让，并根据市场清楚地区分它们。

税收是一个以市场为基础的管理方法。尽管在渔业中运用税收的理论已经确立，但由于政治和其他原因，其几乎从未被使用过。ITQ 是基于数量的税收等价物，政府发行适当数量的许可证以获得期望的捕捞量。当渔业有税收时，政府声称只要其支付指定的税收，任何人都可以捕捞。这个概念是制定税收，从而使潜在参与者的期望捕捞量等于预期捕捞量。尽管在税收大小和捕捞数量之间存在一对一的关系，但通常很难猜测出什么税收水平能够产生期望捕捞量，这是税收不常用于渔业控制体系的一个原因，但税收相对限制入渔（基于市场）而言，确实更适合公开入渔（指挥和控制）。

本章的目的是更为详细地介绍上文中不同的可能规则类型。更重要的是，根据生物有效性、经济有效性、分布影响来比较它们。根据最新标准的对比更具有针对性，且只有一般性解释才合理。

本章讨论利用了适当修改的模拟模型。我们使用分类模式是因为它可以表示规则对渔船作业的影响。为了操作方便，我们运用 Schaefer 生物模型，它可以产生一般性的结论。

需要记住模型的目的和局限性，特别是随着讨论逐渐运用于实践中。基于严格假设的模型能够掌握渔业作业的本质。由于很多复杂的问题都没有考虑，所以无法获得每个细节。当介绍结果时，需要弄清楚显性和隐性假设。总之，模型可用来得到关于不同规则预期结果的重要结论。我们仔细讨论将结果用于一般情况的适用性。除了处理模型使用的常规保留条件，更详细的模型使用了关于生物和经济参数的绝对和相对大小的特定假设。在某些情况下，遵循特定规则所得到的结果对参数选择很敏感。

运用三个与假设性质有关的不同时间范围来进行对比很有用。实际渔业管理中很大一部分工作是确定如何获得下一个季节的目标捕捞量。这需要一个短期分析，其中获得目标资源量必须评估当前资源量和渔船的状态，使分析位于在上面介绍的不确定分析的背景下，不管它们是否处于平衡状态，都认为现状是估计现存资源量、船队大小和组成的最佳状态。

但是渔业是一个动态的生物经济过程，系统中的某一部分发生变化可能会导致其他部分也发生变化，这需要一个称为"中期分析"的概念来追踪规则所导致船队和资源量的变化情况。这涉及模型的变化，通过注意变量的限制和修改经济参数组，从而获得规则的影响。这会使种群平衡曲线（PEC）和经济平衡曲线（EEC）产生变化，从而导致生物经济平衡的变化，同时还改变了表示渔业如何从现状调整至新平衡的路径轨迹。

为了获得采用各种不同规则的全部影响，还需要进行长期考察，并考虑获得技术性改变的激励将如何被影响。技术可以用成本和可捕系数的组合来表示，且假定它是内因，尽管本书的模型无法考虑这些因素，但是通过观察这些参数如何使结果发生变化，可以预测一些一般趋势。

7.2　渔业规则的介绍

本章余下的部分将比较和对比控制捕捞的不同规则。注意，这不仅是选择一个期望或目标捕捞量的问题，还需讨论如何利用现有船队来控制捕捞量。为了便于介绍，所讨论规则类型的顺序将遵循上文研究简史中的介绍顺序。同时，我们开始更多地关注规则的生物和技术方面，因为这在某种程度上是早期渔业管理机构关注的焦点。在讨论的过程中，我们通过介绍规则的生物经济方面来演示如何更好地表示控制捕捞问题。该历史方法的目的是为了进一步了解为什么世界渔业处于当前状态，以及为什么人类看待管理的思考模式发生了转变。

以文中的一个例子进行分析，这更容易表示不同规则之间的差异。我们假设渔业位于其轨迹上的特定点，这非常必要，因为所有的管制均从一个特定的船队和种群条件开始。然后，我们假定目标资源量以及达到目标资源量的捕捞时间路径已被选择。眼前的问题是制定规则使实际捕捞量等于目标捕捞量。首先，探讨公开入渔管制中，运用基于现状的静态规则仅在短期内有效而在中期和长期失效的原因；其次，通过观察管制过程我们发现，若管理者发现规则随时间的推移而失效时，他们会做出调整。静态管制与连续性管制之间的区别在于演示，它有助于把重要问题表示出来，且大多数现实世界的管制都是连续的。

开始讨论之前，假定渔业中当前资源量为 40 000 t(X_0)，渔船数量为 12 条。在该资源量下，利润最大化的日捕捞量为 2.9［见公式(3.13)］，这导致总捕捞努力量等于 5 220，捕捞量为 10 440 t(y_0)。由于渔业几乎从未处于生物经济平衡，所以我们选择了一个非平衡点现状，但必须弄清楚哪些结果对起始点敏感。假定长期渔业管理目标是获得最大经济产量(MEY)时的资源量，称其为 X_{tar}，该资源量能产生 6 851 t 可持续产量。为了简单起见，假定运用恒定目标捕捞路径，而且存在一个目标捕捞量 y_{tar} 为 6 851 t。作为参考点，y_{tar} 等于 65% y_0。

管制的目标是使当前资源量下船队的作业产量减少至 y_{tar}，这有些过于简单化，但是需要重点讨论。正如下文将会清楚说明的情况：尽管上述情况通常是短期管制决策的关键，但在考虑更广泛的影响以及包括在下一年仍做出该决策时需要谨慎。

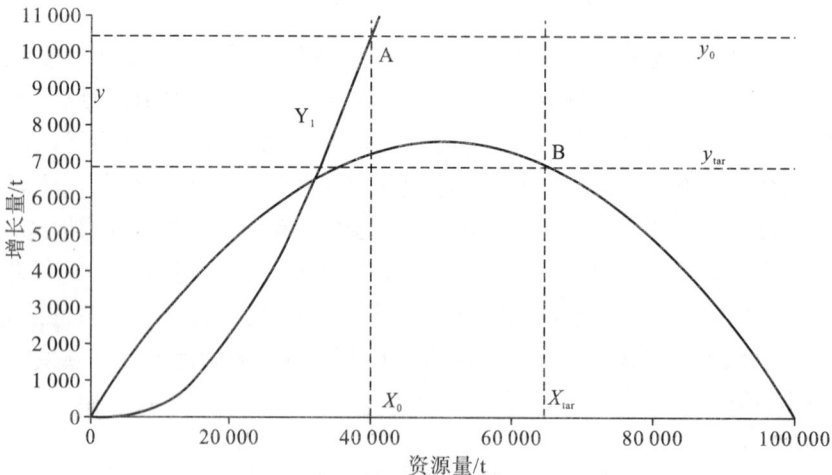

图 7.1　当前资源量与目标资源量之间的关系

根据 Schaefer 生长模型得到的当前资源状态的生物信息表示在图 7.1 中。点 A 表示当前资源量和捕捞量的组合。曲线 Y_1 通过该点，表示当前船队的短期产量曲线，它表示相同的船队在资源量范围外作业时产量的变化情况。点 B 表示目标资源量和捕捞量，由于当前捕捞量位于可持续产量曲线上方，若其他条件不变，资源量会下降。平衡发生在 Y_1 与可持续产量曲线相交处，但是若产量可以保持在 y_{tar}，资源量会增至 X_{tar}。

用表 7.1 中的分类系统将讨论进行划分。首先讨论公开入渔的制度，本章最后一个部分讨论限制入渔的制度。在这两个部分中，我们均会区分投入和产出管制。

7.3　公开入渔制度

7.3.1　短期分析

从管理机构的角度来考虑这个问题。在短期内，根据当前资源状态制定捕捞规则以获得实际捕捞量 y_{tar}，管理机构可以运用投入控制，例如禁渔期、渔具限制，或者进行产出控制，例如 TAC、单次捕捞限制。但是，为了贴近实际，一旦管理机构选择了某种管制类型，了解其可以获得的信息以及如何准确确定其需要做的事情就非常重要。

首先从理论水平上考虑这个问题。公式(7.1)为短期船队产量曲线，由于可捕系数 (q) 是一个潜在的控制变量，日捕捞努力量表示为 X 和 q 的函数[见公式(3.13)]：

$$y_0 = [V_0 D_{max} f^*(X_0, q) q] X_0 \tag{7.1}$$

很简单，若产量减少，括号[　]中的变量值会减少，至少这是模型的数学解释。同时，它可以很好地说明渔业管理的短期任务。若想控制捕捞量，则需要控制船队数量或船队作业方式。

用 E 表示总捕捞量(与船队大小的规模、作业天数、日捕捞努力量有关)，捕捞死亡率 F 可以表示为 qE[见公式(3.5)和(5.20)]。为了获得短期捕捞目标 y_{tar}，受控制的捕捞死亡率 F_r 必须表示如下：

$$F_r = \frac{y_{tar}}{X_0} \tag{7.2}$$

根据上面的例子，这意味着在当前资源量下，捕捞死亡率必须限制在 0.172 (6 851/40 000)。若 q 不变，这意味着总捕捞量必须限制在 3 425(0.172/q)，捕捞努力量降低 65%。在实际渔业中，捕捞死亡率的降低是非常困难的，事实上当前条件下需要降低的捕捞努力量与需要降低的捕捞死亡率成比例，这能提供一些帮助。我们首先讨论投入控制，然后再来讨论产出控制。

7.3.1.1　投入控制

现在假设管理机构的观点如下：在一定的资源量和船队大小下，若限制捕捞量为 y_{tar}，资源量会增至目标水平。所以首先要获得 y_{tar}，这通常通过控制投入从而间接控制捕捞量来获得。根据我们的模型，可能的投入控制是限制渔船数量、允许作业天数(季节控制)、限制日捕捞努力量、限制渔具，从而降低可捕系数。

使用投入控制，必须用一组规范公式来确定具体规则。尽管存在很多可能的方法，下面仅举出一个例子。控制投入水平，使当前水平降低目标产量与当前产量的比值。下

标 r 指变量的控制水平。当然，这些公式不等于公式(7.2)，但是能够获得表示当前资源量信息的 y_0。了解由基于静态条件的管制所导致的问题是讨论的目的之一。

$$V_r = \left(\frac{y_{\text{tar}}}{y_0}\right)V_0 \tag{7.3}$$

$$D_r = \left(\frac{y_{\text{tar}}}{y_0}\right)D_{\max} \tag{7.4}$$

$$f_r = \left(\frac{y_{\text{tar}}}{y_0}\right)f^*(X_0,q) \tag{7.5}$$

$$q_r = \left(\frac{y_{\text{tar}}}{y_0}\right)q \tag{7.6}$$

出于完整性，四个变量均包含在内。注意第一个公式旨在限制参与者数量，而其他三个公式则用于控制个体渔船的活动。在渔业管理的早期，控制渔船数量不是一个可行的选择，这被认为是不公平的，在某种程度上，不认为它是必须的。我们在下文会更详细地讨论渔船限制，有时或称其为限制许可制度或限制入渔。

在当前管理者能够执行的背景下讨论其他三个公式。公式(7.4)很容易运用，因为管理机构具有当前捕捞季节长度的信息，该公式或者一些更为复杂的变化形式经常被用来估计为获得目标捕捞量所需限制的捕捞季节长度。甚至在短期内，该措施获得成功的程度取决于其他投入被用于替代作业天数限制的难易程度。

公式(7.5)可以应用于日捕捞努力量信息存在的情况下。限制渔场的作业时间在渔业管制中不常用，因为它通常难以执行，但是在技术上是可行的。

需要对最后一个公式稍加说明。首先，尽管它与其他公式类似，但存在理论差异。降低 q 会使利润最大化的 f 降低，所以公式(7.5)将高估 q 所需的降低值。即使不考虑这个问题，由于不了解 q 是如何被决定的，所以它仍无法被管理机构较容易地使用。但是，管理机构通常运用渔具限制来改变 q，为了了解其工作原理，详细地讨论日捕捞努力量、可捕系数与成本之间的关系是有意义的。日捕捞努力量按照每天作业时间来计算，因此总捕捞努力量 VDf 用每年的作业时间来计算。可捕系数为常数，它可以将作业时间转化为捕捞死亡率。

但是，从理论上来说，q 来自哪里？一定捕捞时间下的捕捞能力取决于渔船的类型、大小、捕捞技术、在时间和空间上的分配情况、所用渔具的类型和数量、渔具的选择性、航行距离和探鱼装置的数量、船员数量、船长和船员的捕鱼技巧以及它们对鱼群行为和位置的了解。同时，这些影响因子中的大多数都对渔船成本函数的参数产生影响。

总之，选择类型、组合、投入和活动水平来决定 q 和成本参数。参与者可以做出使可捕系数和成本参数在相关资源量范围内产生最大利润的决策。同时，存在开发关于新投入类型、捕捞活动或结合它们方法的激励，以增加利润。

技术创新的激励不会随着渔具限制的引入而停止，事实上，限制的不利影响反而可能产生创新激励，从而合法地回避管制。这具有两个影响：首先，限制效果随着时间的推移可能会被创新所抵消；其次，从更宽泛的角度来看，限制条件下有意义的创新可能是违反常情的。例如，限制渔船长度可能会使渔船宽度等于 2 倍正常宽度成为一个有利的选择，只不过由于成本、适航性或其他问题，这种渔船永远不会被采纳。

捕捞努力量、q 与成本之间的概念关系图尽管因为太复杂而不能包含在我们的模型中，但是它为掌握限制渔具如何影响捕捞行为提供了一个框架。这种控制方式对投入和活动的类型、组合和水平进行限制，从而使 q 降低。例如包括对渔船、船员数量、发动机功率、特定投入使用的限制。此外，捕捞活动在某些海域可能被禁止，这些管制会影响可捕系数，并可能对成本参数产生影响。

尽管用公式(7.6)来计算所需降低的 q（使捕捞量限制在目标水平）是一个简单的问题，但这在实际渔业中很难完成。与标准的捕捞努力量（例如捕捞季节长度）有所不同，它很难确定该如何做才能使捕捞量降低指定值。在某些情况下，捕捞作业次数与捕捞收益之间的可能是一个线性或"半线性"的关系，但更多情况下，通常不是这种情况。此外，如上所述，事情存在很多方式来完成，所以对特定投入或活动的限制可以通过其他的变化来减轻。很难预测对不同投入或活动的控制和限制如何影响 q 和捕捞量。

7.3.1.2　产出控制

尽管上文一系列的规范公式是关于投入控制，但也可以用产出控制来限制捕捞。一种方法是用单次捕捞限制，它规定了任意捕捞活动中渔船的最大上岸量。在本书的模型中，单次捕捞等于作业天数为 1 d。单次捕捞限制的类似规范公式为

$$TL = \frac{y_{tar}}{D_{max}V_0} \tag{7.7}$$

若渔船日产出限制为 TL，根据公式(7.7)，V_0 艘渔船作业 D_{max} 天得到的年总捕捞量等于 y_{tar}。

单次捕捞限制是控制 f 的另一个方面，尽管它可能不是很明显。每艘渔船的日产量等于 $qXf^*(X_0, q)$；此外，依据公式(7.7)设定的 TL，根据下面公式，渔船每天都必须停止捕捞：

$$f_{tl} = \frac{y_{tar}}{V_0 D_{max} q X_0} \tag{7.8}$$

将公式(7.7)分子、分母均乘以 $f^*(X_0, q)$，化简后可知，它在技术上相当于公式(7.5)。但是，它们只在短期内等效，而长期影响是不同的，这将在下文进行解释。

在短期内，尽管单次捕捞限制和控制日捕捞努力在理论上是类似的，但两者在执行上存在差异。由于日产量可以测定，所以单次捕捞限制可能更有优势。此外，它比限制日捕捞努力量（很难测定）更容易执行，关于产出的控制将更容易获得产出目标。最好是直到设定出一个更好的阶段，才开始全面地讨论执行。

另一个产出控制是令 TAC 等于 y_{tar}。当捕捞量达到该水平时，禁止任何形式的进一步捕捞，这是对捕捞季节长度控制的另一方面。对于后者，当达到指定时间限制和允许捕捞量时，渔业必须停止。TAC 用于限制捕捞量，捕捞季节长度对采取该限制也很必要。

但是在短期内，它们都将产生相同的结果，这可以表示如下：令短期产量公式等于 y_{tar}，解 D 得到捕捞天数，渔业在 TAC 制度下开放：

$$D_{TAC} = \frac{y_{tar}}{[V_0 f^*(X_0,q)q]X_0} \tag{7.9}$$

将公式(7.9)右侧的分子和分母同乘以 D_{max}，得到与公式(7.4)相同的结果。

所以在短期内，根据上述规范公式的捕捞季节控制和 TAC 制度之间在理论上是没有区别的，它们都会产生相同的捕捞季节长度。一个区别是，在长期范围内恒定 TAC 不需要年规范公式。若 TAC 可以执行，适宜的捕捞季节长度会自动发生，该内生性质对获得长期成功非常重要。

从另一个层面看，关于可执行性也存在差别。控制捕捞季节长度通常比追踪渔船的捕捞量更容易。从可执行程度来看，TAC 将使捕捞量保持在规定水平。控制捕捞季节可能更容易执行，但是若渔船在禁渔期可以使用更多的投入(捕捞更强)，可能会超过目标捕捞量。在中期或长期内，这两种类型的控制存在更多的差异，这在下面会更详细的介绍。

总之，即使从短期来看，建立实际投入控制获得期望的捕捞量降低也是一项困难的任务。首先，在实际渔业中很难明确地了解某项控制如何影响捕捞量，甚至一些看似与捕捞量线性相关的因子，例如捕捞季节长度，也很难确定。渔船操作者可以通过增加不受限制的活动或投入抵消管制的预期效果。当投入－产出关系是非线性或未知时，事情会更复杂，渔具限制实际上是一个非常难控制的工具。TAC 是最常用的产出控制，在可执行程度上，它可以做得更好。若参与者数量可以很容易的发生变化，单次捕捞限制面临潜在问题。

7.3.1.3　分析

下面根据当前状况讨论静态管制的意义。正如上述规范公式所说明的。假设这些管制可以被执行，那么这些管制如何影响我们所假设的渔船作业？这具有短期和长期影响，影响个体渔船如何影响渔业的生物经济运作？需要注意的一点是，在管制的生物讨论中缺失的部分，即虽然理论上所有这些控制能够获得相同的短期产量变化，但其对渔船成本和利润存在不同的影响。

表 7.2 可用于重点讨论。D、f、q 的当前水平表示在第一行中(为了简化，数值已被四舍五入)。用规范公式进行计算得到变量所需的规定值，表示在表 7.2 中，例如限制捕捞量为 y_{tar} 时，预计捕捞天数为 98 d。如上所述，能够影响 q 的管制措施，同时也可以影响成本。将其包含在分析中，考虑两种情况：首先，成本不受影响，尽管第二种情况假设 c_s 增加 10%，即日捕捞努力函数的边际成本斜率；其次，改变 q 的管制措施很可能将改变成本参数。表中还包括了渔船收益、成本、收益如何被这些具体管制措施所影响。尽管实际降低值不同，所有的管制措施都会导致利润降低。

表 7.2　比较达到相同短期生物目标的不同管制措施的经济效应

管制类型	D	f	q	TR	VC	利润	利润变化
现状	150	2.9	0.000 05	\$ 14 790	\$ 848 3	\$ 330 8	
D	98	2.9	0.000 05	\$ 9 711	\$ 5 570	\$ 1 142	－ \$ 2 166
f	150	1.9	0.000 05	\$ 9 711	\$ 4 147	\$ 2 564	－ \$ 744

管制类型	D	f	q	TR	VC	利润	利润变化
q	150	1.7	0.000 033	$ 5 794	$ 3 546	− $ 752	− $ 4 060
成本增加下的 q	150	1.6	0.000 033	$ 5 267	$ 3 224	− $ 957	− $ 4 265

下面探讨 D 和 f 所需的变化。因为两种控制都减少了相同的捕捞量，且降低相同的收益，但是它们对成本具有不同的影响。在限制 D 的情况下，可变成本与 D 下降相同的比例；固定成本不变，由于可变成本比收益下降的绝对值更小，导致净收益呈绝对下降趋势。鉴于我们的假设，限制 D 对日捕捞努力量 f 没有影响，当前状态没有改变 f 的趋势，因为边际收益（PqX）与日捕捞努力量 f 的边际成本没有发生变化（见图 7.2，除了边际收益曲线用当前资源量来设定，其他与图 3.4 相同）。

为什么 f 的一个类似限制会对成本产生不同影响？再来看图 7.2，根据给定的参数，渔船期望每天产生 2.9 单位的捕捞努力量，但实际上只允许产生 1.9 单位，成本更大幅度的降低与日捕捞努力量递增的边际成本有关。由于捕捞努力量均匀地分布在所有的作业天数中，通过避免更高的边际成本，总许可捕捞努力量将会更加经济。

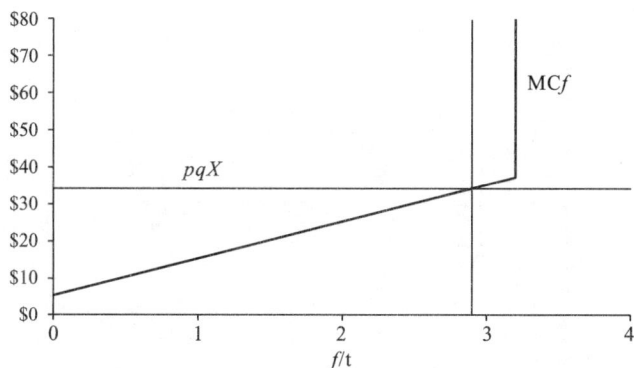

图 7.2 日捕捞努力量的边际收益和边际成本

尽管对 D 的限制不会对 f 产生任何直接的影响，因为 MR＝MC，但反过来却不一定成立。假定 D 为 D_{max}，在正常条件下，尽管渔船可能愿意每周捕捞 6 d，但是若日捕捞努力量的限制使渔船的财政状况处于危险中，他们可能会在第 7 天开始作业。

影响 q 的渔具限制会对渔民行为的其他方面产生相关的影响。虽然从经济分析来看这很明显，但在一般的渔业管理讨论中通常不考虑。其次考虑图 7.2，q 的降低意味着单位捕捞努力量下的产量更少，这使预计的产量降低。但是这将同时减少 f 的边际收益，并可能影响 f 的边际成本，并改变利润最大化时的 f，导致捕捞量进一步降低，完整的影响表示在表 7.2 中，所需的改变是将 q 降为 0.000 033。但是，在当前资源量下，这将导致 f 降至 1.7。捕捞的双重效应导致收入的降低大于类似 D 和 f 的短期变化所导致的收入降低，随着成本参数增加，效应将更加明显，因为 f 会进一步下降。标准捕捞努力量更大程度的降低意味着可变成本在这种情况下会降低地更大，但是净效应仍是净利润下降的幅度更大。

7.3.2 中期分析

实施表 7.2 中的任何控制措施都会导致捕捞量的快速下降，最终使实际产量等于 y_{tar}。事实上，产量的降低在某些渔具限制的情况下会更大。也就是说，若其他条件相同，分别使用规范公式会降低总捕捞量，从而达到或超过当前资源量下需要的捕捞死亡率水平。问题是，在其执行后不久，事情会发生改变，使期望捕捞量和目标捕捞量均无法获得；此外，还会出现其他意想不到的变化。这对于了解渔业管制中所涉及的难点是一个非常重要的结论，更多支撑它的解释将在下面讨论。

下面开始讨论传统捕捞控制的中期影响。为了了解这些影响，需要一个完整的生物经济分析。因为渔民在相同的激励下作业，其受管理的行为将产生不同的结果，且在大多数情况下，结果与预期不同。这可以通过一个受控的公开入渔模型来表示。

首先，图 7.3 表示渔业预计轨迹的模型下当前的资源状况。点 A 表示当前种群和船数的组合，假设选择政策是为了获得目标资源量 X_{tar}。在实际渔业中，船数的影响不是一个主要的政策考虑，在本次讨论中仅供参考。B 点位于以最低长期成本从 X_{tar} 捕捞可持续产量的渔船数量。

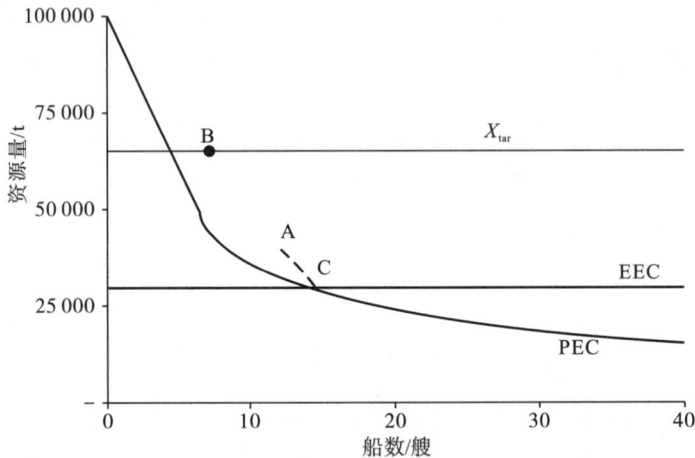

图 7.3　当前资源量和捕捞努力量组合的轨迹

正如轨迹曲线所示的，若其他条件相同，最终在 C 点达到生物经济平衡。回顾一下，用公式(3.26)和公式(3.27)计算出的轨迹曲线，若点 A 表示"当前所处的位置"，点 C 表示"目标位置"，该政策表明更完整地表示出当前状态是非常重要的。尽管我们期望得到一个固定目标(B 点)，而我们移动的方向必定会发生变化，这就是预计控制措施的影响会失效的一个原因。

在这个特殊情况中，当前轨迹朝着东南方向移动，资源量会降低，而渔船数量会增加。根据当前点相对 EEC 和 PEC 的距离，轨迹可能移向任何方向。本书没有讨论所有情况的原因在于重要点都可以用这一种情况涵盖。

图 7.3 中点 A 和点 C 的具体位置存在不确定性，当前种群情况以及预计的未来种群

和渔船增长只是估计值。此外，渔业公司不断努力开发更先进的技术以提高利润。这些成本和可捕系数的变化将会改变 EEC 和 PEC 的形状和位置。一般来说，他们倾向于降低 EEC(渔业公司在较低资源量下能够作业产生利润)，并使 PEC 移向西南方向(从任意种群大小中捕捞可持续产量需要的渔船更少)。这意味着渔业管理的任务更加艰巨，因为点 C 不断地远离点 A。

在实际渔业中，存在很多可用于控制捕捞量的控制变量。在本模型中，我们可以控制 f、D、q 或者成本参数。但是基本原则和一般结果可以通过注意 PEC、EEC 的位置和形状以及轨迹曲线是如何被改变的，从而得到很好的解释。有趣的是，根据规范公式，预计 f、D、q 的变化对当前捕捞产生相同影响，然而对曲线却产生不同影响。

作为参考，EEC 和 PEC 的公式表示如下[见公式(3.17)和公式(3.25)]：

$$\text{EEC}: X = \frac{c_i + c_s f_{\min} + \dfrac{\text{FC}}{f_{\min} D_{\max}}}{Pq} \tag{7.10}$$

$$\text{PEC}: V = \frac{G(X)}{D_{\max} q X f^*(X)} \tag{7.11}$$

这是指出两个公式的重要差异的一个很好的时机。日捕捞努力量水平存在于两个公式中，但形式却不同。EEC 用 $f_{\min}$，即渔船平均成本最小时的日产出水平，因为这是获得经济平衡的必要水平。另一方面，$f^*(X)$ 用于 PEC 中。为了准确得到所需渔船的数量，需要考虑 f 如何随资源量而变化。为了预测下面的参数，有必要分析管制的影响，因为 $f^*(X)$ 和 $f_{\min}$ 会被特定的管制措施所影响。

从 EEC 公式来看，增加平衡资源量的唯一方法是增加捕捞努力量的长期平衡成本或通过降低可捕系数来降低效率。这两种方法均会增加捕捞每单位鱼的成本[见公式(3.17)]。最后，当渔业管理者讨论禁渔期、单次作业产量等问题时，他们实际上讨论的是一些增加捕捞成本的方式。

PEC 的变化也与效率有关。EEC 主要关于平衡资源量，而 PEC 关于船队大小，曲线向右移动意味着在某特定资源量下进行可持续捕捞需要更多的渔船。

除了必须修改受管制影响且不断变化的变量，受控轨迹曲线将仍基于公式(3.26)和公式(3.27)。例如，控制捕鱼季节时，$D_{\max}$ 用 D_r 代替。

一般来说，所有的管制措施都会使 EEC 向上移动(渔船作业能够产生利润的最小资源量将增加)，且 PEC 移向东北方向(任意资源量下，捕捞可持续产量的渔船更多)。尽管每种管制措施会产生不同的影响(有时差异很大)，但其都会使平衡资源量增加，并倾向于增加渔船数量，只不过资源量的增加并不如预期的幅度大。

我们将对各种管制措施进行详细分析。为了方便讨论，每一种情况都用一个图来表示管制如何影响 PEC、EEC 和轨迹曲线。公开入渔曲线是实线，称其为标准曲线，受控曲线为虚线。

表 7.3 总结了引入不同类型管制措施下的中期结果。它表示了在每一种情况下，将阴影单元格中的变量控制在指定水平的影响，其他变量的平衡值表示在该行的其他单元格中。表 7.3 前两行表示当前状态和公开入渔平衡，而第三行表示目标资源量能够被船

队获得的条件。接下来的六行表示上文讨论的投入和产出控制的影响。剩余行的定义将在下面进行解释。注意，尽管静态管制旨在减少捕捞量，在其他条件相同的情况下，资源量将增至 X_{tar}，但其却均无法获得该目标。此外，尽管它们的目标都是相同的，但结果却不同。

表7.3 不同管制措施的中期结果

	X	V	产量	D	f	q	y/D	总E	$F=Eq$	E的成本	鱼价
现状	40 000	12.00	10 440	150	2.90	0.000 050	5.80	5 220	0.261	\$26.40	\$13.20
公开入渔	29 412	14.12	6 228	150	2.00	0.000 050	2.94	4 235	0.212	\$25.00	\$17.00
目标	64 706	7.06	6 851	150	2.00	0.000 050	6.47	2 118	0.106	\$25.00	\$7.73
静态 D	34 928	16.07	6 819	98	2.47	0.000 050	4.31	3 904	0.195	\$29.69	\$17.00
静态 f	29 441	14.83	6 232	150	1.90	0.000 050	2.80	4 234	0.212	\$25.02	\$17.00
静态 q	44 820	16.82	7 419	150	2.00	0.000 033	2.94	5 045	0.166	\$25.00	\$17.00
随成本增加的静态 q	46 570	17.08	7 465	150	1.91	0.000 033	2.91	4 885	0.160	\$25.98	\$17.00
静态单次作业量限制(3.8)	29 412	14.12	6 228	150	2.00	0.000 050	2.94	4 235	0.212	\$25.00	\$17.00
TAC	64 706	24.00	6 851	28	3.20	0.000 050	10.35	2 118	0.106	\$55.00	\$17.00
连续性 D	64 706	24.00	6 851	28	3.20	0.000 050	10.35	2 118	0.106	\$55.00	\$17.00
连续性 f	64 706	33.82	6 851	150	0.42	0.000 050	1.35	2 118	0.106	\$55.00	\$17.00
连续性 q	64 706	15.53	6 851	150	2.00	0.000 023	2.94	4 659	0.106	\$25.00	\$17.00
连续性单次作业量限制(1.35)	64 706	33.82	6 851	150	0.42	0.000 050	1.35	2 118	0.106	\$55.00	\$17.00
限制许可证	41 101	7.87	7 262	150	2.99	0.000 050	6.15	3 534	0.177	\$26.65	\$12.97
ITQ	64 706	7.06	6 851	150	2.00	0.000 050	6.47	2 118	0.106	\$25.00	\$7.73

下面集中讨论为什么这种情况将有助于解释渔业管制的复杂性。为了完成该讨论，我们需要大体了解如何制定下面的规则。

7.3.2.1 投入控制

1. 渔期长度

图7.4表示将渔期长度设为98的影响，静态渔期限制旨在获得 X_{tar}（见表7.3的第四行）。通过观察公式(7.10)和公式(7.11)可以看到，D 从 D_{max} 开始降低将导致 EEC 向上、PEC 向右上方移动。暂时忽略加粗实心曲线，随着规则要求的变化，受控轨迹将基于公式(3.26)和公式(3.27)。在这种情况下，会出现不同情况，因为 D 的减少会降低捕捞量，所以资源量会比之前下降的慢；同时，它还会降低利润，所以渔船数量的变化也会降低。在这种情况下，受控生物经济平衡发生在 D 点，与公开入渔平衡相比，该点的资源量和渔船数量均会增加。考虑到曲线的移动，资源量将总是增加，但其取决于 PEC 的相对移动，在控制渔期长度情况下，渔船数量会增加或降低。

我们如何定义该特定管制措施的成功性？在严格意义上，考虑到目标是从点 A 移至点 B，所以若向点 D 移动可以认为管理失败，船队和资源量的组合最后会朝着相反方向移动。事实上，当前状态观测者可能无法察觉到管制的任何影响，他们只能看到轨迹中的轻微偏差，但是生物经济分析增加了缓和该评估的另一个方面。从某种意义上讲，对比应该在最初生物经济平衡 C 点和受控生物平衡 D 点之间。运用该对比，可以得出：管制是一个相对成功的生物手段，尽管无法达到 X_{tar}，但平衡资源量会增加。

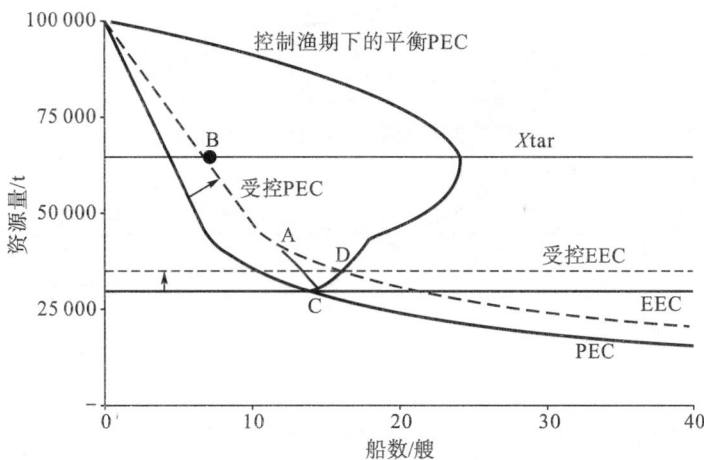

图 7.4 控制渔期下的 PEC、EEC 和轨迹变化情况

但是，为什么根据静态规范公式计算时，X_{tar} 没有达到指定渔期长度？这可从两个方面来回答。首先，我们来看看其完成了什么以及为什么？从当前状态下渔业作业的角度来看，限制捕捞天数从而减少捕捞量和渔船利润（见表 7.2）；但是由于利润为正，尽管速度较慢，渔船数量仍会增加。此外，限制捕捞天数改变了渔船成本结构，它同时改变了 f_{min} 和使渔船在其 AC 曲线最小处作业的日捕捞努力水平以及该点的作业成本 C_E^*［见公式（3.9）和（3.10）］。由于 C_E^* 的变化，生物经济平衡在一个比原来更高的资源量下出现。

尽管它解释了所出现的现象，但如何解释其未达到目标水平的原因？这存在两个原因：第一，选择 D 的大小能使在当前资源量作业的渔船产生的 E 获得目标捕捞量，但是受控轨迹表明无法达到总捕捞努力量的目标水平，渔船数量不断增加。此外，资源量下降意味着利润最大化时的 f 水平降低，V 和 f 的变化将抵消 D 的被迫下降。第二，遵循规范公式的总 E 目标水平即使可以达到，也不是一个适宜的目标。X 的变化意味着达到 y_{tar} 的 E 也会发生改变。

总之，由于上述两个原因导致静态管制失效，且这两个原因均与渔业内部动态变化有关。首先，由于未控制的变量将发生变化，导致静态管制无法维持期望的捕捞死亡率水平；其次，由于资源量会发生变化，将导致期望的捕捞努力量水平有误。

受控平衡的具体位置将取决于变量随时间的变化。在这种情况下，尽管受控平衡捕捞量小于目标捕捞量，但平衡资源量小于目标资源量（表 7.2）。

2. 控制 f

图 7.5 表示限制 f 的影响，正如静态规范公式所指定的(见表 7.3 第五行)，f 能够达到 1.9。同样，忽略当前的加粗曲线是凹向原点的。关于成功实现目标的基本结果在这种情况下也适用；但还有其他方面，包括作为约束限制的控制问题。

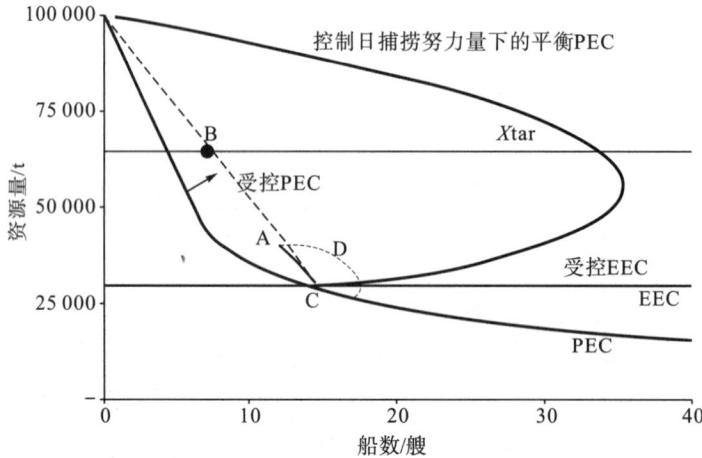

图 7.5　控制日捕捞努力量下的 PEC、EEC 和轨迹变化情况

由图 7.5 可知，虽然 PEC 存在显著的变化，EEC 却几乎未发生改变。最终结果是，在生物经济平衡点仅有一个非常小的变化。EEC 变化较小的原因是，尽管所需降低的 f 相对于当前量较大(2.9 降为 1.9)，但相对 f_{min} 却较小，公开入渔平衡量(2.0 降为 1.9)(表 7.2)。渔船将被迫在 AVC 最小处的左侧作业，因为其无法在 f_{min} 处作业。然而，限制是无意义的，C_E 仅小幅增加。EEC 向上移动的幅度非常小(从图中无法察觉)。若 f 的降低需要实现受控 f 小于 f_{min} 的短期目标，对 EEC 将不会产生影响。

PEC 的变化可以解释如下：存在管制时，f 最大值为 1.9，而不是全部容纳量 3.2。PEC 水平部分将向右移动，因为产生相同捕捞量需要更多的渔船。此外，其水平部分的范围较广，弯曲部分直到 $f^*(X)$ 等于 1.9 才开始，在该点之后，新旧 PEC 将会相连。

尽管平衡时存在一个无法察觉的变化，但是受控轨迹存在相当大的差异。在达到受控平衡的过渡早期，如果限制 f 将限制渔船产生的捕捞努力量，导致种群较之前下降的慢。随着资源量降低，管制的约束越来越小，受控平衡非常接近公开入渔平衡。

与当前点相比，渔船数量的增加抵消了 f 的降低，总 E 的期望减少值没有达到，受控生物经济平衡资源量小于目标量。

该情况从另一角度说明了为什么静态管制有时会失效。约束当前资源量的限制可能在其他资源量上不具有约束性。这是一个极端的例子，因为某些 f 的限制可以使平衡产生巨大的变化。但是，随着对 D 的限制，结果与短期分析所预计的不同，资源量和渔船数量的变化将抵消对 f 的限制。

3. 控制 q

图 7.6 表示实施静态管制对表 7.3 中参数 q 的影响,其中成本系数不变,由图可观察到相同的一般模式。由于技术效率较低,导致 PEC 向右移动,在任意资源量下,获得可持续产量所需的渔船更多。由于效率降低,EEC 向上移动,渔船仅能在高资源量处才能产生正利润。

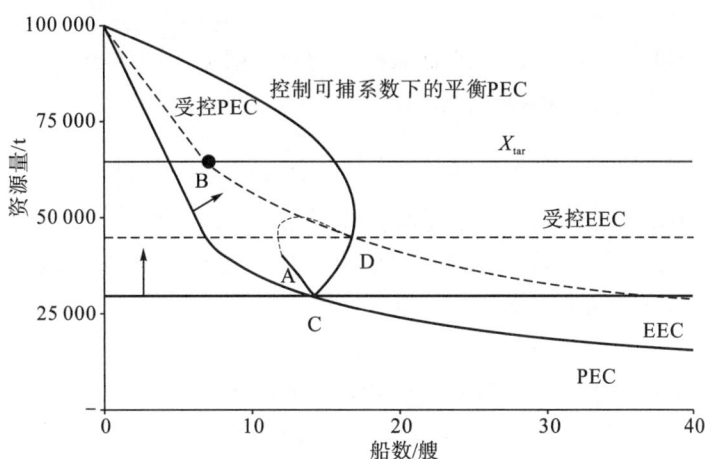

图 7.6　控制可捕系数下的 PEC、EEC 和轨迹变化情况

在这种情况下,轨迹存在较大变化。与控制渔期长度相反,控制 q 将抵消当前轨迹的推力,使渔船短期利润立即由正变为负。最后,当渔船开始退出渔业,捕捞量的降低将使资源量增加;当资源量的增加将使捕捞量增加且当利润再次为正时,渔船数量又开始增加。最终,资源量中的某些短期收益消失。相比公开入渔平衡和当前状态,受控平衡的渔船数量和资源量均增加,但是目标资源量同样无法达到。

注意在达到受控平衡时,尽管控制 q 的短期影响是降低 f,但日捕捞努力量与公开入渔平衡时相同(表 7.2)。其原因是:在这种情况下,成本系数不变,生物经济平衡发生在渔船被迫在 AC 曲线最小处作业。由于成本不变,平衡时渔船在相同的成本下仍将产生相同大小的捕捞努力量,但是考虑到管制会降低效率,相同捕捞时间下的捕捞量更少。在很多情况下,管制也将影响成本,也会存在一个效率影响,不仅捕捞努力量效率会更低,而且捕捞成本会更高。

平衡 f 不变,但是随着总捕捞努力量的净效应仅略低于当前大小,达到受控生物经济平衡将使渔船数量增加。考虑到 q 的降低,捕捞死亡率降低的最终结果是平衡资源量高于当前水平。

目前讨论的三个静态管制均期望获得相同的目标。考虑到参数的相对大小,对 q 的控制将使资源量增量达到最大。其中一个原因是规范公式没有考虑 f 的相关短期影响,从而使 q 相对于其他控制下降的幅度更大。

7.3.2.2   产出控制

1.   单次捕捞限制

单次捕捞限制的经济分析比上节讨论的投入控制更复杂。首先，有必要将产出控制转换为投入中的渔船行为分析；此外，当单次捕捞限制对渔船作业产生一个具有约束的限制时，需要处理这个问题。

单次捕捞限制将影响允许产生的日捕捞努力量。根据下面的公式，日捕捞努力量将取决于资源量和特定的单次捕捞限制（TL）：

$$f_{tl}(X) = \frac{TL}{qX} \tag{7.12}$$

单次捕捞限制的基本影响可以通过将公式（7.12）代入 PEC、EEC 和轨迹曲线公式来表示。为了达到上述结果，需要考虑 $f^*(X)$ 和 $f_{tl}(X)$ 之间的关系。单次捕捞限制仅在下面的资源量范围内具有约束限制：

$$f_{tl}(X) < f^*(X) \tag{7.13}$$

这意味着在单次捕捞限制控制下，f 的作业水平为

$$f_{tl}^*(X) = \min[f_{tl}(X), f^*(X)] \tag{7.14}$$

它表示在图 7.7 中。$f^*(X)$ 随着 X 的增加而单调递增，直到其达到 f_{max}[见公式（3.13）上下文的讨论]。另一方面，对于任意 TL，$f_{tl}(X)$ 是 X 的单调递减函数。在较高资源量时，产生任意 TL 的捕捞努力量更小。随着 TL 的增加，曲线上移，反之亦然。

显然，TL 的水平至关重要。不同资源量下的日产量表示在表 7.3 的第 8 列。具有特殊意义的是在公开入渔下的日产量，因为为了对渔业平衡作业强加一个具有约束力的限制，单次捕捞限制将必须低于该水平。当前 X_{BE} 的捕捞量是图 7.7 中用于产生 $f_{tl}(X)$ 曲线的值。在两条曲线相交的右侧，单次捕捞限制将是一个具有约束力的限制，所以它会影响轨迹曲线。只有当曲线相交于当前 X_{BE} 的左侧时，TL 才会改变生物经济平衡，因为只有那样，它才会成为一个具有约束力的限制。

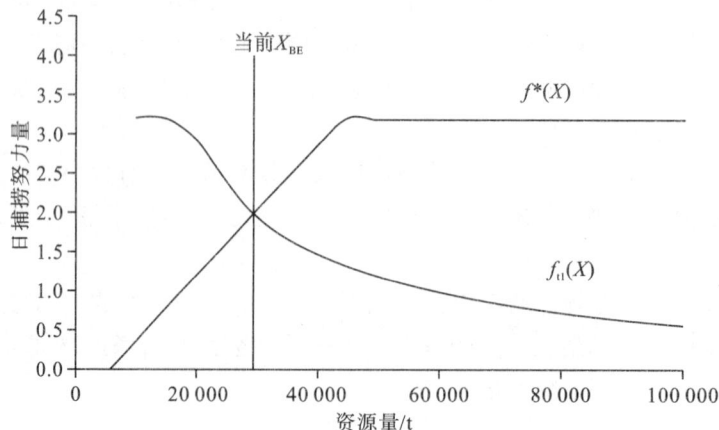

图 7.7   单次捕捞限制具有约束的资源量范围

下面我们来讨论实施单次捕捞限制将如何影响 PEC 和 EEC[见图 7.8(a)]。超过具有约束力的单次捕捞限制的资源量范围，$f_{tl}(X)$ 必须替换成 PEC 公式中的 $f^*(X)$，最终它会向右移动。从每个资源量中获得可持续产量所需的船数增加。超过限制具有约束力的资源量范围，PEC 将不会发生变化。

在这种情况下，EEC 在数学上较为复杂，因为没有简单的方法获得经济平衡资源量。但是，它可以用下面的公式来获得：

$$X - \frac{c_i + c_s f_{tl}^*(X) + \dfrac{FC}{D_{max} f_{tl}^*(X)}}{Pq} = 0 \qquad (7.15)$$

我们需要找到产生 $C_E \dfrac{D_{max} f_{tl}^*(X)}{Pq}$ 值等于其本身的 X[见公式(3.17)]。

在本例中应用静态管制所产生的受控 PEC 和 EEC 表示在图 7.8(a) 中（见表 7.3，表明所需的单次捕捞限制为 3.8）。由于单次捕捞限制为 3.8 的 $f_{tl}^*(X)$ 曲线与 $f^*(X)$ 曲线相交于 X_{BE} 的右侧，所以 EEC 不变。这意味着公式(7.15)中的 $f_{tl}^*(X)$ 将等于 $f^*(X)$，在这种情况下得到 X_{BE}。

PEC 会发生变化，轨迹凹向纵轴。随着 X 降低，所允许的 f 增加。最终将达到一点，其中，为了保持总捕捞努力量处于可持续产量的作业水平，增加 f 会减少渔船数量。在这个特殊情况中，当资源量大于 X_{BE} 时，它会与标准 PEC 相连。

为了了解出现这种情况的原因，我们再次观察图 7.7。这里的 $f_{tl}^*(X)$ 曲线是公开入渔下的日产量。预设的产量极限值比该值大，所以相关的 $f_{tl}^*(X)$ 向上移动，曲线相交时的资源量大于当前的 X_{BE}。只有在 $f_{tl}^*(X)$ 小于 $f^*(X)$ 范围之外时，PEC 才会发生变化。

结果是，用当前资源量和渔船数量计算的静态单次捕捞限制对渔业生物经济平衡无长期影响，但是它将影响达到平衡的轨迹。因为管制在某些相关资源量下会施加具有约束力的限制，它又一次证明了当静态传统管制用当前值指定时所出现的问题，但却没有说明单次捕捞限制的实际影响。考虑图 7.8(b)，它表示单次捕捞限制为 1.7 的影响。在这种情况下，受控 PEC 在标准 PEC 上方；同样，由于超过单次捕捞限制的范围，PEC 会向右移动，同样资源量下捕捞可持续产量所需的渔船数量更多。两条 PEC 直到低于公开入渔平衡的 C 点时才会相连。

该情况下的受控平衡为 D 点。但是，正如轨迹曲线所表示的，PEC 与 EEC 将从下部相交，这不是一个稳定的平衡。也就是说，轨迹将围绕两条曲线的交点循环，但却不会达到该点。尽管我们不想详述稳定的复杂性，但这是单次捕捞限制管制措施的一个很有趣的现象。需要注意的是，随着单次捕捞限制制定更为严格，EEC 会向上移动。在某种情况上，它将从上部与 PEC 相交，且存在一个稳定的平衡。

下面简要探讨该管制如何影响渔船行为。尽管单次捕捞限制不会影响实际成本曲线，与禁渔期情况一样，依据 MR 等于 MC 原则，渔船所有者可能会禁止作业。无论渔业开发的资源量为多少，若限制具有约束力，渔船会在小于利润最大化 $f^*(X)$ 处作业，这意味着他们无法在渔船平均成本曲线最小处作业。作业渔船的数量过多从而使每艘渔船的产出水平过低。

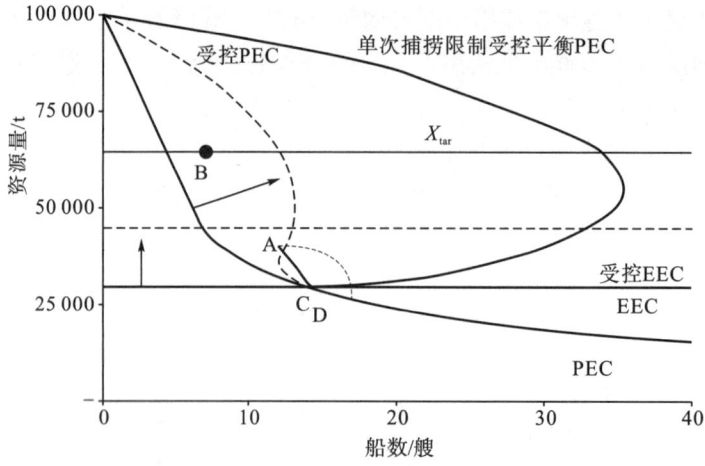

(a)

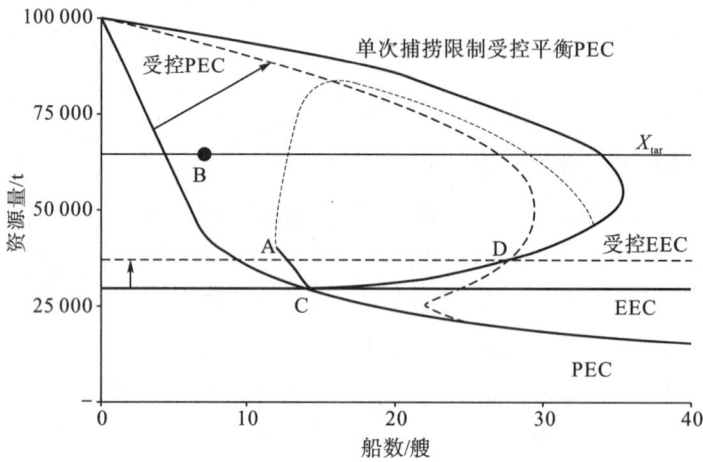

(b)

图 7.8 单次捕捞限制下的 PEC、EEC 和轨迹变化情况

2. 总可捕量 TAC

下面分析 TAC 控制。可以用类似于 EEC 和 PEC 的分析来进行讨论，由于所引入产出控制的差异性，所以建立不同曲线是必要的。在讨论中，为了明确目的，需要比较两组平衡曲线的差异，我们将参考标准曲线和 TAC 曲线。

当达到允许捕捞量时，TAC 通过关闭渔业来执行。因此，TAC 下的禁渔期取决于资源量、渔船数量和 TAC 水平。

$$D_{\text{TAC}} = \frac{\text{TAC}}{Vqf^*(X)X} \tag{7.16}$$

分析范围是 (X, V)。为了使分析有用，假定 TAC 制度能被很好地执行，所以在捕捞量达到 TAC 时，捕捞活动通常被停止。在该假设下，对于给定 TAC 水平，根据公式 (7.16)，存在一个与每个 V 和 X 组合均相关的特定渔期长度。若 TAC 改变，与每个组合相关的渔期长度也会发生改变。但是，对于一个给定的 TAC 制度，随着 V 的增加，

D_{TAC} 将会降低。因此，在任意资源量下，渔船数量增加意味着与渔期长度相关的 V 和 X 减少，这对解释下面给出的图表很有意义。

根据有效执行的假设，可以构建与 PEC 和 EEC 目的相同的曲线。这种情况的 PEC 取决于 TAC 制度的性质。首先，用一个等于 y_{tar} 的恒定 TAC 与之前的分析进行一个简单的比较。为了完整性，我们将引入 TAC 取决于下面资源量的方案。

PEC 根据捕捞量和生长的差异将 (X, V) 空间分为资源量增加或降低的区域。伴随 TAC 的有效执行，在生长量等于 TAC 处，存在生物平衡资源量，TAC 制度下的 PEC 公式，$PEC_{(TAC)}$ 为

$$G(X) = TAC = y_{tar} \tag{7.17}$$

恒定 TAC 下，该公式有两个解，且均为生物平衡。本例的解决方案图表示在图 7.1 中，目标捕捞曲线与生长曲线相交于两个点，因为受控捕捞量等于增长量，所以两个点均为生物平衡。严格来说，若捕捞量仍等于 TAC，曲线左侧的生物平衡点是不稳定的，资源量小幅增加会导致增长量大于捕捞量，种群数量会增长；反之，资源量小幅降低会出现相反的情况。对于这种潜在的不稳定性的一个更实际的解释是下面即将讨论的考虑行业行为的分析。本案例中的两个 PEC 表示在图 7.9 中。在 TAC 约束下，资源量在 $PEC_{1(TAC)}$ 上部和 $PEC_{2(TAC)}$ 下部区域会降低，因为 TAC 大于种群增长量。在两条曲线之间的区域，TAC 小于种群增长量，资源量增加（图 7.1）。若 TAC 大小发生变化，则 PEC 也会发生变化。

EEC 将 (V, X) 空间分为渔船数量增加和降低的区域。在标准曲线上的资源量作业时，渔船的收益等于成本。尽管没有像之前那样指定，但即使渔船在所有允许捕捞的天数内均作业，该资源量下的作业渔船也不会盈利。TAC 制度下允许捕捞的天数会发生变化，在推导 EEC 的 TAC 时，该因素必须要考虑。允许捕捞天数是影响渔船利润的一个关键因素，渔船利润公式为

$$\prod_V = D[PqXf^*(X) - c_i f^*(X) - c_s f^*(X)^2] - FC \tag{7.18}$$

[ ] 内的因子为日利润 π_D，它是资源量和 $f^*(X)$ 的函数。令公式（7.18）为 0，解 $D(X)$ 得

$$D(X) = \frac{FC}{\pi_D(X)} \tag{7.19}$$

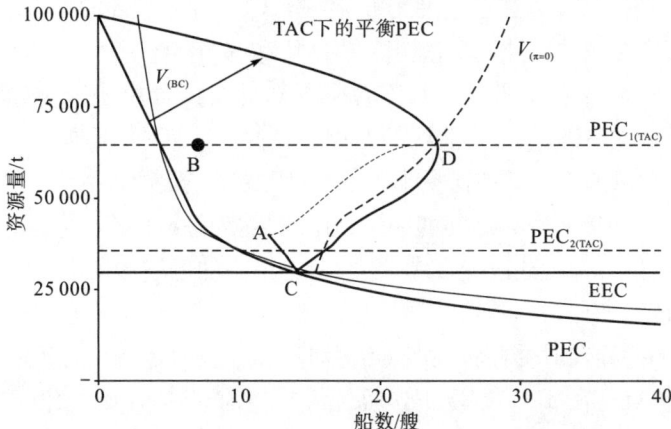

图 7.9　TAC 下的 PEC、EEC 和轨迹变化情况

$D(X)$为一定资源量下为了补偿作业成本，渔船必须作业的天数。我们从公开入渔分析可知$D(X_{BE})=D_{max}$。由此可见，随着X从X_{BE}开始增加，$D(X)$呈单调递减。

当资源量大于X_{BE}时，运用公式(7.19)可以推导出TAC制度下的EEC曲线。$D(X)$是渔船能补偿其作业成本的最小作业天数；而且，对于给定TAC，任意资源量下在盈亏平衡点捕获允许捕捞量的渔船数量为

$$V_{(\Pi=0)} = \frac{TAC}{D(X)f^*(X)qX} \tag{7.20}$$

换句话说，该关系表示的是，对于某指定TAC在任意大于X_{BE}的资源量下作业且收支平衡的最大渔船数量。它相当于TAC制度下的EEC。

为了完整地解释$(X，V)$空间的不同部分，必须考虑TAC不具有约束的可能性。存在某特定的船队和种群组合点，出现渔船利润最大化行为下的捕捞量小于TAC的情况。在某TAC下所能容纳的渔船数量可以表示如下：

$$V_{(BC)} = \frac{TAC}{D_{max}f^*(X)qX} \tag{7.21}$$

随着X增加，$V_{(BC)}$降低，下角(BC)表示具有约束的限制。曲线左侧的点表示TAC不具有约束限制处的X和V的组合，因为即使船队以满功率作业，也不会采用TAC。

$V_{(\Pi=0)}$和V_{BC}曲线都表示在图7.9中，它们通常在标准EEC曲线上D_{TAC}等于D_{max}处相交。$V_{(\Pi=0)}$曲线没有定义标准EEC曲线下面的点，因为在这些X和V的组合下，利润为负，它将存在一个正斜率。对于$V_{(\Pi=0)}$曲线右侧的点，由于限制渔期长度，渔船利润为负值，图中该部分的渔船数量会降低。另一方面，对于曲线左侧的部分，其渔船利润为正，渔船数量将增加。

对于某恒定的TAC，$V_{(BC)}$曲线斜率为负。它与标准PEC相交于$PEC_{1(TAC)}$和$PEC_{2(TAC)}$，因为在这些资源量下$G(X)$和TAC一般相等。

TAC不具有约束力区域的存在，但会影响资源量在标准PEC左侧、$PEC_{1(TAC)}$上部和$PEC_{2(TAC)}$下部区域的变化方式。在具有约束力的限制下，位于$PEC_{1(TAC)}$上部的资源量由于捕捞量大于增长量，资源量会降低。在无约束力的TAC下，资源量则根据标准PEC而变化，由于标准PEC在$V_{(BC)}$曲线的右侧，$PEC_{1(TAC)}$上部的点表示TAC限制不具有约束，标准PEC左侧的区域资源量会降低的V和X组合。

在具有约束力的TAC条件下，$PEC_{2(TAC)}$下部的资源量由于TAC大于增长量会降低，但是标准PEC在该区域$V_{(BC)}$曲线的左侧。最终，TAC将不具有约束。此外，对于该区域标准PEC左侧的点，其捕捞量小于增长量，资源量增加。

对于$PEC_{1(TAC)}$和$PEC_{2(TAC)}$之间的区域，由于捕捞量小于增长量，其资源量将增加。该资源量会改变结果，却无法改变TAC不具有约束力的区域的情况，因为它只降低捕捞量，所以资源将继续增加。

资源量变化的差异会对受控轨迹产生细微但却很重要的影响(见下文)。

回到主要分析点。在TAC制度下，轨迹将从当前点A开始变化。虚线受控轨迹上的资源量和渔船数量一直增至$PEC_{1(TAC)}$与$V_{(\Pi=0)}$曲线相交处的平衡点。公开入渔与

TAC 轨迹具有差异的原因在于，D 可以根据公式(7.16)进行调整，从而保证目标捕捞量总是能够获得。在种群增至目标水平之前，总捕捞量均小于增长量。

　　D 如何随时间变化没有在图 7.9 中表示出来，但是正如上面所解释的，只要维持 TAC，向 $(X，V)$ 右侧区域移动通常意味着渔期长度减小。D 的时间路径表示在图 7.10 中。在当前点，当执行 TAC 时，渔期长度减少至 100 d。它小于该资源量下的 $D(X)$，所以利润为正，渔船数量会增加。在更高的资源量和渔船数量下，为了维持 TAC，D 在下一个阶段必须降低，渔船数量将继续增加，但是个体渔船的作业天数更少，直到达到生物经济平衡。由于会获得目标资源量，所以 TAC 具有生物有效性。其有效原因在于，与静态投入控制相反，存在一种内源性变化纠正了资源量和渔船数量的变化。D 在一个有效的执行系统中自动变化。需要注意的是，从经济角度来看，TAC 制度绝对不是有效的，平衡会在渔船数量较大且渔期较短时达到。

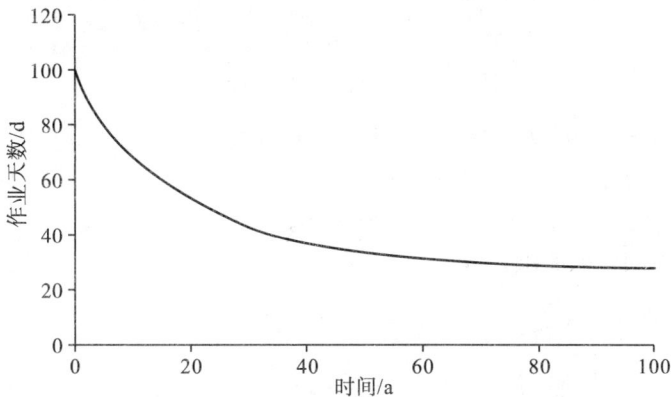

图 7.10　TAC 在时间上对渔期长度的影响

　　总结上述讨论，考虑到恒定 TAC 下的当前点位于 $PEC_{2(TAC)}$ 的下方，对图 7.1 一个严格的生物解释为：由于在该范围的资源量内，TAC 大于增长量会导致资源量降至 0。但是，这忽略了 TAC 是对捕捞量的一个限制，而不是强制性捕捞量。在 $V_{(BC)}$ 曲线的左下方，TAC 不是一个具有约束力的限制，渔业动态与公开入渔下的情况相同。注意 C 点，公开入渔生物经济平衡位于图中的该部分。此外，当轨迹进入该区域，若当前点位于 $PEC_{2(TAC)}$ 的下方，它将继续达到标准公开入渔平衡。总之，若 TAC 不具有约束力，生物经济平衡不变。

　　为了使其具有一般性，以及运用类似于种群恢复制度的方式来讨论(见第 6 章)，下面将讨论更普遍的 TAC 制度类型，即允许捕捞量不是恒定的，而是与资源量有关。该制度可以用图 7.11 表示，TAC 函数与标准生长曲线的关系图，$TAC(X)$ 的公式为

$$TAC(X) = -m + nX_t, \qquad TAC > 0$$
$$TAC = 0, \qquad\qquad 其他情况 \qquad\qquad (7.22)$$

　　若 m 和 n 为正值，曲线截距为负，与水平轴相交于资源量等于 m/n 处，它是极限资源量，当资源量小于该值时，渔业被禁止。若 m 设为 0，目标产量曲线变为恒定捕捞死亡率曲线。通过指定 TAC 公式无法在临界水平和 TAC 为 0 的情况下运用，从而引入极限资源量概念。平衡资源量发生在 TAC 曲线与生长曲线相交处。

为了进行比较，已规定图 7.11 中 TAC 函数的平衡资源量与更高平衡处的资源量相等，与图 7.1 中的恒定 TAC 函数一致。

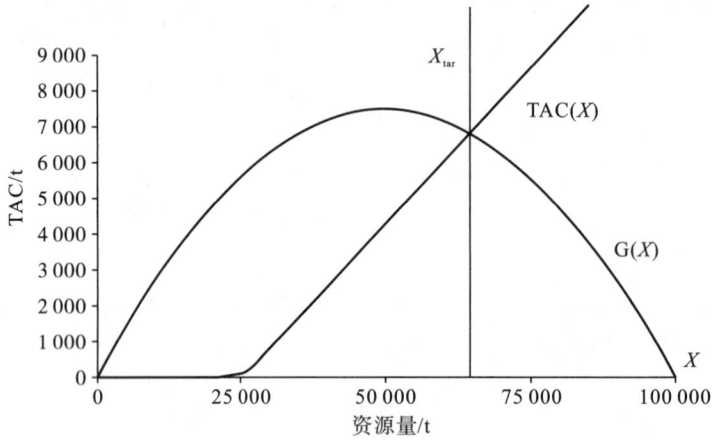

图 7.11　TAC 作为资源量函数

当前状态与该 TAC 制度下的受控公开入渔的比较表示在图 7.12 中。主要区别在于，图 7.12 仅存在一个 $PEC_{(TAC)}$，当有一个潜在不稳定平衡时不会造成影响。$V_{(BC)}$ 和 $V_{(\prod=0)}$ 曲线尽管会进一步向标准 EEC 左侧移动，但它们仍然相关。因为 TAC 在低资源量时会降低。出于同样的原因，$V_{(BC)}$ 的斜率为正。

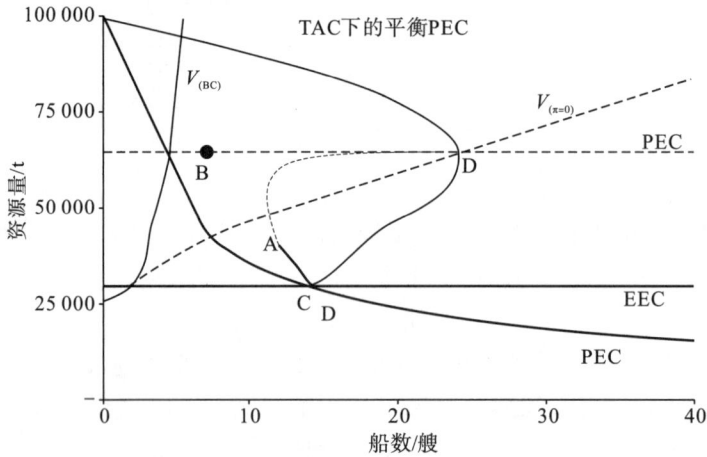

图 7.12　可变 TAC 下的 PEC、EEC 和轨迹变化情况

受控轨迹的形状稍微不同。由于允许捕捞量在初始阶段降低较大，导致渔船数量最初降低。随着资源量和 TAC 的增加，与前面的情况类似，渔船数量也将增加，渔期长度将降低。这是生物学意义上监控控制规定的内源性变化。

7.3.3　经验教训

下面总结一下目前为止的分析结果。由于系统中其他变量的内源性变化，投入控制和利用静态规范公式确定的单次捕捞限制将无法在生物学上获得成功。最重要的是，资源量随着初始阶段控制的成功而增加，捕捞量也将增加。制度在生物学上的成功部分增加了资源的毁灭性。此外，无论获得怎样的生物收益（取决于所用的特定控制），均以低效捕捞为代价。新 PEC 在标准 PEC 的右侧，这意味着在任意资源量下，捕捞可持续产量的渔船超过了其所需数量。但是，若 TAC 制度能正确执行，则可以获得生物学上的成功，因为渔期长度的内源变化纠正了系统中的其他变化。每个阶段的目标捕捞量将可以获取，最终将获取目标资源量。但是，即使获得了生物学上的成功，还存在一个类似低效率的问题。投入控制增加了捕捞成本，从而导致生物平衡增加。TAC 将产生一个更高的资源量，但是只有当更高资源量增加的利润率已经被更大的船队所用尽时，经济平衡才能达到。

注意，上述结论只论述了问题的一部分，因为模型没有考虑到技术变革，创新过程在任何情况下都在进行。管制可以是另一个加强创新力的激励，从而超越对能力限制。在某种程度上讲，这是可能的。长期生物收益的前景将降低。此外，由于目标是降低考虑了对生产作业活动限制后的成本，而不是在一个开放的海域降低成本，所以创新过程已发生改变。这可能会导致错误的结果，一个常见的例子就是限制渔船长度会使造船工程师造出宽度更大的渔船。

7.3.4　连续性控制

上面讨论的是传统静态渔业管制造成的不利影响。除了可执行的 TAC，实现生物目标及其与经济有效性有关的劣势，对了解现代渔业管制问题提供了一个很好的框架。但是，仅就其本身而言，它也具有优点。在特定的控制方案下，管制机构能够改变所实施的限制水平，例如，若某 9 个月的渔期在第 3 年没有第 1 年时有效，调控者则可以将开放捕鱼期减少至 8 个月。根据 Homans 和 Wilen(1997)、Anderson(2000)的研究，这些连续变化可以通过改变第 1 年后的规范公式而被形式化：

$$D_{r(t+1)} = \frac{y_{\mathrm{tar}}}{y_t} D_t \tag{7.4a}$$

$$f_{r(t+1)} = \frac{y_{\mathrm{tar}}}{y_t} f_{r(t)} \tag{7.5a}$$

$$q_{r(t+1)} = \frac{y_{\mathrm{tar}}}{y_t} q_{r(t)} \tag{7.6a}$$

依据公式(7.4a)，y_{tar} 与当前捕捞量之比用于调整下一年的渔期长度。若当前捕捞量等于目标捕捞量，则不需要进行调整，但是若当前捕捞量大于目标捕捞量（由于上面讨论的静态控制的缺陷），则渔期长度需降低。当前捕捞量携带着当前资源量和渔船数量的隐含信息，它们是当前捕捞量不受季节控制所影响的两个决定因素。随着它们的改变，有必要改变渔期长度，这正是连续规范公式所规定的。

正如图 7.11 所示，无论 y_{tar} 是常数还是（估计的）资源量函数，这些连续规范公式均有效。

连续规范公式(7.5a)和(7.6a)的解释是类似的。单次捕捞限制的连续规范可靠性不大，因为其没有考虑到尽可能多的信息[见公式(7.7)]。它仅取决于渔船数量的变化。

$$TL_{(t+1)} = \frac{V_{tar}}{D_{max}V_t} \qquad (7.7a)$$

修改后的规范公式为看待管理过程提供了一个更完整的方式。管理者不用实施控制规定，仅观察整个过程的展开，就可做出调整。在该规范公式中，假定管理者在管制中不断地做出调整，但他们也会对成功或失败的预定基准做出周期性改变。继续假设 y_{tar} 是常数或 X 的函数，y_{tar} 和 TAC 可以互换使用。

连续性控制能够较容易地引入到我们的仿真模型中。除了公式(3.26)和(3.27)表示的资源量和渔船数量的变化，管制也会随时间而发生变化。以连续性渔期控制为例，公式(7.4a)是系统的第三个移动公式，它取决于设定 y_{tar} 的 TAC 是常数还是资源量的函数。渔期长度是第三个内生变量。平衡在 $X_{t+1}=X_t$、$V_{t+1}=V_t$、$D_{t+1}=D_t$ 同时满足时达到。

在这种情况下，我们必须再次修改对 PEC 和 EEC 的解释。正如 TAC 制度下的情况，PEC 被一条等于目标资源量的水平线代替。在连续性控制下，EEC 的概念是不合适的，因为有些定义 EEC 的变量将随时间发生变化。当资源量和渔船数量的变化以及管制终止时才会达到平衡。

理论上，连续性控制有可能获得 TAC 被有效执行时的生物成功。因为针对其他变量随时间的变化，管理者也会对受控变量做出相应的纠正。在 TAC 制度中，当达到允许捕捞量时，渔场关闭。允许作业时间随着资源量的增加会减小，在开放渔期中该变化是自动且实时的。渔期长度的连续管理策略也对允许捕捞时期做出调整，但其存在滞后，因为最好的情况也仅是根据当年的种群、船队和捕捞量(容易出错)设定下一年的渔期。

在本章的模型中，某连续确定性渔期长度方案的轨迹曲线类似于 TAC 制度(见恒定 TAC 下的图 7.9 和变化 TAC 下的图 7.12)。正如公式(7.4a)所指定的，唯一的区别是时间滞后性，两条轨迹都基于相同的目标资源量，尽管它们从当前位置开始的路径会稍微不同，但最终均会处于相同的平衡点。此外，平衡渔期长度在两个情况下将相同。

利用其他控制类型的连续性调整会得到相同的结果。连续性的 f、q、单次捕捞限制的轨迹与 TAC 下的相应轨迹类似。不同连续控制制度的变量平衡值表示在表 7.3 第 10~13 行。注意，所有情况均会在 X_{tar} 达到平衡；还应注意控制水平在连续过程中如何变化，例如，静态控制水平 D 为 98，没有达到 X_{tar}，但随着时间的推移，它会降为 28，并达到目标资源量。

注意，若将渔期长度直接降为 28 d，该制度将导致渔业最终在 X_{tar} 达到受控平衡。但是，最初没有简单的规范公式来确定它，这就是为什么连续过程非常必要的原因。当然，利用模型包含的信息，有可能达到 X_{tar} 的渔期长度，但是这类信息渔业机构通常无法获得。

还需注意，单次捕捞限制的平衡值与限制 f 的平衡值相同。当单次捕捞限制为 1.35 时，连续性控制将达到平衡，在该点下的 f 平衡值为 0.42。同时，当日捕捞努力量限制为 0.42 时，f 连续性控制将达到平衡，在该点下的日产量为 1.35。同样地，当总允许捕捞天数为 28 时，连续性渔期控制将达到平衡，平衡产量为 y_{tar}。

需要指出，TAC 有效执行的轨迹曲线与基于强势假设的连续性控制轨迹曲线具有相似性。两条轨迹均基于有效执行的假设，但连续性管理假设取决于数据的可用性和准确性以及政策的持续程度。通过分析静态控制的影响所提出的看法可能过于悲观了，连续性控制具有纠正静态控制错误的潜力，从而达到生物目标，但是它的潜在可靠性没有 TAC 制度高。

7.3.5　控制方案和渔船能力之间的关系

到目前为止的主要结论可以归纳如下：除了 TAC，其他静态控制规定无法成功获得生物目标。有效执行的 TAC 能够获得该目标，连续性控制方案也具有该潜力。但是，这是问题的结果吗？从纯生物角度来看，忽略不确定性的影响和控制中的政策影响，它可能是结果。但是，这是渔业管理和控制的生物经济分析。

下面通过考察不同类型管制的经济有效性来进行限制入渔制度的讨论。这可以通过引入一个受控平衡 PEC 的概念来解决。首先，再次考察图 7.4，它是第一个解释各种管制影响的图。一个结论是，降低捕捞季节长度将使生物平衡从未受控的 C 点移至受控平衡 D 点，其他渔期长度将导致不同的受控平衡点。换言之，这意味着，理论上任意资源量均可通过控制渔期长度的控制方案而获得，这仅需要找到适宜的渔期长度即可。这也适用于其他类型的管制，例如单次捕捞限制。通过收集特定控制类型下 (X, V) 区域的生物经济平衡点，定义受控平衡 PEC。受控平衡 PEC 也表示在图 7.4 中，它表示随着渔期长度由 D_{max}（无监管）降为 0（关闭渔业），平衡船队数量和资源量的组合。注意，它通过图中的平衡点 D。其他管制方案的相关受控平衡 PEC 表示在图 7.5～图 7.9 和图 7.12 中。

这些受控平衡 PEC 都表示在图 7.13 中。由于 TAC 的曲线与控制渔期的曲线相同，所以图中仅有 3 条 PEC 曲线。单次捕捞限制的曲线与控制日捕捞努力的曲线相同，其原因在上文已经做出解释。为了比较，还包含两条其他的曲线。标准公开入渔 PEC 是标记为 PEC$[f^*(X)]$ 的曲线。这里为了便于比较，另外添加了一个符号作为提醒，若渔船在该资源量下的产出利润最大化水平 $f^*(X)$ 处作业，该 PEC 表示从给定资源量中捕捞可持续产量所需的渔船数量。PEC$[f^*(X)]$ 曲线表示当渔船在 f_{min}（渔船在平均成本曲线最小处作业的日捕捞努力量水平）处作业，捕捞可持续产量所需的渔船数量。与表示特定控制方案下一定资源量所达到的渔船数量的受控平衡 PEC 相比，PEC(f_{min}) 表示以可能的最小成本在任意资源量下捕捞可持续产量的渔船数量。PEC(f_{min}) 和 PEC$[f^*(X)]$ 曲线均通过公开入渔平衡点，因为渔船在该点作业的 $f^*(X)$ 等于 f_{min}。

注意，PEC(f_{min}) 在 PEC$[f^*(X)]$ 的右侧。若对于 PEC$[f^*(X)]$ 曲线上给定的资源量，渔船的个人利润最大，那么，为什么 PEC(f_{min}) 表示该资源量下捕捞可持续产量最优渔船数量？这是因为在寻找整体船队的效益时，个体渔船利润不是主要的考虑因素，目标是以可能的最低成本捕捞可持续产量。两条曲线的水平差异由任意资源量下的事实所解释，在 f_{min} 处作业的大船队比在 f_{min} 处作业的小船队总成本更低[关于决定获得静态 MEY 的渔船数量和渔船作业最适组合的讨论在公式(3.20)～(3.22)附近]。

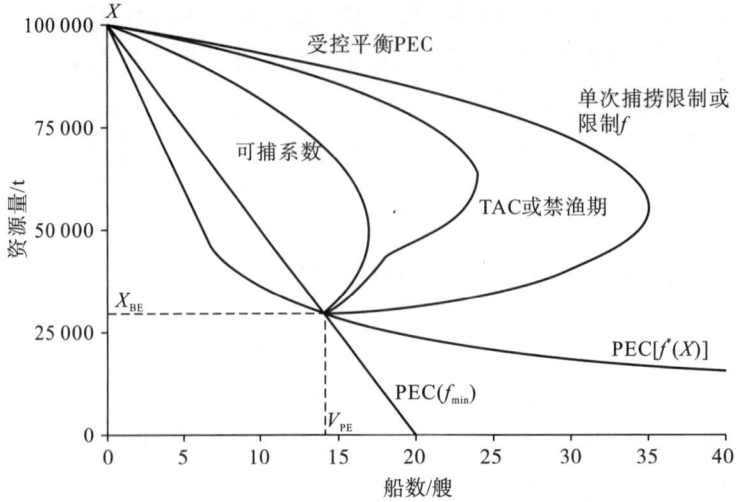

图 7.13 不同控制类型下的受控平衡 PEC

下面讨论图 7.13 中三个受控平衡 PEC，相关资源量是从公开入渔平衡 X_{BE} 至初始资源量 K。每种情况下的曲线均凹向纵轴，尽管曲线的形状很重要，但更重要的是基于所用特定参数的曲线之间的差异以及结果不具有一般性。

根据这些曲线，最初获得的平衡资源量与受控渔船数量之间呈正相关。从直观上看，这与两个因素有关：第一，随着资源量向 X_{MSY} 增加，可持续产量将增加；第二，由于管制所引起的低效率，获得任意捕捞量需要的渔船更多。最终，随着可持续产量在更高资源量处降低，与受控平衡资源量有关的渔船数量将降低。

但是，注意受控平衡 PEC 不会在可持续产量最大化 X_{MSY} 处达到最大渔船数量。每个资源量下的受控渔船数量等于使渔船利润降为 0 的值。换句话说，任意资源量所维持的受控平衡渔船数量取决于潜在利润的大小以及渔船成本结构如何被控制规定所影响。这么看来，TAC 制度下的最大渔船数量接近产生最大可持续利润的资源量 X_{MEY}。

解释这些曲线之间的水平差异非常具有启发性。首先，不同受控平衡 PEC 之间的差异表明不同的控制规定对渔船数量具有不同的影响。在本例中，单船渔获量限制将使渔船数量增加最大，但是这些结果无法推广到所有情况下，因为可能具有不同的影响。

某特定受控平衡 PEC 和 $PEC(f_{min})$ 之间的水平差异是低效率影响的表现。在任意资源量下，每种控制类型产生的渔船数量均会大于以最低成本获得可持续产量所必要的渔船数量。同样重要的是，在大多数情况下，船队中的个体渔船将无效作业，因为他们无法在其渔船产出水平下使成本最小化。

但是，这里存在一个有趣的弯曲。当运用传统公开入渔方法来增加平衡资源量时，最终的渔船数量将大于有效渔船数量。若不受控制的渔船被允许在该资源量下作业，其产出将是小于有效渔船数量的船队才能获得可持续产量。

前几节的讨论已经表明，传统公开入渔管制增加平衡资源量唯一的方法是增加捕捞成本。尽管公开入渔管制能够增加平衡资源量，但也会影响渔船数量和渔船的作业方式。在大多数情况下，超过受控的相关范围，资源量的增加将会间接增加渔船数量，更重要的是，渔船数量将大于捕捞可持续产量所需的数量。在大多数情况下，不仅会存在大量的渔船，而且其个体作业效率也会很低，在某种意义上，他们可以用更低的单位成本获得其产出。

此外，对比分析表明，控制类型的选择将决定渔船数量如何被影响。尽管理论上所有的控制方案均能获得期望资源量，但其对渔船数量和渔船作业将有不同的影响。

这些结果的其他影响也非常值得注意。参与者的数量将会对受控渔业的日常作业产生显著的影响。首先，参与者数量越多，监测其渔业行为会更困难，且成本更高。此外，参与者过多会增加政治上的困难，即阻碍了追踪适宜管理措施(见第 6 章)。

同样需要记住，一旦渔船建造完毕，它们不会消失，渔船在正常使用时期内会一直存在。若捕捞能力过剩，即当前渔船数量大于获得期望捕捞量所需的渔船数量，那是由于随着渔业沿着轨迹移向平衡中同时发生公开入渔所引起的(见上文)。需要注意，这也可能是管理计划预期外的结果。无论哪种方式，在移向一个更合理地管理模式的过程中，参与者数量越多困难也会越多。

7.4　限制入渔控制

下面来讨论限制入渔控制。首先引入限制许可制度。它们是限制入渔控制中的投入部分，然后我们讨论基于产出的限制入渔控制—ITQ。

在本书的前几章，我们证明了渔业公开入渔利用(不限制参与者数量或行为)将导致生物和经济问题。本章关于公开入渔管制的讨论表明，即使存在管制也会存在一些严重的问题。精心设计的控制方案可能无法获得生物目标，甚至即使成功，公开入渔管制也会直接或间接使渔船数量大于所需数量。有效的方法是限制参与者数量。尽管根据上面的讨论这可能是合理的，但是直到最近它都没有被考虑，因为它将彻底的改变渔业开发的方式。第一个重要的许可证限制制度是在 1968 年英国哥伦比亚鲑鱼渔业中引入的(Morehouse，1980)。随着时间的推移，在绝大多数西方国家，因为政治和文化原因，人们已经习惯了相对自由地进入渔业，政府一直在犹豫是否要限制入渔。由于受控公开入渔渔业的缺乏，如今在大多地方尽管它确实无法被普遍接受，但也是一个可行的选择。

7.4.1　限制许可制度

根据前文的分析，限制许可制度的讨论非常简洁。首先说明基本情况即限制参与者数量是唯一控制形式的影响，然后考虑限制参与者数量也会受到补充性投入或产出限制影响的情况。分析的一个有益方面是更深入地讨论产生捕捞努力的最适方式。

下文列举了一些关于结果的注意事项，为了简化理论讨论，假定限制许可证被发放给渔船。没有许可证，渔船不能进行作业。我们从一个简单的几何解释开始，然后讨论涉及的细微差别。正如我们之前的讨论，需要说明 PEC、EEC 或其操作等价物如何随管制而变化。在在公开入渔条件下，平衡发生在 PEC 和 EEC 相交处。纯许可证限制制度对 PEC 没有影响，但它会影响 EEC 作业的 (X, V) 区域。为了与前面的讨论联系起来，假定限制制度已经用公式(7.3)建立起来，也就是说，已经设定了渔船数量以便获得与其他静态控制相同的短期目标。图 7.14 的垂直虚线表示该控制方案下允许的渔船数量。

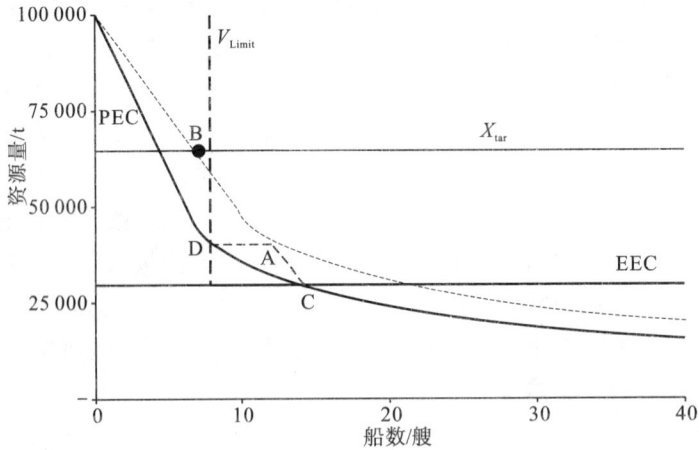

图 7.14　限制许可制度下的 PEC、EEC 和轨迹变化情况

　　假定像之前一样，控制规则可以被执行。不考虑渔船利润水平，渔船数量不能超过 V_{limit}。作业渔船平衡曲线是 V_{limit} 外的 EEC，它在 V_{limit} 之后均为垂线。受控平衡发生在 PEC 和作业渔船平衡曲线相交处(见图 7.14 的 D 点)。短期影响由从当前点 A 开始的受控轨迹表示，渔船数量会立即降为 V_{limit}。在这种特殊情况下，渔船数量的立即降低会使渔业非常接近 V_{limit} 曲线与 PEC 相交处的受控平衡，该平衡点的变量值表示在表 7.3 第 14行。与其他静态控制类似，根据当前所需降低的捕捞量而制定的渔船限制无法成功获得 X_{tar}。但是，由于限制入渔，捕捞努力量二次扩张的主要来源受阻，导致与 C 点和 D 点相比，平衡资源量增加。

　　一个重要的结论是：在某种程度上，许可证限制制度确实对渔船数量强加了一个具有约束力的限制，它将导致平衡资源量增加，使得 PEC 向下倾斜。一个具有约束力的 V_{limit} 限制将与 PEC 相交于一个更高的资源量，限制越严格，平衡资源量增加得越大。

　　由此可见，许可证限制制度不存在长期影响，除非它对渔船数量施加一个具有约束力的限制。若实际上存在其他的管制方案(见下文)，限制的船数必须小于公开入渔或受控平衡的渔船数量。当价格、成本和技术变化时，该范围外的限制可以防止进一步扩张；此外，许可证限制制度还会影响公开入渔轨迹，但不存在长期影响。

　　由于政治上的限制，实际管理中许可证数量过多，并且对渔业开发者的约束很小。当然，这只是实施问题，而不是该制度的理论运作问题。

　　限制许可制度不仅能增加资源量，而且能在受控平衡时产生正利润。这是因为渔船进入受到规则的制约，它不会被公开入渔下零利润的经济约束所阻止，最终所有的渔业租金不会通过公开入渔而消失。注意，受控平衡 D 点高于 EEC，这意味着渔船利润为正，这表示在表 7.2 的最后一列中。单位鱼产品的成本不再移至我们假定的 17.00 美元，剩余的渔船也会获利，下面对此有更详细的介绍。

当我们换个角度来看这个问题时会发现，尽管由于其本身的性质，许可证限制制度能够增加资源量，但却不能将其作为一个主要的工具来控制。许可证数量不能被连续地改变，但在同样的方式下，单船捕捞量限制和关闭渔期却可以。仅观察 V_{limit} 曲线变化的影响，忽略轨迹移向新平衡所需的时间。

需要注意的一点是，我们的结论是基于价格、成本、技术不变的假设基础。在限制许可制度下，剩余的渔船具有增加价格、减少成本、改善技术的激励。价格和成本的变化只能改变利润大小，但是技术的改善会降低 PEC，这意味着一些生物收益将丢失。有趣的是，限制入渔所获得的利润为市场和技术改善提供了激励和资金来源。

许可证数量不能频繁变化并不意味着无法对种群进行必要的改善。传统的投入和产出控制可以作为许可证限制制度的补充控制，分析其影响非常简单，实施上面讨论的任何投入或产出控制的结果均是 PEC 向右上方移动。包含补充性控制的限制许可制度下的受控平衡资源量将出现在受控 PEC 和 V_{limit} 曲线上。根据受控 PEC 沿着 V_{limit} 曲线移动的距离，补充性控制将使生物经济平衡处的资源量进一步增长。例如，考虑表示控制捕捞季节长度为 98 d 的图 7.4，该控制下的受控 PEC 是图 7.14 中用细虚线表示的向下倾斜曲线。若在许可证限制制度上增加一个捕捞季节长度为 98 d 的补充限制，则受控平衡资源量将发生于该曲线与 V_{limit} 曲线相交的 B 点。

在这种情况下，考虑表示在图 7.12 的 TAC 制度。受控平衡位于 D 点，通过在 D 点左侧任意处增加 V_{limit} 曲线，引入限制许可制度，得到一个不同的受控平衡，新的平衡发生在 V_{limit} 与 PEC 相交处。因为 PEC 是水平的，所以补充性控制不会增加资源量，但却有利于渔船扩张。由于新的平衡发生在 $V_{\pi=0}$ 曲线左侧，所以渔船会盈利。

从第一个例子我们可以得出，对许可证限制制度增加补充性控制会使资源量进一步增加。但是，最后一个例子表明，在 TAC 制度中增加许可证限制制度，并加入一些连续性控制方案，可以防止发生于公开入渔中的所有渔船扩张。在 TAC 制度下，渔船数量更少且渔期更长，但它仍小于 D_{max}，这意味着经济效率较低的问题仍存在。

下面更详细地讨论这些结果的经济影响。我们已经证实了限制入渔能够使渔船在受控生物平衡处获得利润，尽管补充性控制能够使平衡资源量增加，但它们对净收益大小有什么影响呢？答案取决于公式(3.19)~(3.21)表示的渔业最适利用的通解，它不仅确定了最优捕捞努力量，而且确定了渔船数量及其产生的日捕捞努力量的最优组合。公开入渔的渔业不会产生最优组合的原因在于：总渔船数和日捕捞努力量的决定因素是基于不同标准的个人决策，而不是那些用于确定最适捕捞努力量的标准。

某一许可证限制制度只能用于公开入渔至最适利用过程的部分阶段。降低公开入渔的渔船数量将产生利润，因为捕捞努力量会降低，但是它仅能偶然获得最适渔船数量。由于上述原因，不管固定渔船数量有多大，个体所有者对捕捞努力量作出决策都是基于私人利益最大化而不是考虑了相互影响的整体利益最大化。

在受控平衡时，每艘渔船根据 $f^*(X)$ 函数产生捕捞努力量。运用公式(3.21)，给定渔船数量 V_{limit}，可获得次优的日捕捞努力量。通过归纳我们可以得出，在某种程度上，在无其他控制条件下的许可证限制制度中增加日捕捞努力补充限制，将会增加平衡资源量和个体作业者的净收益。其他类型的补充控制也会增加平衡资源量和净收益，这取决于资源量、可持续产量和捕捞努力量成本变化的净效应。例如，与控制 f 相比，控制捕捞季节对捕捞努力量成本会产生不同的影响；此外，由于限制捕捞天数导致的捕捞努力量降低会消失，因为降低日捕捞努力量 f 会增加资源量。

从该理论的讨论可以推导出一个有趣的现象：对于许可证限制渔业，在剩余的允许参与者中存在协商自愿接受补充控制的可能性。若参与者数量较小，相互之间了解彼此的行为，在了解个人的长期收益会因为执行渔船限制而增加的情况下，参与者可能会一致同意减小日捕捞努力量（见 Ostrom et al.，1994）。

赎回是另一种控制捕捞努力量的方式。顾名思义，赎回是通过从个体所有者手中购买渔船，使这些渔船退出渔业，从而降低潜在捕捞努力量。鉴于篇幅限制，这里就不对其进行详细讨论，感兴趣的读者可以阅读本章后面的参考文献。

根据上面的讨论可以得到几个结论。首先，当无许可证限制制度时，赎回只是一个临时的方法。其次，若渔业处于船数降低的轨迹上，则可能不需要赎回。正常退出会使渔船数量降至平衡水平；赎回可能会加快退出，并为退出者提供资金帮助。总体来说，赎回会在轨迹上产生一个突跃，但船队恢复至平衡路径，不存在长期利润。此外，渔船数量的暂时性变化是一种很粗略的控制手段，很难对其进行设定并使其达到目标资源量。但渔船数量是一个具有弹性的限制，因为随着资源量的增加，剩余渔船会增加捕捞努力量，也可以通过改善技术从而不受资源量的影响。

分析表明，许可证限制制度是现代渔业管理体制中的一个非常重要的部分。它可以显著改善传统管理的效果，具有增加平衡资源量和获得净收益的潜力，同时还可以纠正一些公开入渔带来的浪费问题。此外，在实施这些制度时还有一些重要的注意事项需要加以考虑，尽管这些注意事项没有指出致命的缺陷，但它们指出了实施这些方案需要考虑的重要问题。

首先需要强调，有利的结果取决于模型的基本假设，模型必须令当前技术水平为某一定值。随着时间的变化，技术也会发生变化，更直接地说，这是一个基于投入的方案，技术具有改变的趋势，导致投入限制的约束力更小。从模型来看，这意味着 PEC 向上移动后，随后可能会产生由于技术变化的向下移动。资源量的增加和经济收益可能是暂时的。

其次，该模型假设渔船是同种类型，且许可证能够分发给个体渔船。当然，现实中渔船存在许多类型，基于技术改善，每艘渔船能够频繁且独立地进行升级。在某些情况下，许可几种渔具例如渔业陷阱可能更合适。无论出现何种情况，均很难找到合适的捕捞努力量。一只 100 m 长的渔船的捕捞努力量不等于一只 200 m 长的渔船，且两只 100 m 长的渔船与一只 200 m 长的渔船的捕捞努力量也不相等，一只船向另一只船转移捕捞许可证或者渔船需要被替换时，会出现问题。真正的问题是：在许可证限制制度下，捕捞能力如何随时间被限制在固定值内。关于涉及的实际问题的细节，参见本章参考文献。

最后需要注意的是：尽管理论正确，将该讨论推广至普遍情况并考虑限制船数可能伴随着限制日捕捞努力量将是理论上的飞跃，然后在其他类型的控制下，最终获得适宜的渔船数量以适当方式作业。这是关于 ITQ 讨论的一个很好的延续，由于许可证性质的差异，参与者具有激励使 TAC 产生最大的效率，从而使经济收益最大化。

7.4.2 限制入渔许可

7.4.2.1 引言

下面来讨论限制入渔许可(LAP),如前所述,它最初被称为个人可转让配额(ITQ)。其目的是为了表明,从基于投入的许可制度转变为基于产出的许可制度,如何对获得生物目标提供一个更好的基础以及为最佳渔船作业提供激励。

该分析的主要内容是,一个有效的 LAP 制度能够提供激励,从而达到每个阶段的目标产量,并使捕捞 TAC 的成本最小。完成该过程有些复杂,而且其工作原理也很复杂。下面对该过程的各部分进行简要描述,然后详细地描述各部分的情况,从而得到一个一般性结论。

捕捞许可证是 LAP 制度的核心,它成为处理由于缺乏个人所有权所引起问题的代替物。捕捞许可证已成为宝贵的资产,其市场价格由其相对稀缺度所决定。参与者将采取利润最大化的行为,但一个重要的区别是,他们将对其渔船及其必要许可证的使用或收购的共同使用做出决策。在给定 TAC 和一个有效执行制度的条件下,许可证市场的运作将保证任意资源量和船队大小组合下产生的个体渔船利润最大化的捕捞努力量与捕捞 TAC 的水平保持一致,并使总成本最小化。由该高效生产所产生的租金属于许可证的所有者,尽管渔船所有者将获得正常收益,但许可证市场的运作能防止发生于公开入渔下的租金耗散。渔船、资源量、TAC(若它为资源量的函数)随时间发生变化,这些结果将沿着受控渔业轨迹有规律的出现。在受控生物经济平衡处,TAC 制度和许可证市场的运作将使捕捞量等于目标资源量的生长量,并产生一个最优船队(它以最有效的作业方式捕捞该产量)。

解释该过程需要讨论 LAP 制度的制定、许可证市场的运作、参与者静态利润最大化行为以及动态渔业的广泛影响。下面进行讨论。

7.4.2.2 LAP 制度的介绍

根据本小节的目的,我们将介绍 LAP 制度获得上述结果所必需的组成。在实际渔业中,根据渔业的性质和期望获得的特定目标(见讨论和下文的参考文献),设计一个实际的 LAP 制度有很多种方式。

LAP 制度的生物组成是 TAC,其中允许年捕捞量是一个固定值或作为资源量函数来指定。就 TAC 制度来说,它必须得到贯彻执行。在这种情况下,不仅要防止实际捕捞量超过总可捕量,而且必须保证任何渔船在无许可证时均无法使渔获物上岸。执行能力对该制度获得生物成功非常重要,而且对经济因素的影响也很重要。假如无许可证的作业者能够使渔获物上岸,则许可证的价值会降低,其市场价值将无法产生期望结果。

许可证数量和 TAC 之间存在直接关系。同样,若 TAC 是资源量函数,必须采取方法使允许捕捞量改变。若捕捞许可制度分为两个层次,这最容易实现。配额份额(quota share,QS)可参考根据 TAC 百分比签发的许可证数量。每年配额份额(QS)将产生年捕捞许可量(annual harvest permit,AHP),用单位鱼进行测量。若 QS 等于 10% 的 TAC,

每年产生的许可捕捞量等于 10%TAC。必须保证 QS 许可是持久的,只要该制度仍然有效,就会产生 AHP。另一方面,AHP 是短期年捕捞许可量,它只适用于其发布年份。

为了使制度像计划的那样运作,QS 和 AHP 必须均可分且可自由转让。下面我们将介绍单位 AHP 市场价格如何被决定。单位 QS 价值是 AHP 流产生的现值。根据种群情况,不仅任意年份的允许捕捞量会发生变化,而且还存在极大的不确定性。这里的讨论集中在年许可捕捞量 AHP 的市场价值,它们位于运作系统的中心。

尽管 QS 许可的初始分配是一个存在严重政治和分布影响的政策问题,但由于可转移性,它对最终结果没有影响(更多细节见下面的参考文献中关于不同类型初始分配制度的利弊)。

7.4.2.3 AHP 市场

LAP 制度的基本工作方式可以通过探讨 AHP 的可转让性来分析。需要注意的是,AHP 是对某一年捕捞一定产量的许可。若 AHP 是可转让的,则 AHP 所有者可以选择对其进行购买或出售。由于捕捞量只有被相应的单位 AHP 所支持时才成为可能,所以我们将单位 AHP 控制看做产量的同义词。若 AHP 所有者不想使用 AHP,那么他可以出售。若某 AHP 制度需要执行,则必须存在一个能够产生平衡年交易价格 P^*_{AHP} 的许可市场。这里存在两个问题:第一,在任意一年,如何确定 AHP 的平衡价格?第二,现有的 AHP 数量如何分配给当前船队?

考虑 AHP 市场的运作,像其他价格一样,P^*_{AHP} 由 AHP 的需求和供应曲线所决定。由于种群和船队大小的变化,两条曲线都会随时间发生变化。供应曲线是一条等于当年 TAC 的垂线。若 TAC 是资源量的函数,随着资源量变化,它将随时间而变化。

AHP 需求曲线是一个派生需求,因为人们愿意支付的捕捞权取决于捕捞单位鱼所获得的净收益。从捕获的产量中能够获得多少收益以及使渔获物上岸需要多少成本?单位 AHP 的需求(或支付的边际意愿)等于鱼价减去边际成本 MC(y)。

为了计算 MC(y),有必要将用于衡量的捕捞努力量成本转换为渔获量成本。根据任意时间点的船队大小 V_t,捕捞努力量的总成本($E_t = V_t D_{\max} f_t$)为

$$\text{船队:TC}(E_t) = \text{TC}(V_t, f_t)$$
$$\text{TC}(E_t) = V_t D_{\max}(c_i f_t + c_s f_t^2) + V_t \text{FC} \tag{7.23}$$

短期渔船产量函数为

$$y_t = V_t D_{\max} f_t q V_t \tag{7.24}$$

在一定的 X 和 V 组合下,捕捞一定产量所需的单位渔船日捕捞努力量水平为

$$f_t = \frac{y_t}{V_t D_{\max} q X_t} \tag{7.25}$$

将公式(7.25)代入公式(7.23)得到渔船产出的总成本公式,简化后得到:

$$\text{渔船:TC}(y_t) = \text{TC}(y_t, V_t, X_t)$$
$$\text{TC}(y_t) = \frac{c_i y_t}{q X_t} + \frac{c_s y^2}{V_t D_{\max} q^2 X_t^2} + V_t \text{FC} \tag{7.26}$$

总上岸量的成本不仅与其产量大小相关,也与当前资源量和船队的大小有关,并且

会随着产量的增加而增加。但是，当产量一定时，该成本会随着资源量的增加而降低，因为资源量的增加会使捕捞努力量的能力增加。在一定产出水平上增加渔船数量的影响是不确定的。由于单位渔船捕捞努力量的边际成本递增，所以相同产量下单位渔船的捕捞努力量更低，导致捕捞成本降低。此外，渔船数量增加会使固定成本增加，总成本取决于渔船数量及其作业方式。

给定单位渔船能够产生的最大日捕捞努力量，还存在一个基于渔船数量的最大捕捞量。公式(7.26)的产出水平不能高于 $V_t D_{max} q X_t \max f$，这在下面有专门的解释[见公式(7.31)]。

AHP 的年需求曲线可以表示如下：

$$P_{\text{AHP}(t)} = P - \text{MC}(y_t, X_t, V_t) \tag{7.27}$$

函数 $\text{MC}(y_t, X_t, V_t)$ 是公式(7.26)总成本函数的一阶导数：

$$\text{MC}(y_t, X_t, V_t) = \frac{c_i}{qX_t} + \frac{2c_s y_t}{V_t D_{max} q^2 X_t^2} \tag{7.28}$$

AHP 的需求曲线随着渔船数量增加会向右移动，反之亦然。此外，V 的增加将会增加其价格。

在 TAC 是资源量函数的假设下，资源量增加会使需求和供应曲线均向右移动，它对 P^*_{AHP} 的影响是不确定的，需求曲线的移动会增加其价格。与此同时，供应曲线会降低其价格，净效应取决于两条曲线移动的相对大小。我们在下面将看到，价格的这种变化是实现受控生物经济平衡的一个重要过程。

掌握它的一个很好的方法是，$P^*_{\text{AHP}(t)}$ 是根据渔船所有者互相竞争获得捕捞许可来设定的。为了竞争成功，渔船所有者必须提出尽可能高的价格，这就是为什么用 D_{max} 计算渔获物的边际成本。在其他条件相同的情况下，若渔船在整个渔期作业，单位 AHP 的边际支付意愿处于其最高水平。由于日捕捞努力量降低，导致任意产量下的边际成本降低。尽管 TAC 制度中的激励会缩短渔期长度，但 LAP 制度产生了相反的激励。

当前船队和种群组合下的 AHP 需求以及供应曲线表示在图 7.15 中，当前平衡价格位于其相交处。由此可见，AHP 平衡价格为

$$P^*_{\text{AHP}(t)} = P - \text{MC}[\text{TAC}(X_t), X_t, V_t] = P - \frac{c_i}{qX_t} + \frac{2c_s \text{TAC}(X_t)}{V_t D_{max} q^2 X_t^2} \tag{7.29}$$

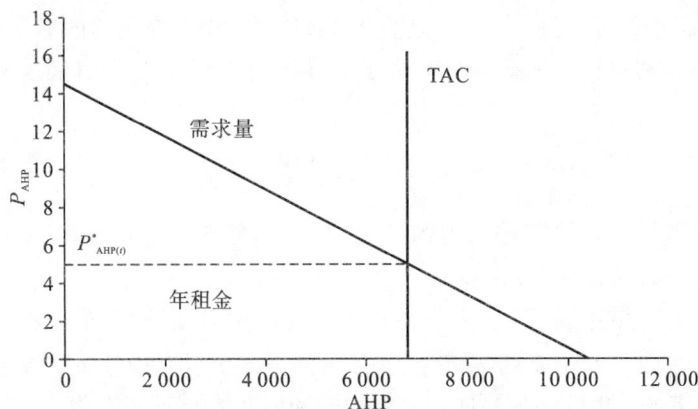

图 7.15　年捕捞量许可的需求和供应曲线

当前年份获得的年租金是 AHP 的总市场价值，这是渔获物价值与捕捞它的所需最小捕捞成本之间的区别。

总之，AHP 是资本，其价值取决于人们愿意支付的价格。任意时期的平衡价格取决于当前船队、资源量和 TAC 的大小。根据我们的标准图，预测下面的讨论，一旦决定 TAC 的规则被设定，$(X，V)$ 范围内的任意点都将产生一个平衡 $P^*_{\mathrm{AHP}(t)}$。

7.4.2.4 利润最大化行为

LAP 制度不会改变渔船所有者的基本目标或激励。仍假定渔船所有者目标是使渔船年利润最大化，但是规则中存在变化，因为所有的单位上岸渔获量都需要获得单位 AHP。由于这一变化，年渔船利润函数变为

$$\prod (\mathrm{LAP})_{v(t)} = D_{\max}(P - P^*_{\mathrm{AHP}(t)})qX_t f_t^*(\mathrm{LAP}) - c_i f_t^*(\mathrm{LAP})$$
$$- c_s \left[f_t^*(\mathrm{LAP}) \right]^2 - \mathrm{FC} \tag{7.30}$$

这类似于普通渔船利润函数[见公式(3.11b)]，常用于确定收益和最适日捕捞努力量水平。渔船所有者通过出售渔获物获得 P，但是他必须支付 $P^*_{\mathrm{AHP}(t)}$ 以获得必要的 AHP，或通过使用个人持有的 AHP 而不将其售出，放弃相同的数量。

对于同时拥有渔船和 AHP 的个人来说，问题是如何使渔船和 AHP 净收益总和最大化。若 AHP 在市场上售出所获得的收益更高，则渔船仅使用个人 AHP。运用公式(7.30)能够获得共同最大利润，需要注意的是渔船利润是从 AHP 所有者那里获得的净租金。我们在下面会更详细地讨论 AHP 利用的该方面，但是现在继续分析参与者的行为。

对于给定 LAP 下的渔船利润函数，根据下面公式，通过选择最适日捕捞努力量从而使渔船现利润最大化：

$$f_t^*(\mathrm{LAP}) = \begin{cases} \min \left\{ \dfrac{(P - P^*_{\mathrm{AHP}(t)})qX_t - c_i}{2c_s}, \max f \right\}, & 若 \dfrac{(P - P^*_{\mathrm{AHP}(t)})qX_t - c_i}{2c_s} \geqslant 0 \\ 0, & 若 \dfrac{(P - P^*_{\mathrm{AHP}(t)})qX_t - c_i}{2c_s} < 0 \end{cases}$$
$$\tag{7.31}$$

该决策规则严格类似于上文的 $f^*(X)$ 规定，除了鱼的净价格被市场价格替代[见公式(3.14)]。上面的介绍认为，在一个运行的 LAP 制度中，在当前的船队和种群大小下，利润最大化的捕捞努力量水平是捕捞当前 TAC 所需的大小。将该日捕捞努力量水平记为 f_{TAC}，它的计算公式如下：

$$f_{\mathrm{TAC}(t)} = \frac{\mathrm{TAC}}{V_t q D_{\max} X_t} \tag{7.32}$$

尽管操作有些麻烦，但它直接表示了 $f_t^*(\mathrm{LAP})$ 等于 $f_{\mathrm{TAC}(t)}$。将公式(7.29)代入公式(7.31)，简化后即可得到公式(7.32)。

总捕捞努力量保持在捕捞 TAC 的水平上是由于 AHP 市场运作有效执行的假设。重要的是总捕捞努力量的产生方式，捕捞 TAC 的必须捕捞努力量分布于现存船队的方式有很多。由 AHP 市场产生的结果将使在一定种群和船队大小下所获得 TAC 的可变成本最小，而且无论 AHP 的分布方式如何，该结果均会发生。该结论在下面会详细讨论。

7.4.2.5　LAP 制度下的动态

现在我们来讨论 LAP 制度下的完整动态分析。我们用图 7.16 作为讨论的基础，它与前图的相似性将在下面介绍。与图 7.9 中第一个 TAC 分析一样，首先假设 TAC 恒定。我们还讨论了当 TAC 随着资源量而变化的情况（如图 7.12 第二个 TAC 例子），存在一些有趣的差异。

移动公式为

$$V_{(t+1)} = V_t + \varphi_1 \pi(\text{LAP})_{v(t)} \tag{7.33}$$

$$X_{(t+1)} = X_t + G(X_t) - V_t q f_t^*(\text{LAP}) X_t \tag{7.34}$$

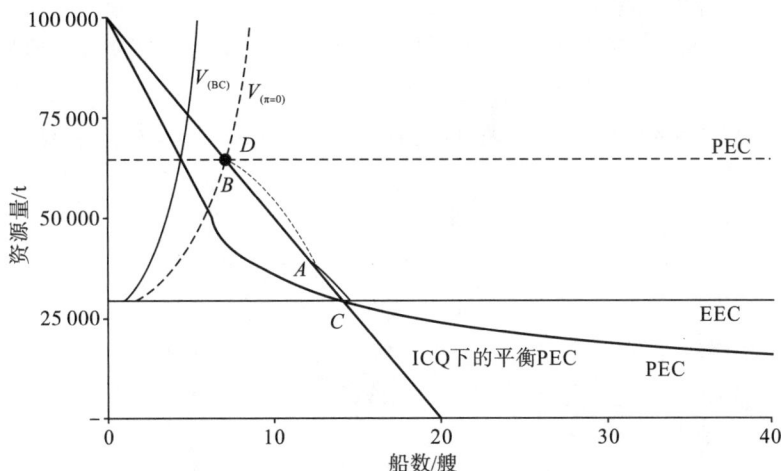

图 7.16　LAP 制度的轨迹下的 PEC、EEC 和轨迹变化情况

同样，它们与前面的讨论类似。这里重复是为了强调 LAP 制度下渔船进入和退出是任意 AHP 租金下渔船净利润的函数。这是解释如何使最终结果为最有效船队的一个重要方面。

LAP 制度下的 PEC 与 TAC 制度下的 PEC 相同。位于平衡资源量时，它是一条水平线。在恒定 TAC 下，存在两条曲线。LAP 制度下也会存在 $V_{(\pi=0)}$ 和 $V_{(\text{BC})}$ 曲线的等价物，但是它们的公式不同。

$V_{(\text{BC})}$ 的目的是将 (X, V) 区域分为 TAC 具有约束和 TAC 不具有约束两个部分。在 LAP 制度下该曲线的公式为

$$V(\text{LAP})_{(\text{BC})} = \frac{\text{TAC}}{q D_{\max} X_{\max} f} \tag{7.35}$$

它与 TAC 制度的等价公式不同，因为 $f_t^*(X)$ 被 $f_{\max}$ 替代。若当前船队在 $D_{\max}$ 处作业时无法获得允许捕捞量，则 TAC 限制不具有约束性。同样，若日捕捞努力量等于 $f_{\max}$ 时船队无法获得 TAC，则其在 LAP 制度中也不具有约束性。见公式 (7.31)，$V(\text{LAP})_{(\text{BC})}$ 是任意 X 下捕捞 TAC 的最小渔船数量。

$V_{(\pi=0)}$ 曲线将 (X, V) 区域分为渔船利润为正和负的部分，以便识别渔船数量增加或减少的区域。只有渔船在其捕捞努力平均成本曲线的最小处作业时，其利润才为零。它

出现在日捕捞努力量等于 f_{min} 处[见公式(3.9)]。此外，LAP 制度下零利润曲线的公式为

$$V(LAP)_{(\pi=0)} = \frac{TAC}{f_{min}qD_{max}X} \qquad (7.36)$$

对于曲线上的任意点，公式(7.31)的最适 f 为 f_{min}。

这种情况下的 $V(LAP)_{(\pi=0)}$ 和 $V(LAP)_{(BC)}$ 表示在图 7.16 中。对位于 $V(LAP)_{(\pi=0)}$ 曲线右侧和标准 EEC 下部的所有点，渔船数量均将降低，使用 AHP 的净收益为负。对 $V(LAP)_{(\pi=0)}$ 曲线左侧和标准 EEC 上部的所有点，则出现相反的情况。

位于 $V(LAP)_{(BC)}$ 曲线左侧的点，TAC 是一个不具有约束的限制。即使渔船以最大功率进行作业，也无法获得 TAC。在这种情况下，AHP 需求曲线在正象限与 TAC 曲线不相交，所以 P_{AHP} 等于 0。

同样，由于 TAC 在 $V(LAP)_{(BC)}$ 曲线左侧不具有约束，应该用标准 PEC 确定资源量的变化。通常位于新 PEC 上部的点，其资源量会降低；但是，标准 PEC 上部和 $V(LAP)_{(BC)}$ 曲线左侧的区域不会出现这种情况，因为 TAC 不具有约束力，资源量在该区域会降低。

分析图 7.16 之前，首先根据 LAP 规则制度的必要组成探讨隐藏在 (X, V) 区域每个点中的信息。在 TAC 制度下，有效执行的假设意味着存在一个与每组 (X, V) 有关的特定渔期长度，以保证不会超过 TAC[见公式(7.16)]。在 LAP 制度下，渔期长度仍为 D_{max}，规则所控制的变量为 f。对于任意 X 和 V 的组合，存在获得 TAC 的必须 f[见公式(7.32)]。此外，我们已经证实 AHP 市场将产生 P_{AHP}^*，从而为渔船产生该水平提供激励。

更详细地说，对 (X, V) 区域的任意点，在 LAP 和 TAC 制度下向左移动意味着相关的 f_{TAC} 将增加。在更少的渔船下，获得 TAC 的日捕捞努力量更大。向上移动将引起相关的 f_{TAC} 降低，在更高的资源量下获得 TAC 的单位渔船捕捞努力量更小。

关键是存在一个内生因素使系统沿着正确的路径移动。在 TAC 制度下，有效执行确保了渔期长度将使实际捕捞量位于允许捕捞量范围内。在 LAP 制度下，有效实施包含可转移性的利润最大化行为确保了使 f 位于适当水平的 AHP 价格。

在这种情况下，利用公式(7.33)和(7.34)产生的轨迹从当前点 A 移至点 B，当前点位于 $V(LAP)_{(\pi=0)}$ 曲线的右侧。由于渔船的收益为负，导致渔船数量下降。渔业最终位于目标资源量，且船队也是最有效的。不同的当前点具有不同的轨迹，但它们最终会达到相同的生物经济平衡点。正如 TAC 的例子，若使用恒定 TAC，达到平衡的路径更陡峭；但是，给定该现状点，它能达到相同的平衡。位于较低 PEC 下部的当前点，平衡将为公开入渔平衡，LAP 制度不会改变运用不具有约束的 TAC 的结果。

沿着轨迹，P_{AHP}^* 不断发生变化，这是系统的驱动力(图 7.17)。P_{AHP}^* 的变化类似于 TAC 制度下渔期长度的变化，实线代表一个恒定 TAC 下的价格时间路径。注意，它源于表示在图 7.15 中相同的 P_{AHP}^*。沿着轨迹，渔船数量降低且资源量增加。资源量变化对价格的正面影响大于渔船数量降低的负面影响。P_{AHP}^* 随时间单调递增，当达到受控生物经济平衡时，P_{AHP}^* 也达到了一个稳定平衡值。由于平衡位于 $V(LAP)_{(\pi=0)}$ 曲线上，则 f 等于 f_{min}。渔船将在渔船平均成本曲线最小处作业，这意味着捕捞努力量的边际成本

与平均成本相等。对于给定的种群和捕捞水平，我们将拥有最有效的作业船队。从表 7.3 得出，平衡捕捞平均成本为 $\$7.73$；平衡 P_{AHP}^* 为 $\$9.27$，即鱼价减去鱼的平均成本。根据上面的推论，渔获物的平均成本等于边际成本。

图 7.17 中的虚线表示变化的 TAC 下 P_{AHP}^* 时间路径。TAC 最初较小，随着资源量的增加而增加。在这种情况下，P_{AHP}^* 大于平衡值，这是由于当前船队大小与现在相比降低了 TAC。该 TAC 的产量需要更低的 f，从而使捕捞努力量的边际成本降低。这意味着 AHP 的值更高，因为能够以一个更低的成本获得渔获物。但是，为什么恰好是 P_{AHP}^* 暂时超过了平衡值？鉴于庞大的当前船队，每艘渔船均在低捕捞努力水平下作业只是暂时有效。渔船能够补偿其可变成本，但却无法补偿其固定成本。随着渔船数量降低，f 的有效水平增加，且 P_{AHP}^* 降低。

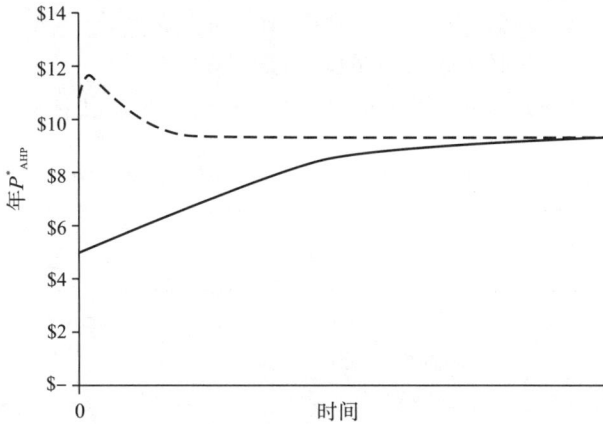

图 7.17 年捕捞许可的价格随时间的变化情况

在继续讨论之前，我们回到图 7.13 总结的受控平衡 PEC 概念。它表明当某目标资源量被一种特定类型的规则所获得时，将出现受控平衡船队数量。通过该分析得出，LAP 制度下，受控平衡 PEC 与图中的 PEC($f_{\min}$) 相同。无论 LAP 获得的资源量为多大（这当然取决于 TAC 的大小），平衡船队大小都是最有效的。

7.4.2.6 渔船行为的详细讨论

下面详细讨论拥有 AHP 的渔船所有者的联合决策，我们根据鱼类而不是捕捞努力量的渔船利润最大化行为来对此进行研究。

在某种程度上，可以用类似于推导工业鱼产品边际成本公式的方式来推导关于鱼类的渔船成本函数。关于捕捞努力量的总渔船成本为

$$\mathrm{TC}(f) = D_{\max}(c_i f + c_s f^2) + \mathrm{FC} \tag{7.37}$$

由于 $\dfrac{y}{q D_{\max} X_t}$ 是产生一定水平 y 的日捕捞努力量，用它代替公式(7.37)中的 f 得到一定资源量下关于 y 的渔船成本函数：

$$\mathrm{TC}(y) = \frac{c_i y}{q X_i} + \frac{c_s y^2}{D_{\max} q^2 X_t^2} + \mathrm{FC} \tag{7.38}$$

关于渔获物的渔船边际成本、平均成本以及平均可变成本的公式如下：

$$MC(y) = \frac{c_i}{qX_t} + \frac{2c_s y}{D_{\max}q^2 X_t^2} \tag{7.39}$$

$$AC(y) = \frac{c_i}{qX_t} + \frac{c_s y}{D_{\max}q^2 X_t^2} + \frac{FC}{y} \tag{7.40}$$

$$AVC(y) = \frac{c_i}{qX_t} + \frac{c_s y}{D_{\max}q^2 X_t^2} \tag{7.41}$$

图 7.18 表示当前情况下的渔船成本和收益曲线，曲线用上面的公式计算得出。渔船作业者通过在 y_1 处作业使利润最大化：

$$P - P_{AHP}^* = MC(y) \tag{7.42}$$

在无管制的公开入渔下，渔船在 $P = MC(y)$ 处作业。LAP 制度在 P 和 $MC(y)$ 之间增加了渔船产出的必要控制。LAP 操作规则在渔船所有者无 AHP 的情况下很容易看到。为了合法的捕捞一单位鱼，必须购买一单位 AHP。根据公式(7.42)，渔船作业者应该将产量增加至边际收益($P - P_{AHP}^*$)等于边际成本处，这要求产量水平为 y_1。

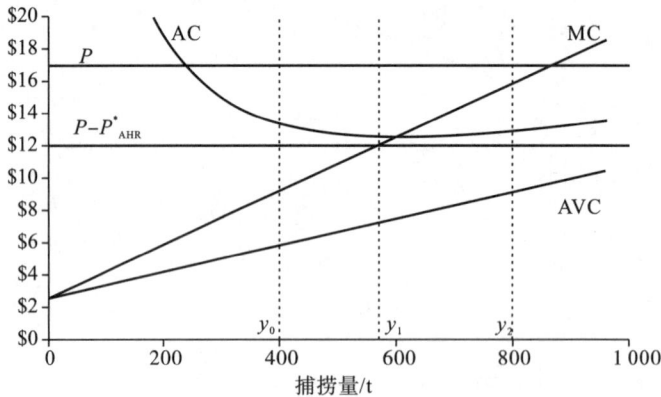

图 7.18 LAP 制度下作业的渔船价格和成本曲线

但是，若渔船所有者控制的许可证数量与利润最大化时的数量不同会怎么样？若一个渔船所有者控制 y_0 单位的 AHP，且其使用所有的 AHP，渔船将在 $P - P_{AHP}^* > MC(y)$ 处作业；而且，在市场上购买更多的 AHP 是有意义的，因为在支付 AHP 之后的净收益甚至也为正，则继续购买 AHP 直到产出等于 y_1 是有意义的。

现在讨论某一渔船具有 y_2 单位的 AHP。若渔船在该水平作业，渔船将在 $P - P_{AHP}^* < MC(y)$ 处作业；这意味着它将在 $P - MC(y) < P_{AHP}^*$ 处作业。等式左边为渔船捕捞一单位鱼的利润，而右侧是售出 AHP 放弃捕捞权力所获得的收益。从总利润来看，卖出 AHP 从而把产量降为 y_1 是有意义的。

实际上，上面的连续过程即渔船共同决定自由市场中的 P_{AHP}^*，然后单独作业，忽略了一些细微差异，根据公式(7.42)选择其产量水平。事实上，这是一个同时发生的过程，根据渔船利润最大化与持有的 AHP 的相对需求，渔船所有者与 AHP 所有者购买和售出 AHP，但是最终结果是相同的。

下面来讨论个体渔船作业对整个行业的影响。一个重要的问题是如何将相对稀缺的允许捕捞量分配给现有船队。若所有的渔船依据公式(7.42)作业，则所有渔船的渔获物边际成本相同。这意味着分配的 TAC 使得产出的总成本尽可能的低。若所有的渔船不在相同的 MC 下作业，则可以将产量从高成本渔船向低成本渔船转移，从而使总成本降低。这看起来像依据相同类型渔船模型的一个点，但该点对于不同类型渔船也适用。这是 LAP 制度的一个重要方面，竞争 AHP 产生成本最小化行为。即使渔业过渡到一个新的平衡，也具有在当前船队中分配捕捞量从而使成本最小化的激励。

依据图 7.18 考虑当前渔业动态。在这种情况下渔船不盈利，因为$(P-P^*_{AHP})$曲线小于平均成本曲线。渔船能够补偿可变成本以保证它们可以暂时继续作业，但是其中一些渔船迟早会退出渔业。在下一阶段渔船数量将降低。尽管它没有表示在曲线上，资源量将根据 TAC 和当前种群生长的相对大小而变化。

由于船队和资源量的变化，下一阶段的状况会发生变化。根据资源量的变化，渔船成本曲线将向上或向下移动；根据种群和船队大小的相对变化，P^*_{AHP}会发生变化。当$(P-P^*_{AHP})$曲线与目前的 $AC(y)$ 曲线最低点相切时，将达到经济平衡，净价格同时与 $AC(y)$ 和 $MC(y)$ 相等。当在 $AC(y)$ 最小处作业的当前船队捕捞量等于当前的 TAC 时，达到生物平衡。

最后必须记住，需要对持有 AHP 获得的租金和渔船作业的利润加以区别。任意时期 AHP 的总租金等于 $P^*_{AHP}*TAC(X_t)$。无论渔船是否作业，这些租金都能被获得，但需要根据渔船在支付获得必要 AHP 的（现实或机会）成本之后的净收益进行短期渔船作业和长期渔船调整。当做出进入/退出决策时，若渔船所有者考虑了 AHP 所有者的租金，该过程不会产生最优船队开发。

7.4.2.7　LAP 制度的指定

上面的讨论已经包括了 LAP(ITQ)制度的基本工作原理，在过去的二十余年里，世界上存在很多这样的制度，但没有一个是完全相同的。这些制度针对不同的渔业，在不同的渔业法规下执行，它们通常用于不同的管理目标。尽管描述这些不同规则及其制定和实施过程对本讨论来说是一个非常有用的补充，但它很难被简洁地概括，这里不对其进行充分的讨论。关于该问题有大量的文献可供参考，例如由一个作者联合编写的美国政府文件（见 Anderson 和 Holliday，2007），它在几个网站中能免费获得，可以将其视为本章的姊妹篇，其他相关材料列举在参考文献中。

参 考 文 献

Anderson L G. 2000. The effects of ITQ implementation：a dynamic approach. Natural Resource Modeling，13(4)：435−470.

Anderson L G，Holliday M C. 2007. The design and use of limited access privilege programs. NOAA Technical Memorandum NMFS-F/SPO−86. Available at the NMFS Scientific Publications Office web site for downloading at：http：//spo. nmfs. noaa. gov/tm/tm86. pdf.

Anderson L G. 1989. Conceptual constructs for practical ITQ management policies. in：Neher P A，Arnason R，Mollett N(eds)，Rights Based Fishing. Kluwer Academic Publishers，Boston，MA，191−209.

Anderson L G. 1994. A note on the economics of discards in fisheries utilization. Marine Resource Economics, 9(2): 183−186.

Anderson L G. 2000. Open access fisheries utilization with an endogenous regulatory structure: an expanded analysis. Annals of Operations Research, 94: 231−257.

Arnason R. 1993. The Icelandic individual transferable quota system: a descriptive account. Marine Resource Economics, 8(3): 201−218.

Batstone C J, Sharp B M H. 1999. New Zealand's quota management system: the first ten years. Marine Policy, 23: 177−190.

Bess R. 2005. Expanding New Zealand's quota management system. Marine Policy, 29(4): 339−347.

Clark C W, Munro G R, Sumaila U R. 2005. Subsidies, buybacks and sustainable fisheries. Journal of Environmental Economics and Management, 50(1): 47−58.

Clark I N. 1993. Individual transferable quotas: the New Zealand experience. Marine Policy, 17: 340−352.

Costello C, Gaines S D, Lynham J. 2008. Can catch share prevent fisheries collapse? Science, 321(5896): 1678 −1681.

Curtis R, Squires D. 2007. Fisheries buybacks. Blackwell Publishing, Ames, Iowa.

FAO. 2001. Use of property rights in fisheries management. FAO Fisheries Technical Paper 404/2, 468.

Grafton R Q, Arnason R, Bjørndal T, et al. 2006. Incentivebased approaches to sustainable fisheries. Canadian Journal of Fisheries and Aquatic Science, 63(3): 699−710.

Grafton R Q, Kompass T, Hilborn R W. 2007. Economics of overexploitation revisited. Science, 318: 1601.

Hackett S C, Krachey M J, Brown S, Hankin D. 2005. Derby fisheries, individual quotas, and transition in the fish processing industry. Marine Resource Economics, 20: 47−60.

Hilborn R. 2007. Moving to sustainability by learning from successful fisheries. AMBIO: A Journal of the Human Environment, 36(4): 296−307.

Hohnen L, Wood R, Newton P, Jahan N, Vieira S. 2008. Fishery economic status report 2007. Research Report, Commonwealth of Australia, 100.

Holland D, Gudmundsson D E, Gates J. 1999. Do fishing vessel buyback programs work: a survey of the evidence. Marine Policy, 23(1): 47−69.

Holland D S. 2000. Fencing the fisheries commons: regulatory barbed wire in the Alaskan groundfish fisheries. Marine Resource Economics, 15: 141−149.

Homans F R, Wilen J E. 1997. A model of regulated open access resource use. Journal of Environmental Economics and Management, 32: 1−21.

Homans F R, Wilen J E. 2005. Markets and rent dissipation in regulated open access fisheries. Journal of Environmental Economics and Management, 49: 381−404.

Neher P, Arnason R, Mollett N. 1989. Rights-based fishing. Kluwer Academic Publishers, Dorderecht, The Netherlands.

Newell R G, Sanchirico J N, Kerr S. 2005. Fishing quota markets. Journal of Environmental Economics and Management, 49: 437−462.

Morehouse T A. 1980. Limited entry in the Alaska and British Columbia salmon fisheries. University of Alaska, Institute of Social and Economic Research, Fairbanks.

Organization for Economic Cooperation and Development(OECD). 1997. Toward sustainable fisheries: economic aspects of the management of living marine resources. Organization for Economic Cooperation and Development, Paris.

Organization for Economic Cooperation and Development(OECD). 2006. Using market mechanisms to manage fisheries: smoothing the path. Organization for Economic Cooperation and Development, Paris.

Organization for Economic Cooperation and Development(OECD). 2009. Reducing fishing capacity: best practices for decommissioning schemes. Organization for Economic Cooperation and Development, Paris.

Ostrom E, Gardner R, Walker J. 1994. Rules, games, and common-pool resources. University of Michigan Press, Michigan, 369.

Scott A. 1988. Development of property in the fishery. Marine Resource Economics, 5: 289-311.

Sissenwine M, Mace P. 1992. ITQs in New Zealand: the era of fixed quotas in perspective. Fisheries Bulletin, 90: 147-160.

Squires D, Campbell H, Cunningham S, Dewees C, et al. 1998. Individual transferable quotas in multispecies fisheries. Marine Policy, 22(2): 135-159.

Straker G, Kerr S, Hendy J. 2002. A regulatory history of New Zealand's quota management system. Motu Economic and Public Policy Research. Available on the Internet at: www. motu. org. nz/pdf/IIFET fish. pdf.

U. S. Commission on Ocean Policy. 2004. An ocean blueprint for the 21st century. Final Report. Washington, DC, 2004 ISBN#0-9759462-0-X.

Wenninger Q, McConnell K E. 2000. Buyback programs in commercial fisheries: efficiency versus transfers. The Canadian Journal of Economics, 33(2): 394-412.

World Bank. 2004. Saving fish and fishers: towards sustainable and equitable governance of the global fishing sector. Report No. 29090-GLB, Agriculture and Rural Development Department, World Bank, Washington, DC.

World Bank. 2008. The sunken billions: the economic justification for fisheries reform: Conference Edition. Agriculture and Rural Development Department, World Bank, Washington, DC.

Worm B, Hilborn R, Baum J K, Branch T A, et al. 2009. Rebuilding global fisheries. Science, 325: 578-585.

第8章　生态系统相互影响的生物经济学

本章引入本书的一个新部分，其中放宽了确定性环境中空间均匀分布的单种类、单船队的一些分析和生物经济发展的假设。基于生态系统的渔业管理涉及种类间沿着食物网的相关生态相互影响，掌握它们的动态对于进一步了解渔民行为非常必要。然而，生物经济模型和分析应该在多大程度上包含多种类及其生物生态相互影响取决于：①用于处理生态系统范围内的种群恢复和可持续发展策略的相关渔业和生态系统管理问题；②估计用于处理相关问题的复杂数学模型重要参数所需的生物生态和经济数据的可获得性；③这些复杂模型的假设和不确定性。我们不仅要考虑相关生态系统中选定的种类，还需要考虑捕捞或兼捕它们的不同船队。

Sinclair 和 Valdimarsson(2003)、Van den Bergh 等(2007)认识到将单种类生物经济方法扩展为包含生物和经济相互影响方法的重要性。为了处理这些生态系统因素，第 9 章我们将讨论多鱼种、多船队渔业生态和技术的共同影响。

渔业管理的生态系统方法也有一个固有的空间尺度：描绘和掌握其空间上的物理和生物生态属性非常必要。当试图设计单种群或关联种群的空间管理策略时，了解种群空间分布的地理界线、栖息地，识别生活史中与动态海洋模式密切相关的相同种类可能的相互影响群体成为一个主要的投入。在该生态系统中，放宽了补充量在空间上均匀分布的假设，而用补充量分布密度不同的函数来替代，这与弱移动性或定居种的渔业管理最为相关。

将空间尺度引入生物经济分析中需要在空间上扩大成本和收益函数，从而获得渔民空间行为在时间上的变化。该分析的关键在于，渔民根据历史作业情况和不同渔区中资源可获得性，以及最佳动态捕捞群落信息来决定下一阶段的捕鱼地点。港口位置和对应的捕鱼距离成为计算时间和空间上捕捞成本的一个根本投入。为了描述空间捕捞行为如何随时间而变化，需要计算历史上不同捕捞地点可变成本的利润。为了解决上面的问题，我们在第 10 章提出并讨论海洋渔业空间动态生物经济学，并同时考虑单种群和关联种群渔业两种情况。

Pickitch 等(2004)指出：需要建立类似单种类决策标准的群落和系统水平的标准、参考点和控制规定；还需要新的分析模型和管理工具，多种类和生态营养级模型必须细化，以便更好地说明系统水平的不确定性，推导系统水平的参考点，评价在生态系统范围内提出渔业管理行为在生态系统水平上的结果。这些学者还建议，渔业生态系统途径(ecosystem approaches to fisheries，EAF)的高级模型应该包括空间结构、栖息地和生态系统功能变化的动态环境过程。第 11 章研究了由生态系统中环境变化的长期模式所导致的种群波动，并将表示渔民长期行为对目标种群和相互影响种类的反应。

Hill 等(2007)认为，海洋生态系统结构复杂，在时空上不断发生着变化，难以观察，这些因素导致模型预测存在相当大的不确定性。渔业科学家一直尝试在生物资源管理中考虑不确定性（Patterson et al.，2001；Harwood 和 Stokes，2003；Halpern et al.，2006）。但是，研究主要集中在参数的不确定性以及自然变动引起的过程不确定性，却很少注意模型结构的不确定性。

考虑生态系统范围比单种类所涉及的不确定性更大（图 8.1），当建立适宜的生态系统信息体制时，运用决策理论处理信息有限的情况似乎是可行的方法。第 12 章讨论了处理渔业管理生态系统方法中日益增长的不确定性和潜在的风险分析以及相关复杂性。

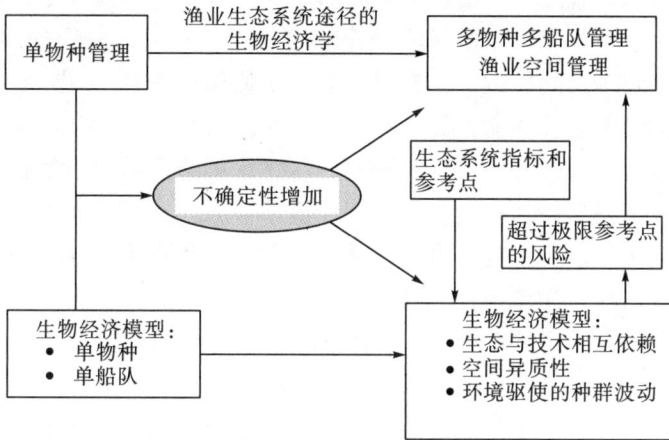

图 8.1　移向 EAF 的一个生物经济途径

建立渔业生态系统途径的其他复杂性和挑战在后面的章节中不再介绍，现总结如下。

8.1　渔业生态系统途径的当前挑战

当沿海国家建立渔业生态系统途径时，需要处理的一些主要问题如下（Seijo，2007）：①改变管理措施以实施 EAF 可能会导致相关利益者潜在的冲突，应在建立特定渔业生态系统途径的过程中考虑这个情况；②渔业生态系统途径比单一目标鱼种分析所需采集的数据更大；③单种类的数据采集，对很困难的沿海发展中国家来说，获得科学有效的数据，使渔业管理沿着生态系统途径发展是一个重大的挑战；④建立和维持整个海洋生态系统及其使用者（例如小规模和工业化渔民、生态旅游者、非消费性使用者）的数据，收集和分析系统的成本可能非常大；⑤要满足实施一个可操作渔业生态系统途径的基本需求，信息成本可能需要生态系统的多方使用者共同来担负；⑥考虑信息有限以及递增的生物、非生物和人为不确定性的渔业管理，将需要适当的监测和风险分析方法；⑦不仅要注重生物监测，还需包括涉及制度、经济和社会因素的人类动态。

Cochrane 等（2004）认为，渔业生态系统途径的实施可能非常慢，很多国家、机构、个人仍处于了解和解释 EAF 预期结果是什么的过程中。在许多情况下，鉴于更大的不确定性和风险，所以朝向渔业生态系统途径移动将在一个递增且适应性的管理基础上进行。我们需要注意两点：学习和获取知识的时间以及需要仔细评估渔业生态系统途径 EAF 干预的分布影响。需要对渔业生态系统途径的目标和原则进行修改，从而更好地反映社会、经济和制度的影响。

在这个复杂的框架中，似乎有必要说明建立一个简单的渔业生物经济生态系统途径所需要的基本步骤。

8.1.1 达到渔业生态系统途径 EAF 的生物经济方法

基于生态系统渔业管理的生物经济方法的主要步骤可能涉及以下几点：①在具有众多开发者的海洋生态系统背景下定义渔业管理问题；②识别生态系统中的种类、栖息地和渔业间的生态和技术共同影响；③选择生态系统使用的生物/生态和经济/社会性能变量；④定义相应的生态系统性能指标；⑤建立指标的极限和目标参考点；⑥确定生态系统背景下可供选择的管理、共同管理、渔业群落管理策略；⑦设计生态和技术共同影响渔业的动态生物经济模型；⑧收集数据以估计模型参数；⑨识别不确定性和敏感参数可能的状态；⑩建立决策表，并运用决策标准来处理风险和不确定性；⑪评估超过生态系统极限参考点以及实现目标参考点的概率。

图 8.1 中，我们总结了从单种类、单船队生物经济模型和分析向渔业生态系统途径 EAF 生物经济学的转变。

从单种类过渡到渔业生态系统途径，尽管仍然集中于采集区域中最重要的经济种类的基础数据，但其评估应该监测以下方面：①被捕食者和捕食者资源丰度的变化；②对其生活史非常重要的环境因子变化；③当捕捞捕食者、被捕食者和竞争种时，渔民和船队行为动态的变化。

运用一个预防性渔业管理方法来监测渔业，构建一个可操作且有用的生物经济指标和相应参考点体系是一个基本步骤(Seijo，2006)。

8.1.2 生态系统指标和参考点

在单种类渔业管理方法的扩展过程中，第 6 章讨论的指标和参考点应该明确地考虑由下面原因导致的生态系统的变化：气候变化、过度捕捞、人类活动导致的环境恶化、关键栖息地的破坏。

Sainsbury 和 Sumalia(2003)指出，在确定生态系统指标和参考点之前，需要回答两个基本问题：①是否有必要详述生态系统参考点，例如食物网动态、生态群落结构、多样性或者仅需要基于种类的参考点？②若需要生态系统参考点，它们是否要基于未受干扰的沿海生态系统的属性？还有一个问题：如何在缺乏被渔民和其他作业者开发的生态系统早期阶段基础研究下进行？由于生态系统栖息地和群落结构"原始状态"的内在不确定性，生物经济模型捕捞努力量在本质上应该是随机的(Butterworth 和 Punt，2003)。

正如第 6 章所述，渔业文献和管理计划中存在几种可能指标和参考点，能够在过程中作为指导，特别是对目标种类。与生态系统结构和功能以及生物多样性各方面有关目标的指标还不太成熟。假定它们可以与作业对象联系起来，则生态文献能够提供几个能被考虑的可能指标。同样，能够建立生态和技术共同影响的多种类、多船队渔业的生物经济指标及相应的目标和极限参考点(图 8.1)。为此，我们需要考虑当前数据的质量和可获得性，这需要通过加强多种类渔业的海洋生态系统监测体系来完成。措施和决策规则的开发应该基于严格的数据分析上，包括模拟生态系统背景下的渔业动态。即使在数据缺乏的情况下，也应该客观地分析和考虑最有效的信息。在这种情况下，基于研究较好的区域的推断，能为作业目标和相关决策规则提供指导。

选择指标和参考点应该考虑技术、管理和特定渔业的作业问题。FAO(2003)建议，理想情况下，考虑目标种群和生态系统动态的指标应该可靠地反映能够被测量或估计的参数。选择也将取决于从管理系统和渔业中能够获得信息。最后，渔业管理者和其他利益相关者应该相信指标是有意义且可行的。因此，指标和参考点的选择必然会涉及一个重复过程——随着管理计划的发展，涉及的所有技术参与者和利益相关者之间的可能性以及验证。与选择作业目标一样，指标和参考点的选择也应该存在一个清楚地解释依据。

与渔业预防性措施一样，缺乏科学确定性不应该阻碍与渔业和生态系统有关的指标及其相应目标和极限参考点的选择。

8.1.3　控制规定的详述

基于汇集的信息首先设定的多种类渔业或者环境驱使渔业的可操作生物生态和经济目标，下一步是选择一个管理措施或设定实现每个目标的措施。实施特定的管理措施应该与如何实施措施的决策规则结合起来。控制规则表示不同的条件下应该采取什么管理措施，它通常由一个与目标或极限参考点有关的指标值所决定(FAO，2003)。决策规则应包括如何确定管理措施、必须收集哪些数据、数据如何用于确定管理措施。

许多过程都能够被用于建立决策规则。一种方法是设定被捕食者的预防捕捞极限，并考虑捕食者；然而，由于种类之间精确的相互作用形式(如捕食者－被捕食者、竞争、互利共生)通常不够了解，当考虑种类间相互作用时，不确定性可能更大。

另一个方法是，运用多种类渔业中观察到的种类间相互作用(例如捕捞种类 2 时，种类 1 的副渔获率)，计算目标种类允许捕捞量的多种类向量，从而获得非目标种类的目标。

应该指出的是，决策规定应该定量(例如，根据调查设置被捕食者的捕捞极限作为预先设定的资源量部分)或定性(例如，某指标的特定值需要审查当前的渔业管理策略)。

上文简要地介绍了用生物经济方法处理渔业生态系统维度的问题，下一章将讨论生态和技术共同影响的多种类多船队渔业生物经济学。

参　考　文　献

Bergh V den，Hoekstra J，Imeson R，et al. 2007. Bioeconomic modeling and valuation of exploited marine ecosystems.
　　Springer，The Netherlands，203.

Butterworth D S，Punt A E. 2003. The role of harvest control laws，risk and uncertainty and the precautionary approach in ecosystem-based management. In: Sinclair M and Valdimarsson G(eds)Responsible Fisheries in the Marine Ecosystem. FAO and CABI Publishing, 426.

Cochrane K L, Augustyn C J, Cockcroft A C, et al. 2004. An ecosystem approach to fisheries in the Southern Benguela context. South African Journal of Marine Science, 26: 9—35.

FAO. 2003. Fisheries management 2. The ecosystem approach to fisheries. FAO Technical Guidelines for Responsible Fisheries, 4: 112.

Halpern B S, Regan H M, Possingham H P, et al. 2006. Accounting for uncertainty in marine reserve design. Ecology Letters, 9: 2—11.

Harwood J, Stokes K. 2003. Coping with uncertainty in ecological advice: lessons from fisheries. Trends in Ecology and Evolution, 18: 617—622.

Hill S L, Watters G M, Punt A E, et al. 2007. Model uncertainty in the ecosystem approach to fisheries. Fish and Fisheries, 8(4): 315—336.

National Research Council. 1999. Sustaining marine fisheries. National Academy Press, Washington, DC, 164.

Patterson K, Cook R, Darby C. 2001. Estimating uncertainty in fish stock assessment and forecasting. Fish and Fisheries, 2: 125—157.

Pickitch E K, Santora C, Babcock E A, et al. 2004. Ecosystem-based fishery management. Science, 305: 346—347.

Sainsbury K. , Sumalia U R. 2003. Incorporating ecosystem objectives into management of sustainable marine fisheries, including 'best practice' reference points and use of marine protected areas. In: SinclairMand Valdimarsson G(eds) Responsible Fisheries in the Marine Ecosystem. FAO and CABI Publishing, Wallingford, 426.

Seijo J C. 2006. A simple framework for proactive management to mitigate unsustainability in fisheries: estimating risks of exceeding limit reference points of bio-ecologic, economic and social indicators. In: Swan J, Grevobal D(eds)Overcoming Factors of Unsustainability and Overexploitation in Fisheries. FAO, Rome, 235—248.

Seijo J C. 2007. Considerations for management of metapopulations in small-scale fisheries of the Mesoamerican barrier reef ecosystem. Fisheries Research, 87: 86—91.

Sinclair M, Valdimarsson G. 2003. Responsible fisheries in the marine ecosystem. FAO and CABI Publishing, Wallingford, 426.

第9章 生态和技术共同影响

正如第8章所述，建立一个渔业生态系统方法需要考虑种类和资源使用者之间的生态和技术共同影响。在前面的章节，我们讨论了单种类单船队、种群动力学所有的理论推导，以及渔民行为，建立投入和产出规定作为进一步探讨渔业系统复杂性的基础。根据前面的章节，所用的控制变量为捕捞努力量 E，追踪的状态变量为种群生物量(X)，我们在本章和下面的章节中根据需要在相应的扩展下继续沿用这两个变量。我们也看到，在前面的章节中我们可以指定生物经济平衡的捕捞努力量(E_{BE})，通常称为公开入渔平衡，最大经济产量的捕捞努力量(E_{MEY})，以及由此相应的种群生物量水平(X_{BE}，X_{MEY})。然而，在很多渔业中，当竞争一个或多个种群时，考虑船队间技术的相互影响非常重要；对于种群通过竞争、捕食、互利共生、共生、偏利共生具有生物相关性的渔业，考虑生态相互影响也非常重要(Jorgensen，1994)。为了用渔业管理生态系统的方法回答特定的管理问题，我们需要能够在生物经济分析框架中考虑生态和技术复杂性的工具，从而正确地掌握多种类、多船队渔业中资源和资源使用者的动态。此外，正如前面章节讨论的单种类单船队的情况。我们需要计算将(E, V)空间划分为四个区域的种群平衡曲线(PEC)和种群生物量经济平衡曲线(EEC)，四个区域中种群生物量和捕捞努力量可以表示为处于上升、下降或处于稳定/不稳定平衡。生态技术共同影响下的渔业生物经济模型涉及向量 X，E。

此外，本章将扩展第2～5章讨论的单种类、单船队生物量动态以及年龄结构生物经济模型，考虑种类和船队中包含生态和技术共同影响的多种类多船队渔业。在移向渔业管理生态系统途径的过程中，识别和考虑渔业中相关的生物生态关系或一组共同影响的渔业成为首要考虑的问题。此外，考虑船队间和渔业间的相互影响非常重要，如以下情况：竞争同一种群的船队，偶然捕获其他渔业的目标种类的多种类渔业；具有不同捕捞能力、渔具选择性和捕捞成本的船队随时间影响种群结构的连续性渔业(Charles 和 Reed，1985；May et al.，1979)。

9.1 隐 性 公 式

为了建立多种类、多船队渔业的隐性公式，我们现在已有两个控制变量——船队1的捕捞努力量 E_1 和船队2的捕捞努力量 E_2，以及两个状态变量——物种1的生物量 X_1 和物种2的生物量 X_2。

因此，我们得到生物经济平衡时的捕捞努力量向量(E_{1BE}，E_{2BE})、最大经济产量时的捕捞努力量向量(E_{1MEY}，E_{2MEY})以及相应的生物量状态变量向量(X_{1BE}，X_{2BE})和(X_{1MEY}，X_{2MEY})。

在前面章节，我们建立了基于单种群的单一生长函数曲线。未开发时，资源量为 K。现在有两条生长函数，两个函数均与种群生物量 X_1 和 X_2 有关。

9.2 生态相互影响种类的生长函数

任意两个物种的种群生长函数取决于两个种类的资源量和描述对生长的函数形式（反映他们之间的生态关系），它决定我们如何处理竞争、捕食-被捕食、互利共生/共生、偏利共生、偏害共生的关系。生物量为 X_1 和 X_2 的两个物种在生态相互影响下的种群生长特性表示在表 9.1 中。

在表 9.1 中，对于不同的生态相互影响，由于其他物种生物量的单位变化而引起某一物种生物量发生变化用偏导数表示。竞争状态下，竞争者增加一单位生物量将导致两个物种（X_1 和 X_2）负的偏导数，被捕食者生物量（X_2）出现一单位的变化将导致捕食者生物量（X_1）增加；但是，捕食者生物量增加一单位会导致被捕食者生物量降低。对于互利共生和共生，正如预期的那样，某一物种生物量增加一单位将会增加另一个物种的生物量。对于偏利共生，宿主生物量增加一单位将增加寄主的生物量，但是寄主生物量增加一单位对宿主生物量无影响。对于偏害共生，偏害物种 X_2 生物量降低一单位则不会影响寄主的生物量。

表 9.1 无捕捞死亡率下由于生态相互影响物种生物量的增加而引起的相关物种增长

生态相互依赖	物种 1	物种 2
竞争	$\partial X_1/\partial X_2<0$	$\partial X_2/\partial X_1<0$
捕食者-被捕食者（X_1：捕食者；X_2：被捕食者）	$\partial X_1/\partial X_2>0$	$\partial X_2/\partial X_1<0$
互利共生/共生	$\partial X_1/\partial X_2>0$	$\partial X_2/\partial X_1>0$
偏利共生（X_1：偏利体）	$\partial X_1/\partial X_2>0$	$\partial X_2/\partial X_1=0$
偏害共生（X_1：偏害体）	$\partial X_1/\partial X_2<0$	$\partial X_2/\partial X_1=0$

9.2.1 一般多种类模型：隐性公式

生态和技术相互影响下的一组隐性公式表示如下：

为了解释，现在我们讨论两个种类两个船队的情况（当然，种类和船队均可超过两个）。因此，存在两个生长函数：一个是物种 1（G_1）、一个是物种 2（G_2）；$G_1(X_1、X_2)$ 和 $G_2(X_1、X_2)$ 是种群 1 和 2 的生长函数，它们均为生物上相互影响的种群生物量 X_1、X_2 的函数。

在前面的章节中，我们得到了单种类、单船队的一个简单短期产量公式 $y=y(E, X)$。现在我们有下面四个可能的产量函数：$y_{11}=y_{11}(E_1, X_1)$，$y_{12}=y_{12}(E_1, X_2)$，$y_{22}=y_{22}(E_2, X_2)$，$y_{21}=y_{21}(E_2, X_1)$。

既然我们已经得到多种类、多船队渔业的增长和产量函数，就可以获得两个种类的隐性生物量增长函数：

$$\frac{\mathrm{d}X_1}{\mathrm{d}t} = G_1(X_1, X_2) - y_{11}(E_1, X_1) - y_{12}(E_2, X_1) \tag{9.1}$$

$$\frac{\mathrm{d}X_2}{\mathrm{d}t} = G_2(X_1, X_2) - y_{22}(E_2, X_2) - y_{21}(E_1, X_2) \tag{9.2}$$

我们现在可以继续计算 X_1 和 X_2 的种群平衡曲线。值得注意的是，给定单船队一定捕捞量下的平衡资源量，单种群模型的 PEC 通过令 $\mathrm{d}X/\mathrm{d}t = 0$，解 X 获得。然而，当我们讨论多个物种时，通过令公式(9.1)和(9.2)等于 0，解 X_1、X_2 得到：

$$\mathrm{PEC}_{X_1} = X_1(X_2, E_1, E_2) \tag{9.3}$$
$$\mathrm{PEC}_{X_2} = X_2(X_1, E_1, E_2) \tag{9.4}$$

两个种群的 PEC 得到一定 X_1、X_2 组合下的平衡种群。这是一条长期曲线，因为它需要捕捞努力量在一个相当长的时间范围内保持不变(它是物种生命周期的函数)，从而获得 PEC 上的每个平衡点。

运用 PEC，通过将 X_1、X_2 代入相应的短期产量函数，能够推导出可持续产量(Y)和可持续收入曲线(SR)：

$$Y_{11} = q_{11}E_1 X_1(E_1, E_2) \tag{9.5a}$$
$$Y_{12} = q_{12}E_1 X_2(E_1, E_2) \tag{9.5b}$$
$$Y_{22} = q_{22}E_2 X_2(E_1, E_2) \tag{9.5c}$$
$$Y_{21} = q_{21}E_2 X_1(E_1, E_2) \tag{9.5d}$$

上述公式为我们找到在生物经济平衡($E_{1\mathrm{BE}}$，$E_{2\mathrm{BE}}$)时每条渔船捕捞努力量的向量和在最大经济产量时的捕捞努力量($E_{1\mathrm{MEY}}$，$E_{2\mathrm{MEY}}$)提供了基础。

通过令每个船队的利润函数等于零，分别解 E_1 和 E_2，得到每个船队生物经济平衡的捕捞努力量。应当指出的是，这些利润函数都是用短期产量函数计算得出的。为了便于说明，考虑一个船队捕捞 X_1，另一个船队捕捞 X_2 的情况，且种群 X_1、X_2 是生态相互影响的。对于这种情况，利润隐性公式为

$$\pi_1 = p_1 y_{11}(E_1, X_1) - C_1 E_1 \tag{9.6}$$
$$\pi_2 = p_2 y_{22}(E_2, X_2) - C_2 E_2 \tag{9.7}$$

通过令公式(9.6)和(9.7)等于 0，分别解 E_1 和 E_2，得到生物经济平衡时的捕捞努力量。另一方面，通过找出船队总可持续利润关于 E_1 和 E_2 的偏导数，并令其为 0，可获得两个船队的最适捕捞努力量($E_{1\mathrm{MEY}}$，$E_{2\mathrm{MEY}}$)。需要指出的是，这些利润运用可持续产量(Y)而不是短期产量(y)，求导如下所示：

$$\frac{\partial \pi}{\mathrm{d}E_1} = p_1 q_{11}E_1 X_1(E_1, E_2) + p_2 q_{22}E_2 X_2(E_1, E_2) - c_1 E_1 - c_2 E_2 = 0 \tag{9.8}$$

$$\frac{\partial \pi}{\mathrm{d}E_2} = p_1 q_{11}E_1 X_1(E_1, E_2) + p_2 q_{22}E_2 X_2(E_1, E_2) - c_1 E_1 - c_2 E_2 = 0 \tag{9.9}$$

为了说明如何建立一个生物经济模型来表示生态相互影响，本章将介绍两个动态模型，并估计相应的 PEC、EEC 公式以及船队捕捞努力量的最适合生物经济平衡水平。这些模型将用于竞争和捕食–被捕食的相互影响。根据类似的过程，也可以建立生物经济模型表示上面讨论的共生、偏利共生、偏害共生的情况。

本章将讨论五种可能的技术和生态相互影响。对于前四种情况，运用 Schaefer-Gordon 扩展模型(图 9.1);第五种情况将运用一个动态年龄结构模型来表示影响种群结构不同部分的两个船队的情况,前四种情况描述如下:

第一种情况:两个不同的船队捕捞某一物种与另一个物种,竞争为生态系统限制因子,例如空间或食物[图 9.1(a)]。

第二种情况:运用选择性渔具的某一船队捕捞某特定捕食者,另一个船队捕捞其相应的被捕食者[图 9.1(b)]。

第三种情况:具有不同捕捞能力和捕捞成本的两个船队在同一个渔业中竞争同一种群[图 9.1(c)]。

第四种情况:在一个多物种渔业中,一个船队除了捕捞其目标物种,还会偶然捕捞其他船队的目标物种[图 9.1(d)]。

通过介绍和讨论图 9.1 来分别说明上述四种情况:

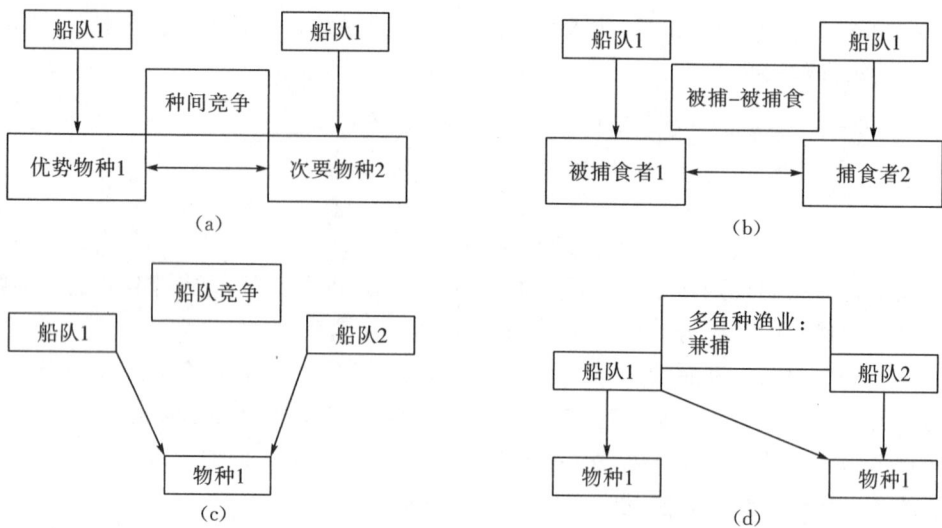

图 9.1　生态和技术相互影响的多物种、多船队渔业中的四种可能情况

(1)在公开入渔情况下,动态观察船队间不同的技术相互影响以及物种间不同的生态相互影响所产生的生物量、产量、利润移向平衡的轨迹。

(2)正如前面章节所定义的,多鱼种、多船队渔业中的每个物种的 PEC。

(3)在相同生态系统中作业船队的生物量 EEC。

(4)每个船队的生物经济平衡时的捕捞努力量。

(5)渔业或相互影响渔业中每个船队的最适捕捞努力量。

应该指出的是,其他可能的情况也可以探究,且上面列举的相同过程在这些情况下也适用。

9.3　案例 1:竞争——Lotka-Volterra 模型

关于资源动态,描述每个竞争物种生物量(X_1、X_2)变化的公式可通过修改逻辑斯谛模型或运用 Lotka-Volterra 模型(Lotka,1925;Volterra,1926)来获得:

$$\frac{\mathrm{d}X_1}{\mathrm{d}t} = r_1 X_1 \frac{K_1 - X_{1,t} - \alpha_{12}X_{2,t}}{K_1} \tag{9.10}$$

$$\frac{\mathrm{d}X_2}{\mathrm{d}t} = r_2 X_2 \frac{K_2 - X_{2,t} - \alpha_{21}X_{1,t}}{K_2} \tag{9.11}$$

公式(9.10)和(9.11)中存在两个附加的参数 α_{12} 和 α_{21}，以此说明竞争者丰度随时间的相互影响。公式(9.10)右侧的分子中，竞争种资源量($X_{2,t}$)随时间的影响表示为 $\alpha_{12}X_{2,t}$，其中 α_{12} 是物种 1 的竞争相互影响参数。竞争系数表示一个物种对另一个物种的影响：α_{12} 表示物种 2 对物种 1 的影响；α_{21} 表示物种 1 对物种 2 的影响(下标的第一个数字总是指受影响的物种)。在公式(9.10)的种间竞争 Lotka-Volterra 模型中，物种 2 对物种 1 的影响(α_{12})乘上了物种 2 的资源量(X_2)，当 $\alpha_{12}<1$ 时，物种 2 对物种 1 的影响小于物种 1 对其自身的影响；相反，当 $\alpha_{12}>1$ 时，物种 2 对物种 1 的影响大于物种 1 对其自身的影响。竞争系数与物种 2 资源量的乘积 $\alpha_{12}X_2$ 表示相同数量的物种 1 的影响，且其包含了种内竞争或密度依赖。公式(9.11)中的 $\alpha_{21}X_1$ 用同样的方法解释。

9.3.1　无捕捞死亡率下的种群等斜线

在 Lotka-Volterra 模型下，对于两个竞争物种，根据其环境容纳量和相互影响系数会出现四种可能的情况。这可以通过令公式(9.10)和(9.11)等于零，分别解 X_1、X_2，确定稳定状态的情况来描述。

$$X_1 = K_1 - \alpha_1 X_2 \tag{9.12}$$

$$X_2 = K_2 - \alpha_2 X_1 \tag{9.13}$$

在图 9.2 中，根据物种环境容纳量(K_1 和 K_2)和生态相互影响系数(α_1 和 α_2)，每个物种等斜线表示四种可能的情况。等斜线是一条以相同斜率连接邻近点的直线，很像地图上连接所有相同高度邻近点的等高线。种群等斜线可看做一系列的种群大小，在其中的两个相互作用的种群中，一个种群的变化率或偏导数为零。用于估计等斜线值的公式(9.12)和(9.13)如下：令公式(9.3)中的 X_1 等于 0，得到 $X_2=K_1/\alpha_1$，令 X_2 等于 0，得到 $X_1=K_1$(相应的环境容纳量)。因此，我们用公式(9.13)得到 X_1、X_2 的表达式：$X_1=K_2/\alpha_2$，$X_2=K_2$。四种可能的情况表示在表 9.2 中。

表 9.2　竞争物种的环境容纳量和生态相互影响系数

	$K_2/\alpha_{21}<K_1$	$K_2/\alpha_{21}>K_1$
$K_1/\alpha_{12}<K_2$	方案 1：两个物种均占优势地位	方案 2：物种 2 排斥物种 1
$K_1/\alpha_{12}>K_2$	方案 3：物种 1 排斥物种 2	方案 4：两物种稳定共存

当环境容纳量与竞争系数的比值(K_1/α_{12}，K_2/α_{21})小于对应的环境容纳量(K_1、K_2)，其中一个物种能够成为优势竞争者，这种情况对应表 9.2 中的方案 1。

为了说明剩下的物种竞争方案，种群等斜线用于计算竞争排斥和竞争共存。

在图 9.2(a)中，物种 1 的等斜线在物种 2 的等斜线的下方。在这种情形下，上述 K_2/α_{21} 比值大于物种 1 的环境容纳量，且物种 2 的环境容纳量大于的 K_1/α_{12} 比值，从而导致物种 2 总是能消灭其竞争者(例如物种 1)。同样地，在图 9.2(b)中会出现相反的情况，该情况下物种 1 的 K_1/α_{12} 大于物种 2 的环境容纳量，物种 1 的环境容纳量大于(K_2/α_{21})，该作业区域的物种 1 将消灭物种 2。最后，是达到竞争共存的状态[见图 9.2(c)]，当两个物种的比值(K_1/α_{12}、K_2/α_{21})大于对应的环境容纳量(K_1、K_2)时，两个物种稳定共存。

表 9.3 列举了无捕捞死亡率时上面介绍的三种情形下的参数集。

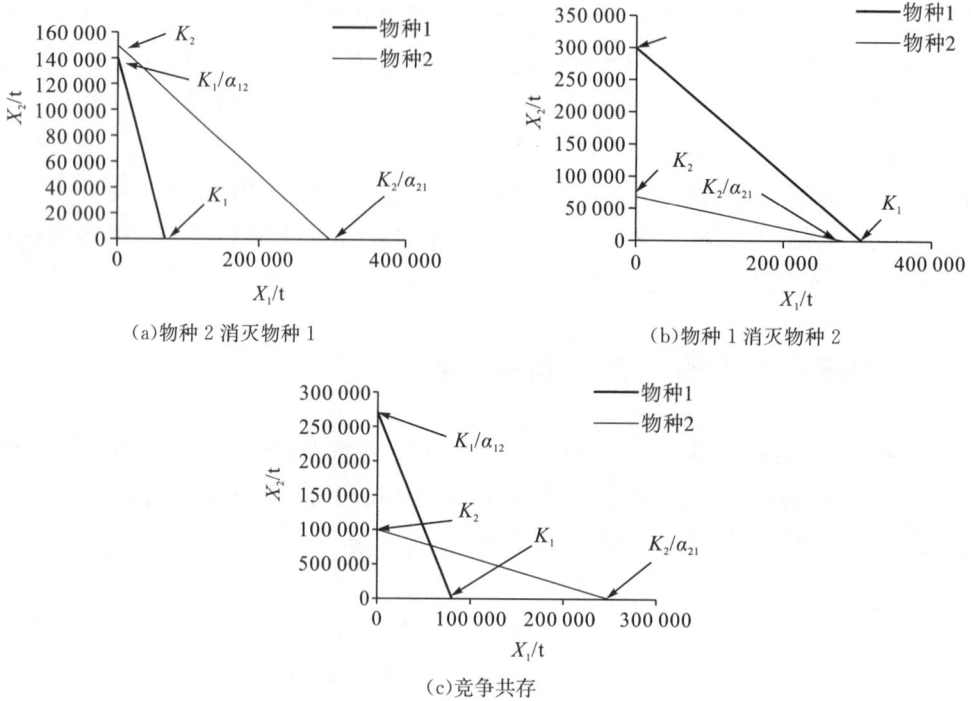

(a)物种 2 消灭物种 1　　　　　　　　　　(b)物种 1 消灭物种 2

(c)竞争共存

图 9.2　竞争物种在可能情形下的等斜线

表 9.3　三类种间竞争情形下生物经济模型参数集

参数	符号	值			单位
		方案 1	方案 2	方案 3	
环境容纳量-物种 1	K_1	70 000	150 000	80 000	t
环境容纳量-物种 2	K_2	150 000	70 000	100 000	t
内禀增长率-物种 1	r_1	0.3	0.2	0.3	1/a
内禀增长率-物种 2	r_2	0.2	0.3	0.2	1/a
竞争参数-物种 1	α_{12}	0.5	0.5	0.3	1/t
竞争参数-物种 2	α_{21}	0.5	0.5	0.4	1/t

9.3.2　竞争生物经济学

一旦生态相互影响被确定(例如竞争)，即可合并生物量自然生长函数和相应的产量函数建立一个生物经济模型，该模型可解释竞争种捕捞死亡率随时间的变化。扩展第 2

章提出的单种类生物经济模型，描述两个船队捕捞竞争种的情况，可得到竞争种的一个多物种、多船队渔业模型。

9.3.3　公开入渔动态

正如前面所提到的，竞争会出现两种情况：竞争共存和竞争排斥。第一种情况发生在无捕捞死亡率时，生态系统中不同资源丰度的两个物种同时共存的情况下；第二种情况发生在无捕捞死亡率且生态系统中基本不存在优势物种。

类似上面提到的案例 1 的情况，扩展之前提出的 Lotka-Volterra 模型以包括竞争者渔获率，两个物种随时间的生物量生长函数表示如下：

$$\frac{\mathrm{d}X_1}{\mathrm{d}t} = r_1 X_1 \frac{K_1 - X_1 - \alpha_{12}X_2}{K_1} - q_1 E_1 X_1 \tag{9.14}$$

$$\frac{\mathrm{d}X_2}{\mathrm{d}t} = r_2 X_2 \frac{K_2 - X_2 - \alpha_{21}X_1}{K_2} - q_2 E_2 X_2 \tag{9.15}$$

种类 X_1、X_2 的平衡种群曲线通过令 $\mathrm{d}X_1/\mathrm{d}t = 0$ 和 $\mathrm{d}X_2/\mathrm{d}t = 0$，同时解 X_1、X_2：

$$X_1 = \frac{K_1 r_1 r_2 - E_1 K_1 q_1 r_2 - K_2 \alpha_{12} r_1 r_2 + E_2 K_2 \alpha_{12} q_2 r_1}{r_1 r_2 - \alpha_{12} \alpha_{21} r_1 r_2} \tag{9.16}$$

$$X_2 = \frac{K_2 r_1 r_2 - E_2 K_2 q_2 r_1 - K_1 \alpha_{21} r_1 r_2 + E_1 K_1 \alpha_{21} q_1 r_2}{r_1 r_2 - \alpha_{12} \alpha_{21} r_1 r_2} \tag{9.17}$$

两个船队的捕捞努力量动态用包含捕捞两个竞争种获得的收入的扩展 Smith 公式（第 2 章提出的）计算得出：

$$\frac{\mathrm{d}E_1}{\mathrm{d}t} = \varphi_1 [E_1(p_1 q_1 X_1 - c_1)] \tag{9.18}$$

$$\frac{\mathrm{d}E_2}{\mathrm{d}t} = \varphi_2 [E_2(p_2 q_2 X_2 - c_2)] \tag{9.19}$$

p、q、c 分别为物种的价格、可捕系数、单位捕捞努力量成本。$\Phi > 0$ 是 Vernon-Smith 公式的退出－进入参数。本章简化捕捞努力量使其表示作业年平均捕捞天数的渔船数量。

对于竞争种的多物种渔业 EEC 的生物量，通过令每条船队的利润为 0($\pi_1 = 0$ 和 $\pi_2 = 0$)，解 X_1、X_2 如下：

$$X_1 = \frac{c_1}{p_1 q_1} \tag{9.20}$$

$$X_2 = \frac{c_2}{p_2 q_2} \tag{9.21}$$

为了说明竞争种的生物经济动态，如前所述，用表 9.4 包含的参数集建立两个竞争者稳定共存的模型。

当无捕捞死亡率时，初始生物量水平 $X_{2,0} > X_{1,0}$，两个物种共存。对于两个船队捕捞竞争种的 PEC、EEC 及其相应的生物经济平衡时捕捞努力量水平包含在图 9.3 中。

这些捕捞努力量对应平均可持续收益($AR_{E1} = p_1 Y/E_1$)等于单位捕捞努力量成本的点，该捕捞努力量通常假定为常数。

表 9.4 竞争共生生物经济模型的参数集

参数	符号	值	单位
环境容纳量－物种 1	K_1	80 000	t
环境容纳量－物种 2	K_2	100 000	t
内禀增长率－物种 1	r_1	0.3	1/a
内禀增长率－物种 2	r_2	0.2	1/a
初始生物量－物种 1	$X_{1,0}$	56 921	t
初始生物量－物种 2	$X_{2,0}$	76 932	t
竞争参数－物种 1	α_{12}	0.3	1/t
竞争参数－物种 2	α_{21}	0.4	1/t
可捕系数－物种 1	q_1	0.000 7	1/渔船/a
可捕系数－物种 2	q_2	0.000 6	1/渔船/a
单位捕捞努力量成本－船队 1	C_1	45 000	US$/渔船/a
单位捕捞努力量成本－船队 2	C_2	65 000	US$/渔船/a
物种 1 价格	p_1	5 000	US$/t
物种 2 价格	p_2	5 000	US$/t
进入/退出参数－船队 1	φ_1	0.000 1	渔船/US$
进入/退出参数－船队 2	φ_2	0.000 1	渔船/US$

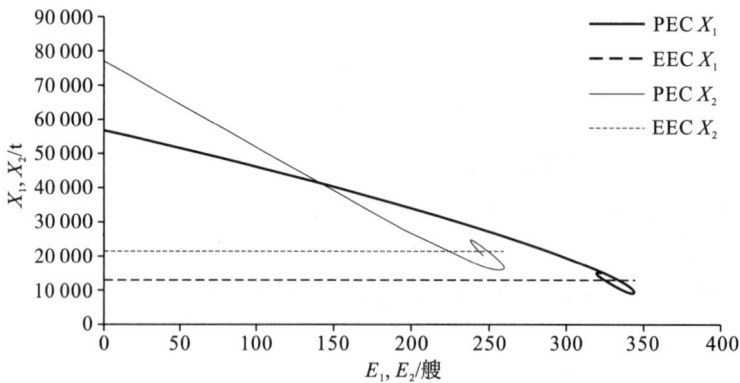

图 9.3 两个竞争种的种群和经济平衡曲线

9.3.4 最适捕捞努力量

通过获得船队总利润关于每个船队捕捞努力量的偏导数，令其为零，利用下面的公式解 E_1、E_2，得到这些生态相互影响渔业的最适捕捞努力量水平：

$$\frac{\partial \pi}{\partial E_1} \left[p_1 q_1 E_1 \left(\frac{K_1 r_1 r_2 - E_1 K_1 q_1 r_2 - K_2 \alpha_{12} r_1 r_2 + E_2 K_2 \alpha_{12} q_2 r_1}{r_1 r_2 - \alpha_{12} \alpha_{21} r_1 r_2} \right) + p_2 q_2 E_2 \right.$$

$$\times\left(\frac{K_2r_1r_2 - E_2K_2q_2r_1 - K_1\alpha_{21}r_1r_2 + E_1K_1\alpha_{21}q_1r_2}{r_1r_2 - \alpha_{12}\alpha_{21}r_1r_2}\right) - c_1E_1 - c_2E_2\bigg] = 0 \tag{9.22}$$

$$\frac{\partial\pi}{\partial E_2}\bigg[p_1q_1E_1\left(\frac{K_1r_1r_2 - E_1K_1q_1r_2 - K_2\alpha_{12}r_1r_2 + E_2K_2\alpha_{12}q_2r_1}{r_1r_2 - \alpha_{12}\alpha_{21}r_1r_2}\right) + p_2q_2E_2$$

$$\times\left(\frac{K_2r_1r_2 - E_2K_2q_2r_1 - K_1\alpha_{21}r_1r_2 + E_1K_1\alpha_{21}q_1r_2}{r_1r_2 - \alpha_{12}\alpha_{21}r_1r_2}\right) - c_1E_1 - c_2E_2\bigg] = 0 \tag{9.23}$$

$$E_{1MEY} = \frac{\alpha_{12}\alpha_{21}c_1r_1r_2 - c_1r_1r_2 + K_1p_1q_1r_1r_2 - K_2\alpha_{12}p_1q_1r_1r_2 + E_2K_2\alpha_{12}p_1q_1q_2r_1 + E_2K_1\alpha_{21}p_2q_1q_2r_2}{2K_1p_1q_1^2r_2} \tag{9.24}$$

$$E_{2MEY} = \frac{\alpha_{12}\alpha_{21}c_2r_1r_2 - c_2r_1r_2 + K_2p_2q_2r_1r_2 - K_1\alpha_{21}p_2q_2r_1r_2 + E_1K_2\alpha_{12}p_1q_1q_2r_1 + E_1K_1\alpha_{21}p_2q_1q_2r_2}{2K_2p_2q_2^2r_1} \tag{9.25}$$

同样地，通过令每个船队可持续利润函数为零，我们可估计两个船队生物经济平衡时的捕捞努力量(E_{1BE}，E_{2BE})，解 E_1 和 E_2 如下：

$$E_{1BE} = \frac{\alpha_{12}\alpha_{21}c_1r_1r_2 - c_1r_1r_2 + K_1p_1q_1r_1r_2 - K_2\alpha_{12}p_1q_1r_1r_2 + E_2K_2\alpha_{12}p_1q_1q_2r_1}{K_1p_1q_1^2r_2} \tag{9.26}$$

$$E_{2BE} = \frac{\alpha_{12}\alpha_{21}c_2r_1r_2 - c_2r_1r_2 + K_2p_1q_2r_1r_2 - K_1\alpha_{21}p_2q_2r_1r_2 + E_1K_1\alpha_{21}p_2q_1q_2r_2}{K_2p_2q_2^2r_1} \tag{9.27}$$

根据表 9.4 中的参数集，在图 9.4(a)中可以得到船队 2 不同捕捞努力量水平(E_2)下，船队 1 在生物经济平衡(E_{1BE})和最大经济产量(E_{1MEY})的捕捞努力量。相应地，在船队 1 不同捕捞努力量水平下，船队 2 在生物经济平衡(E_{2BE})和最大经济产量(E_{2MEY})的捕捞努力量表示在图 9.4(b)中。

图 9.4(a)表明：随着船队 2 捕捞努力量的增加，由于竞争者生物量降低导致其目标种可利用的食物和栖息地更多，船队 1 公开入渔生物经济平衡的捕捞努力量从 $A_1(E_2 = 0)$移至 A_2。因此，随着船队 1 的捕捞努力量增加，船队 2 公开入渔生物经济平衡的捕捞努力量从平衡水平 $B_1(E_1 = 0)$移至 B_2[见图 9.4(b)]。

通过令每个船队的边际可持续收益等于其相应的单位捕捞努力成本可得出最适捕捞努力量($MR_{E1} = MC_{E1}$ 且 $MR_{E2} = MC_{E2}$)[见图 9.5(a)和 9.5(b)]。边际可持续收入由每个船队总收益的一阶导数估算获得：$MRE_1 = \dfrac{d}{dE_1}[X_1(E_1E_2)p_1q_1E_1]$、$MRE_2 = \dfrac{d}{dE_2}[X_2(E_1E_2)p_2q_2E_2]$，计算 MRE_1 和 MRE_2 的显性公式如下：

$$MRE_1 = \frac{d}{dE_1}\bigg[\left(\frac{K_1r_1r_2 - E_1K_1q_1r_2 - K_2\alpha_{12}r_1r_2 + E_2K_2\alpha_{12}q_2r_1}{r_1r_2 - \alpha_{12}\alpha_{21}r_1r_2}\right)p_1q_1E_1\bigg] \tag{9.28}$$

$$MRE_2 = \frac{d}{dE_2}\bigg[\left(\frac{K_2r_1r_2 - E_2K_2q_2r_1 - K_1\alpha_{21}r_1r_2 + E_1K_1\alpha_{21}q_1r_2}{r_1r_2 - \alpha_{12}\alpha_{21}r_1r_2}\right)p_2q_2E_2\bigg] \tag{9.29}$$

因此，我们得到：

$$\text{MRE}_1 = \frac{p_1 q_1 (K_1 r_1 r_2 - 2E_1 K_1 q_1 r_2 - K_2 \alpha_{12} r_1 r_2 + E_2 K_2 \alpha_{12} q_2 r_1)}{r_1 r_2 (\alpha_{12} \alpha_{21} - 1)} \quad (9.30)$$

$$\text{MRE}_2 = \frac{p_2 q_2 (K_2 r_1 r_2 - 2E_2 K_2 q_2 r_1 - K_1 \alpha_{21} r_1 r_2 + E_1 K_1 \alpha_{21} q_1 r_2)}{r_1 r_2 (\alpha_{12} \alpha_{21} - 1)} \quad (9.31)$$

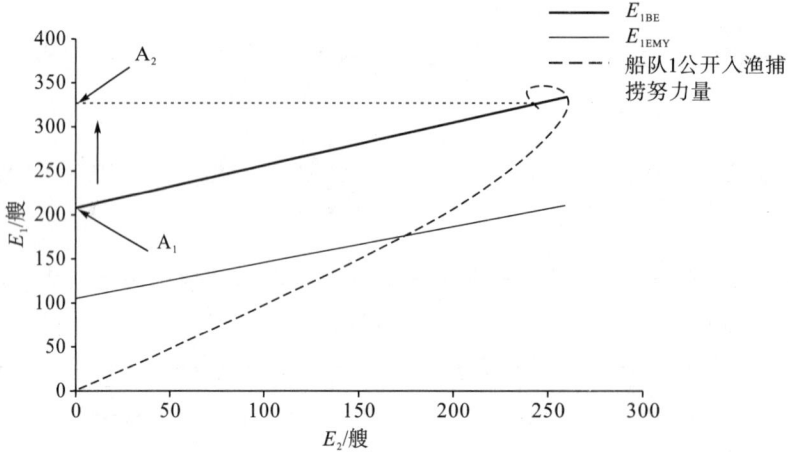

(a)

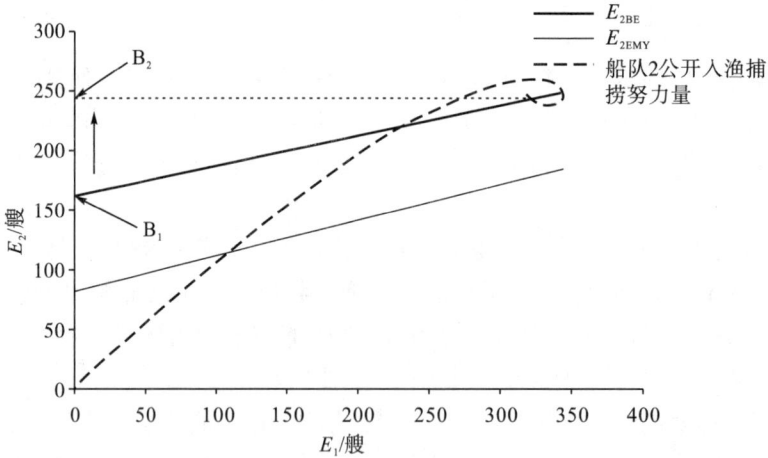

(b)

图 9.4　对于另一船队捕捞竞争种，某一船队的生物经济平衡、最大经济产量、
公开入渔捕捞努力动态

图 9.5(a) 和 9.5(b) 分别表示了每个船队 E_{BE} 和 E_{MEY}。

每个船队在生物经济平衡对应的捕捞努力量与图 9.4(a)（见点 A）和 9.4(b)（见点 B）中表示的一致，公开入渔情况下捕捞努力量发展轨迹趋近于图 9.5(a) 和 9.5(b) 中相同捕捞努力量（E_{1BE}，E_{2BE}）下的 E_{BE} 曲线。

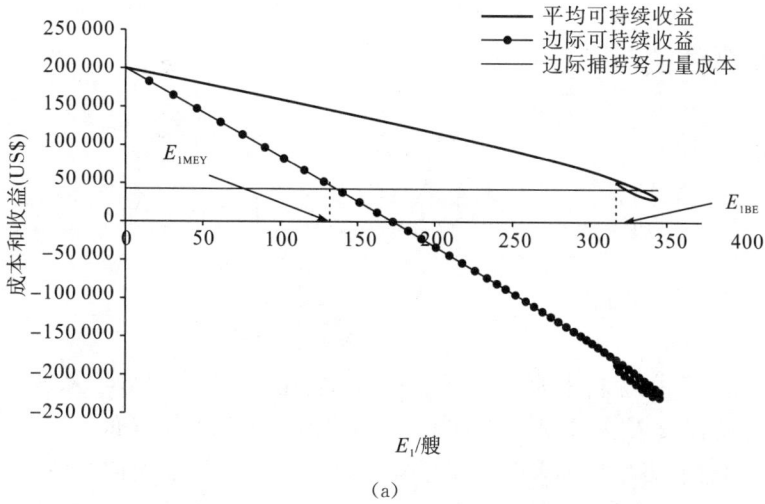

(a)

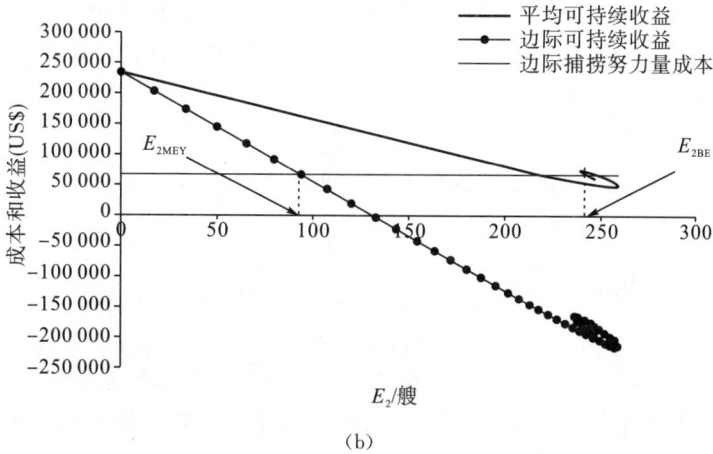

(b)

图 9.5　生态相互影响的渔业捕捞竞争种的平均、边际可持续收益和成本

9.4　案例 2：捕食者－被捕食者相互影响的生物经济学

9.4.1　船队捕捞捕食者和被捕食者

　　一旦捕食－被捕食的关系被确定，能够通过合并相应的生物量自然生长函数来建立模型。

　　运用 Leslie-Gower 模型可以建立捕食者－被捕食者模型。假设存在两种情况：①只有一个船队作业（例如渔船捕捞捕食者或被捕食者）；②一个船队捕捞捕食者，另一个船队捕捞被捕食者。下面将探讨第二种情况。

9.4.2　种群公式

对于被捕食者：

$$\frac{\mathrm{d}X_1}{\mathrm{d}t} = r_1 X_{1,t}\left(1 - \frac{X_{1,t}}{K_1} - \beta_{12} X_{2,t}\right) - q_1 E_{1,t} X_{1,t} \tag{9.32}$$

对于捕食者：

$$\frac{\mathrm{d}X_2}{\mathrm{d}t} = r_2 X_{2,t}\left(1 - \frac{X_{2,t}}{\beta_{21} X_{1,t}}\right) - q_2 E_{2,t} X_{2,t} \tag{9.33}$$

被捕食者随时间的捕食率为 $r_1\beta_{12}X_{1,t}X_{2,t}$，即相互影响参数 β_1、被捕食者和捕食者种群生物量与被捕食者内禀增长率的乘积[见公式(9.34)右侧的分子]。注意，在公式(9.35)中，被捕食者生物量乘以相互影响参数($\beta_{12}X_{1,t}$)等于捕食者种群 X_2 的环境容纳量。此外，该模型假定一个特定捕食者仅捕食物种 X_1，在大多数捕食－被捕食模型中，通常是这样假设的。但是，应该指出的是，公式(9.35)的分母可以扩展为考虑捕食其他类似的物种，这将涉及一个额外食物来源和额外环境容纳量的部分。

捕食者和被捕食者的平衡资源量与前文一样，通过令 $\mathrm{d}X_1/\mathrm{d}t=0$ 且 $\mathrm{d}X_2/\mathrm{d}t=0$，同时解 X_1、X_2 计算得出。

因此，当两个不同的船队捕捞捕食者和被捕食者时，营养上相互影响的物种 PEC 表示如下：

$$\mathrm{PEC}_{X_1} = \frac{K_1 r_2(r_1 - E_1 q_1)}{r_1(r_2 + K_1\beta_{12}\beta_{21}r_2 - E_2 K_1\beta_{12}\beta_{21}q_2)} \tag{9.34}$$

$$\mathrm{PEC}_{X_2} = \frac{K_1\beta_{21}(r_1 - E_1 q_1)(r_2 - E_2 q_2)}{r_1(r_2 + K_1\beta_{12}\beta_{21}r_2 - E_2 K_1\beta_{12}\beta_{21}q_2)} \tag{9.35}$$

与之前一样，通过令两个船队的利润函数均为零，计算该捕食者－被捕食者渔业的 EEC(两个船队分别捕捞捕食者和被捕食者)，并同时解 EEC_{X_1} 和 EEC_{X_2}：

$$\mathrm{EEC}_{X1} = \frac{c_1}{p_1 q_1} \tag{9.36}$$

$$\mathrm{EEC}_{X2} = \frac{c_2}{p_2 q_2} \tag{9.37}$$

对于两个船队分别捕捞捕食者和被捕食者，PEC、EEC 以及其对应的生物经济平衡捕捞努力水平表示在图 9.6 中。

与之前一样，生物经济平衡捕捞努力量对应平均可持续收益($\mathrm{AR}_{E1} = P_1 Y / E_1$)等于其单位捕捞努力量成本的点，且假定它为常数。

为了说明两个船队分别捕捞具有捕食－被捕食关系的两个物种，其生态系统生物经济动态参数集表示在表 9.5 中。

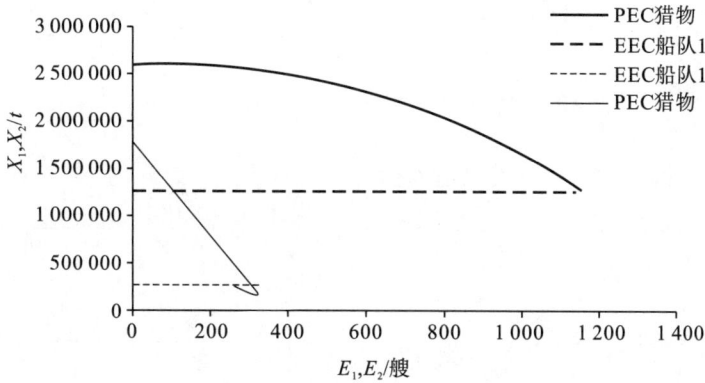

图 9.6　捕食者和被捕食者的种群和经济平衡曲线

表 9.5　捕食者-被捕食者模型的参数集

参数	符号	值	单位
环境容纳量-被捕食者	K_1	4 000 000	t
内禀增长率-被捕食者	r_1	0.36	1/a
内禀增长率-捕食者	r_2	0.15	1/a
初始生物量-被捕食者	$X_{1,0}$	4 000 000	t
初始生物量-捕食者	$X_{2,0}$	275 000	t
相互依赖参数-被捕食者	β_{12}	0.000 000 2	1/t
相互依赖参数-捕食者	β_{21}	0.69	1/t
可捕系数-被捕食者	q_1	0.000 2	1/渔船/a
可捕系数-捕食者	q_2	0.000 4	1/渔船/a
单位捕捞努力量成本-船队 1	C_1	20 000	US$/渔船/a
单位捕捞努力量成本-船队 2	C_2	30 000	US$/渔船/a
物种 1 价格	p_1	80	US$/t
物种 2 价格	p_2	275	US$/t
进入/退出参数-船队 1	φ_1	0.000 95	渔船/US$
进入/退出参数-船队 2	φ_2	0.000 075	渔船/US$

9.4.3　船队 1 和 2 的最适捕捞努力量

通过令船队总利润关于 E_1 和 E_2 的偏导数等于零，获得这些捕食者-被捕食者相互影响渔业的最适捕捞努力量。

$$\frac{\partial \pi}{\partial E_1}\left\{pq_1E_1\left[-K\,\frac{K(E_1q_1-r+E_2q_2)}{r_1}\right]+pq_2E_2\left[-K\,\frac{K(E_1q_1-r+E_2q_2)}{r_1}\right]\right.$$
$$\left.-c_1E_1-c_2E_2\right\}=0 \tag{9.38}$$

$$\frac{\partial \pi}{\partial E_2} \left\{ pq_1 E_1 \left[-K \frac{K(E_1 q_1 - r + E_2 q_2)}{r_1} \right] + pq_2 E_2 \left[-K \frac{K(E_1 q_1 - r + E_2 q_2)}{r_1} \right] \right.$$

$$\left. - c_1 E_1 - c_2 E_2 \right\} = 0 \tag{9.39}$$

解 E_1 和 E_2 得到竞争船队的最适捕捞努力量水平：

$$E_{1MEY} = -\frac{c_1 r_1 r_2 - K_1 p_1 q_1 r_1 r_2 - E_2^2 K_1 \beta_{21} p_2 q_1 q_2^2 + K_1 \beta_{12} \beta_{21} c_1 r_1 r_2 - E_2 K_1 \beta_{12} \beta_{21} c_1 q_2 r_1 + E_2 K_1 \beta_{21} p_2 q_1 q_2 r_2}{2 K_1 p_1 q_1^2 r_2}$$

$$\tag{9.40}$$

$$E_{2MEY} = \frac{\beta_{12} c_2 q_2 r_1 r_2 - p_2 q_2^2 r_1 r_2 - \sqrt{\{*\}} + E_1 p_2 q_2^2 r_2 + K_1 \beta_{12}^2 \beta_{21} c_2 q_2 r_1 r_2 - K_1 \beta_{12} \beta_{21} p_2 q_2^2 r_1 r_2 + E_1 K_1 \beta_{12} \beta_{21} p_2 q_1 q_2^2 r_2}{K_1 \beta_{12} \beta_{21} q_2^2 (\beta_{12} c_2 r_1 - p_2 q_2 r_1 + E_1 p_2 q_1 q_2)}$$

$$\tag{9.41}$$

其中：

$$\sqrt{\{*\}} = \sqrt{-q_2^3 r_2 (r_1 - E_1 q_1)(-E_1 \beta_{21} p_1 q_1 K_1^2 \beta_{12}^2 + \beta_{21} p_2 r_2 K_1 \beta_{12} + p_2 r_2)(\beta_{12} c_2 r_1 - p_2 q_2 r_1 + E_1 p_2 q_1 q_2)}$$

最后，令其相应的可持续利润函数为零，计算两个船队的生物经济平衡时的捕捞努力量函数，解 E_1 和 E_2：

$$E_{1BE} = \frac{r_1 (c_1 c_2 - K_1 p_1 q_1 r_2 + K_1 \beta_{12} \beta_{21} c_1 c_2 - E_2 K_1 \beta_{12} \beta_{21} c_1 q_2)}{K_1 p_1 q_1^2 r_2} \tag{9.42}$$

$$E_{2BE} = \frac{c_2 r_1 r_2 + K_1 \beta_{12} \beta_{21} c_2 r_1 r_2 - K_1 \beta_{21} p_2 q_2 r_1 r_2 + E_1 K_1 \beta_{21} p_2 q_1 q_2 r_2}{K_1 \beta_{12} \beta_{21} c_2 q_2 r_1 - K_1 \beta_{21} p_2 q_2^2 r_1 + E_1 K_1 \beta_{21} p_2 q_1 q_2^2} \tag{9.43}$$

由图 9.7(a)可以看到，随着捕获捕食者的船队捕捞努力量增加（例如增加对捕食者的开发率），捕捞被捕食者船队公开入渔生物经济平衡时的捕捞努力量从 A_1（当 $E_2 = 0$ 时，平衡捕捞努力水平）增至 A_2。这是由于船队 1 所捕捞的被捕食者总的捕食死亡率在降低。

另一方面[图 9.7(b)]，随着船队 1 的捕捞努力量降低，导致公开入渔平衡从 B_1（当 $E_1 = 0$ 时，平衡捕捞努力水平）降为 B_2。

令每个船队的边际可持续收益等于其对应的单位捕捞努力量成本（$MR_{E1} = MC_{E1}$），可获得每个船队的最适捕捞努力量。与之前一样，边际可持续收益由每个船队总可持续成本的一阶倒数估算：$MRE_1 = d[X_1(E_1 E_2) p_1 q_1 E_1]/dE_1$，$MRE_2 = d[X_2(E_1 E_2) p_2 q_2 E_2]/dE_2$。计算 MRE_1 和 MRE_2 的显性公式如下：

$$MRE_1 = \frac{K_1 p_1 q_1 r_2 (r_1 - 2 E_1 q_1)}{r_1 (r_2 + K_1 \beta_{12} \beta_{21} r_2 - E_2 K_1 \beta_{12} \beta_{21} q_2)} \tag{9.44}$$

$$MRE_2 = \frac{K_1 \beta_{21} p_2 q_2 (r_1 - E_1 q_1)(r_2^2 - 2 E_2 q_2 r_2 + K_1 \beta_{12} \beta_{21} r_2^2 + E_2^2 K_1 \beta_{12} \beta_{21} q_2^2 - 2 E_2 K_1 \beta_{12} \beta_{21} q_2 r_2)}{r_1 (r_2 + K_1 \beta_{12} \beta_{21} r_2 - E_2 K_1 \beta_{12} \beta_{21} q_2)^2}$$

$$\tag{9.45}$$

图 9.8(a)和 9.8(b)分别获得捕捞捕食者和被捕食者的各船队的 E_{BE} 和 E_{MEY}。每个船队在生物经济平衡时对应的捕捞努力量与图 9.7(a)（点 A）和图 9.7(b)（点 B）中表示的一致，其中公开入渔情况下捕捞努力量的发展轨迹趋近于图 9.8(a)和 9.8(b)中相同的捕捞努力量（分别为 E_{1BE}，E_{2BE}）下的 E_{BE} 曲线。

(a)

(b)

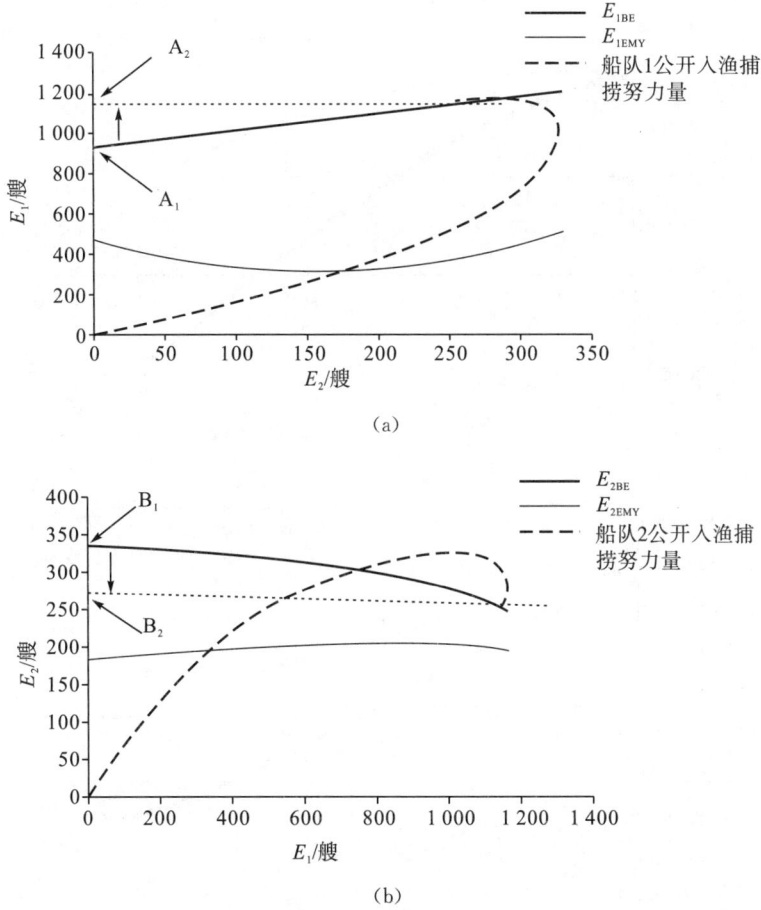

图 9.7　船队根据彼此的捕捞努力量捕捞捕食者和被捕食者的生物经济平衡、
最大经济产量、公开入渔捕捞努力量动态分布图

9.4.4　捕捞死亡率存在和不存在下的生物量等斜线

运用 Leslie-Gower 捕食－被捕食模型，种群等斜线能够通过令公式(9.32)和(9.33)等于零，分别解 X_1、X_2 获得。

对于被捕食者种群公式：

$$X_1 = K_1 - K_1 X_2 \beta_{12} \tag{9.46}$$

捕食者种群公式：

$$X_2 = \begin{cases} 0, & \text{若 } X_1 = 0, \beta_{21} = 0 \\ \text{不确定}, & \text{其他} \end{cases} \tag{9.47}$$

令公式(9.46)中的 $X_1=0$，得到 $X_2=1/\beta_{12}$；再令 $X_2=0$，得到 $X_1=K_1$。

与之前一样，当存在捕捞死亡率时，得到下面的被捕食者公式：

$$X_1 = -\frac{E_1 K_1 q_1 - K_1 r_1 + K_1 X_2 \alpha_1 r_1}{r_1} \tag{9.48}$$

(a)

(b)

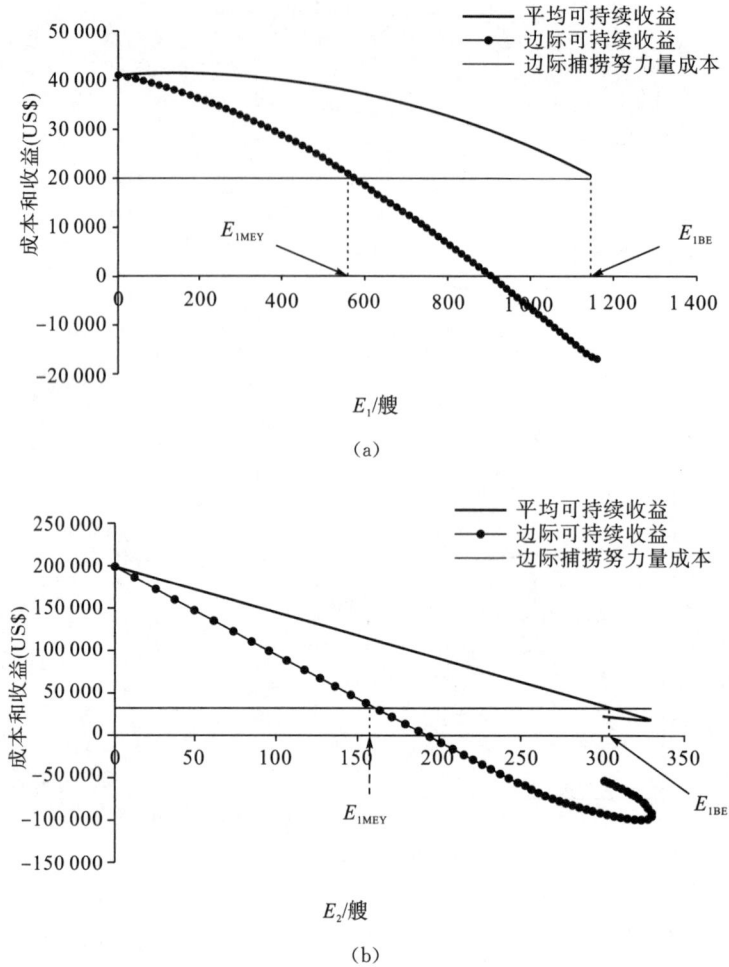

图 9.8　捕捞捕食者和被捕食者的生态相互影响渔业的平均、边际可持续收益和成本

令公式(9.48)中的 $X_1 = 0$，得到 $X_2 = (r_1 - E_1 q_1) / \beta_{12} r_1$；令 $X_2 = 0$，得到 $X_1 = K_1 (r_1 - E_1 q_1) / r_1$。

对于已开发捕食者种群：

$$X_2 = -\frac{X_1 \beta_{21} r_2 - E_2 X_1 \beta_{21} q_2}{r_2} \tag{9.49}$$

当令

$$X_1 = 0 \longrightarrow X_2 = 0$$

和

$$X_2 = 0 \longrightarrow X_1 = 0$$

运用被捕食者种群公式(9.46)和(9.48)，在图 9.9 中，生态相互影响渔业的种群等斜线表示捕食者、被捕食者已开发和未开发的生物量。

我们能够观察到：对于捕食者，$1/\beta_{12} > (r_1 - E_1 q_1) \beta_{12} r_1$；对于被捕食者，$K_1 > [K_1 (r_1 - E_1 q_1)]/r_1$。

分别运用存在和不存在捕捞死亡率的捕食者公式［分别为(9.47)、(9.49)］，得到种

群等斜线为 0 或不确定值。因为这包括令被捕食者生物量为零，得到捕食者环境容纳量
[见公式(9.33)分母]。

关于捕食者－被捕食者模型生物经济学的推荐文献是 Clark(1985)和 Flaaten(1998)。

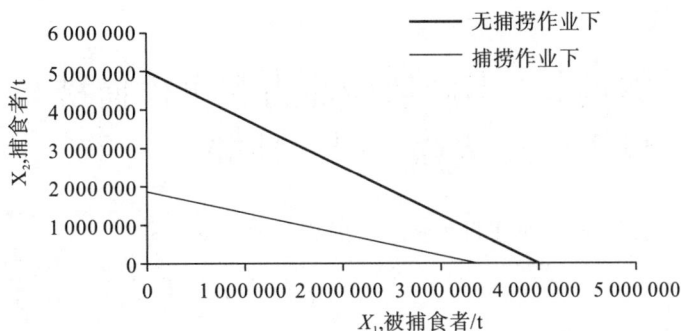

图 9.9 由被捕食者种群公式获得的存在和不存在捕捞死亡率下的种群等斜线

9.4.5 扩展竞争和捕食者－被捕食者模型至渔业生态系统途径

如第 8 章所述，向渔业管理生态系统途径移动，也可以加入生物经济模型，具有竞
争和捕食者－被捕食者生态相互影响的一般表达式为

$$\frac{\mathrm{d}X_i}{\mathrm{d}t} = r_i X_i \frac{K_i - X_i - \left(\sum_{j\neq i}^{n} \alpha_{ij} X_j\right)}{K_i} - \sum_{m=1}^{n} q_{m,i} E_{m,i} X_i \tag{9.50}$$

其中，ij 是竞争者，m 是捕捞它们的不同船队。

对于具有多个捕食者和多个被捕食者的捕食者－被捕食者相互影响的渔业，我们得
到以下公式。

对于被 j 种类捕食、被船队 m 捕捞的被捕食者 i，得到：

$$\frac{\mathrm{d}X_i}{\mathrm{d}t} = r_i X_i \left[1 - \frac{X_i}{K_i} - \left(\sum_{j}^{n} \beta_{ij} X_j\right)\right] - \sum_{m=1}^{n} q_{m,i} E_{m,i} X_i \tag{9.51}$$

对于被捕食者 i、被船队 k 捕捞的捕食者 j，得到：

$$\frac{\mathrm{d}X_j}{\mathrm{d}t} = r_j X_j \left(1 - \sum_{i}^{n} \frac{X_j}{\beta_{ji} X_i}\right) - \sum_{k=1}^{l} q_{k,j} E_k X_j \tag{9.52}$$

随着生态系统参数变得可用，用于表示生态相互影响的 Excel 模型能够扩展到包含
多竞争者、捕食者、被捕食者的情况，如公式(9.50)~(9.52)所示。早期生态相互影响
种类的最适捕捞生物经济研究参见 Hannesson(1983)和 Clark(1985)。

9.4.6 渔业中技术相互影响的动态生物经济模型

在这一小节里，我们将扩展第 3 章介绍的 Shaefer-Gordon 模型，使其能够描述下面
两种情况：①不同捕捞能力和单位捕捞成本的船队竞争同一种群；②多种类渔业偶尔捕
获另一渔业的目标种。

最后，提出年龄结构动态模型来说明一个连续渔业，其中小型渔船在沿海捕捞幼鱼，

工业化渔船在深海捕捞成年目标种类。对于该连续性渔业,要解释其动态渔获率的年龄结构影响,描述每个船队渔获物的年龄组成是基础。最后,通过引入捕捞同一种群不同结构组分的小型、工业化船队特定年龄捕捞死亡率和相应捕捞努力动态,扩展第5章讨论的年龄结构模型。

9.5 案例3:不同捕捞能力和单位捕捞努力量成本的船队竞争同一种群

两个船队竞争捕捞同一种群的渔业生物量动态公式如下:

$$\frac{\mathrm{d}X}{\mathrm{d}t} = rX\left(1 - \frac{X}{K}\right) - q_1 E_1 X - q_2 E_2 X \tag{9.53}$$

E_1 和 E_2 是不同捕捞能力(q_1、q_2)和单位捕捞努力量成本(c_1、c_2)船队的捕捞努力量。

令公式(9.53)为零,解 X,得到 PEC 如下:

$$\mathrm{PEC}_X = -K\left(\frac{E_1 q_1 - r + E_2 q_2}{r}\right) \tag{9.54}$$

PEC 由两个作业船队的生物参数(K,r)和捕捞死亡率决定。

每个船队从该种群获得的利润表示如下:

$$\pi_{E1} = E_1(q_1 X p - c_1) \tag{9.55}$$

$$\pi_{E2} = E_2(q_2 X p - c_2) \tag{9.56}$$

通过令公式(9.55)和(9.56)等于0,解 X,计算出每个船队 EEC 生物量:

$$\mathrm{EEC}_{\mathrm{XBE},1} = \frac{c_1}{q_1 p} \tag{9.57}$$

$$\mathrm{EEC}_{\mathrm{XBE},2} = \frac{c_2}{q_2 p} \tag{9.58}$$

在图9.9中,根据提供的参数集(表9.5)能够观察到,船队1迫使船队2从渔业中退出,因为船队2达到经济平衡(EEC_2)的生物量大于船队1达到(EEC_1)的生物量。

根据表9.6提供的参数集,$X_{\mathrm{BE},2} = 2\,142\,857$ t,$X_{\mathrm{BE},1} = 1\,250\,000$ t。因此,在公开入渔下,定义船队退出过程方向的关键参数是单位捕捞努力量成本和每个船队的可捕系数。

表9.6 不同船队模型的参数集

参数	符号	值	单位
环境容纳量	K	4 000 000	t
内禀增长率	r	0.36	1/a
可捕系数-小型渔船	q_1	0.000 2	1/渔船/a
可捕系数-工业化渔船	q_2	0.000 35	1/渔船/a
鱼价	p	60	US\$/t
单位捕捞努力量成本-小型渔船	C_1	15 000	US\$/渔船/a
单位捕捞努力量成本-工业化渔船	C_2	45 000	US\$/渔船/a

参数	符号	值	单位
初始生物量	X_0	4 000 000	t
进入/退出参数-小型渔船	φ_1	0.001 75	渔船/US$
进入/退出参数-工业化渔船	φ_2	0.000 3	渔船/US$

应该指出的是，在公开入渔下，$X_{BE,1} < X_{BE,2}$，导致船队 1 将迫使船队 2 从渔业中退出。EEC$_2$ 曲线表明：若生物量低于其生物经济平衡时的生物量，则船队 2 无法继续作业。因此，E_2 趋于 0[图 9.10(b)]，随后 E_2 趋于生物经济平衡[图 9.10(a)]。

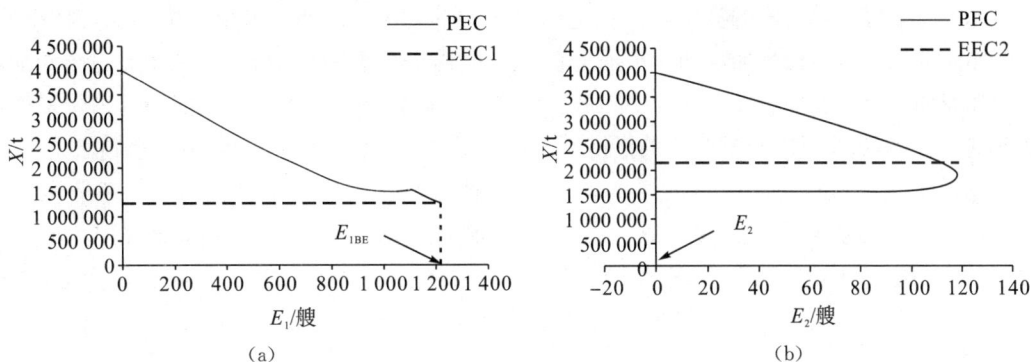

图 9.10　不同船队竞争同一种群的种群和经济平衡曲线

9.5.1　船队 1 和 2 的最适捕捞努力量

令船队总利润的偏导数为零，得到相互影响渔业的最适捕捞努力量。

$$\frac{\partial \pi}{\partial E_1} \left\{ pq_1 E_1 \left[-K\,\frac{K(E_1 q_1 - r + E_2 q_2)}{r_1} \right] + pq_2 E_2 \right.$$
$$\left. \times \left[-K\,\frac{K(E_1 q_1 - r + E_2 q_2)}{r_1} \right] - c_1 E_1 - c_2 E_2 \right\} = 0 \tag{9.59}$$

$$\frac{\partial \pi}{\partial E_2} \left\{ pq_1 E_1 \left[-K\,\frac{K(E_1 q_1 - r + E_2 q_2)}{r_1} \right] + pq_2 E_2 \right.$$
$$\left. \times \left[-K\,\frac{K(E_1 q_1 - r + E_2 q_2)}{r_1} \right] - c_1 E_1 - c_2 E_2 \right\} = 0 \tag{9.60}$$

解 E_1、E_2 得到竞争船队的最适捕捞努力量水平：

$$E_{1MEY} = -\frac{c_1 r - K p q_1 r + 2E_2 K p q_1 q_2}{2K p q_1^2} \tag{9.61}$$

$$E_{2MEY} = -\frac{c_2 r - K p q_2 r + 2E_1 K p q_1 q_2}{2K p q_2^2} \tag{9.62}$$

令边际可持续收益等于其相应的单位捕捞努力量成本（MR$_{E1}$＝MC$_{E1}$），计算出每个船队的最适捕捞努力量。边际可持续收益由每个船队总可持续收益的一阶导数估算得出：

$$MRE_1 = d[X(E_1 E_2) p q_1 E_1]/dE_1 \tag{9.63}$$

$$MRE_2 = d[X(E_1 E_2) p q_2 E_2]/dE_2 \tag{9.64}$$

计算 MRE_1 和 MRE_2 的公式如下：

$$MRE_1 = -\frac{Kpq_1(2E_1q_1 - r + E_2q_2)}{r} \quad (9.65)$$

$$MRE_2 = -\frac{Kpq_2(2E_1q_1 - r + E_2q_2)}{r} \quad (9.66)$$

在图 9.10 中，随着一个船队的捕捞努力量增加，另一个船队的生物经济平衡和最大经济产量的捕捞努力量在降低，因为它们竞争同一种群。注意，在前面生态相互影响的案例中，我们得到不同的趋势。对于种间竞争，随着一个船队捕捞努力量增加，另一个船队的 E_{BE} 和 E_{MEY} 也增加，因为前一个船队更高的开发率释放了物种竞争指标（食物和栖息地），使生态系统能够容纳更多的竞争者。在上面介绍的捕食者－被捕食者模型中，随着捕捞捕食者船队的捕捞努力量增加，捕捞被捕食者船队的生物经济平衡和最大经济产量也会增加，因为随着捕食者开发率增加，捕食率降低。但是，当捕捞被捕食者船队的捕捞努力量增加，捕捞捕食者船队 BE 和 MEY 对应的捕捞努力量由于被捕食者数量的降低而出现降低。

图 9.11 表示公开入渔下不同渔船竞争同一种群时，船队的排除过程。优势船队 E_1 公开入渔动态的轨迹是向后弯曲的[9.11(a)]，轨迹反映了船队 2 被排除的过程，E_1 最后达到生物经济平衡（A 点）。图 9.11(b) 表明，船队 2 公开入渔轨迹朝着退出渔业的方向移动（点 B）。船队 1 生物经济平衡捕捞努力量（E_{1BE}）与令 $AR_{E1} = AC_{E1}$ 计算得出的结果[表示在图 9.12(a) 中]相同。

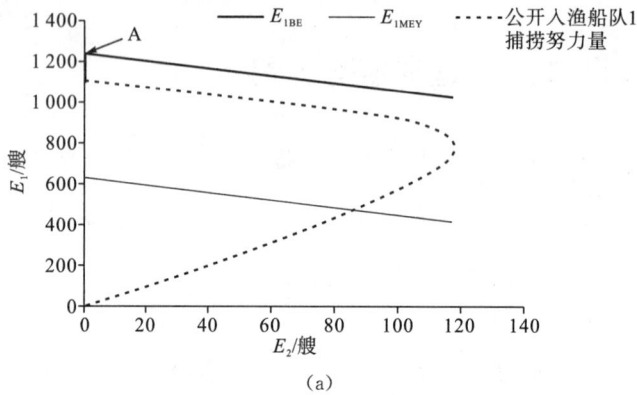

（a）

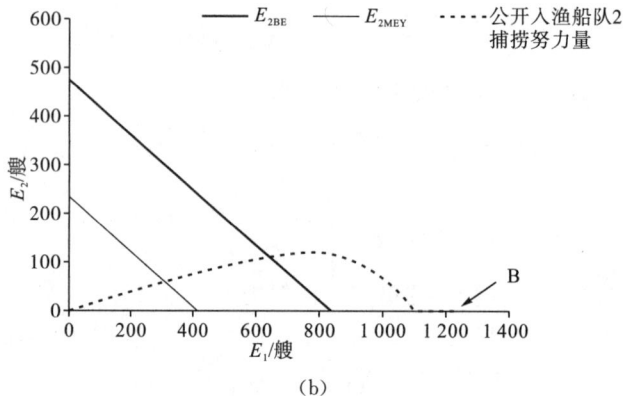

（b）

图 9.11 不同船队捕捞同一种群的生物经济平衡、最大经济产量、公开入渔捕捞努力量动态分布图

当优势船队 1 的捕捞努力量达到 1 100 个单位，船队 1 公开入渔捕捞努力量为 0。在图 9.12(b) 中，船队 2 的平均和边际可持续收益的轨迹是一条超过其 BE 捕捞努力量的向前弯曲曲线。随着公开入渔动态下优势船队捕捞努力量继续增加，船队 2 的捕捞努力量会降为 0。

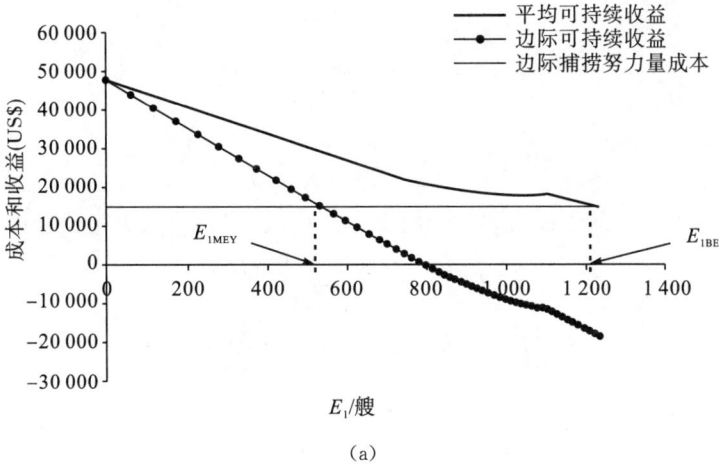

(a)

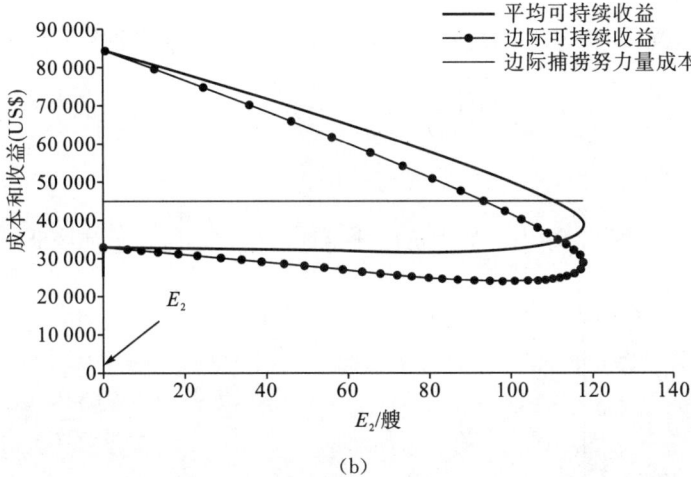

(b)

图 9.12　不同船队捕捞同一种群的平均、边际可持续收益和成本

9.5.2　捕捞努力量等斜线：不同船队

在两个船队竞争同一种群的渔业等斜线生物经济学中，我们获得了最大经济产量和生物经济平衡时的捕捞努力量等斜线。

通过令公式 (9.61) 中的 E_2 为 0，得到船队 1 的最大经济产量等斜线 ($\text{MEYI}_{E1,1}$)：

$$\text{MEYI}_{E1,1} = -\frac{c_1 r - K p q_1 r}{2 K p q_1^2} \tag{9.67}$$

相应地，令公式 (9.61)($E_{1\text{MEY}}$) 等于 0，解 E_2，得到船队 2 的最大经济产量等斜线

$(\mathrm{MEYI}_{E1,,2})$：

$$\mathrm{MEYI}_{E1,2} = -\frac{0.5(c_1 r - Kp q_1 r)}{Kp q_1 q_2} \tag{9.68}$$

与之前一样，令公式(9.62)中 E_1 为 0，可以得到船队 2 的最大经济产量等斜线 $(\mathrm{MEYI}_{E2,,2})$。同样，令公式(9.62)($E_{2\mathrm{MEY}}$)等于 0，解 E_1，可得到船队 1 的最大经济产量等斜线($\mathrm{MEYI}_{E2,,1}$)。

$$\mathrm{MEYI}_{E2,2} = -\frac{c_2 r - Kp q_2 r}{2Kp q_2^2} \tag{9.69}$$

$$\mathrm{MEYI}_{E2,1} = -\frac{0.5(c_2 r - Kp q_2 r)}{Kp q_1 q_2} \tag{9.70}$$

继续相同的过程，令公式(9.63)中的 E_2 等于 0，得到船队 1 生物经济平衡等斜线：

$$\mathrm{BEI}_{E1,1} = -\frac{c_1 r - Kp q_1 r}{Kp q_1^2} \tag{9.71}$$

相应地，令公式(9.63)($E_{1\mathrm{BE}}$)等于 0，解 E_2，得到船队 2 生物经济平衡等斜线 $(\mathrm{BEI}_{E1,2})$：

$$\mathrm{BEI}_{E1,2} = -\frac{c_1 r - Kp q_1 r}{Kp q_1 q_2} \tag{9.72}$$

最后，令公式(9.64)($E_{2\mathrm{BE}}$)中的 E_1 等于 0，得到船队 2 生物经济平衡等斜线 $(\mathrm{BEI}_{E2,2})$；令公式(9.64)等于 0，解 E_1，得到船队 1 生物经济平衡等斜线($\mathrm{BEI}_{E2,1}$)：

$$\mathrm{BEI}_{E2,2} = -\frac{c_2 r - Kp q_2 r}{Kp q_1 q_2} \tag{9.73}$$

$$\mathrm{BEI}_{E2,1} = -\frac{c_2 r - Kp q_2 r}{Kp q_2^2} \tag{9.74}$$

产生的值表示在图 9.13 中，从中可以清楚地看出，船队 1 迫使船队 2 退出渔业。

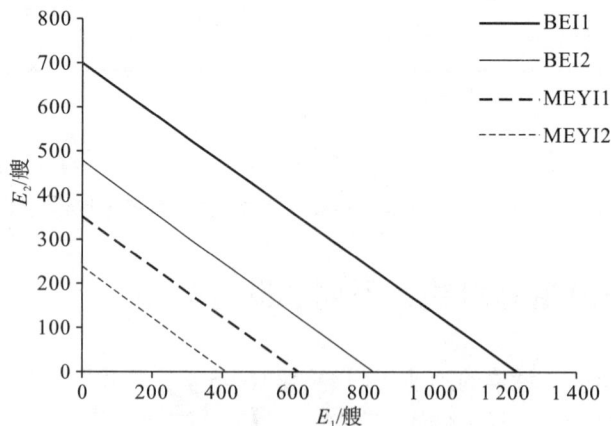

图 9.13　不同船队捕捞同一种群的等斜线生物经济学

9.6 案例 4：多物种、多船队渔业
——一个船队偶然捕获其他渔业的目标种

考虑船队 1 捕捞目标物种 1，并偶然捕获船队 2 的目标捕捞物种 2 的多物种渔业情况。这种情况发生于很多沿海渔业中，即一个船队使用低选择性渔具偶尔捕获其他船队的目标种。

在这种类型的渔业中，存在两种情况：①只要由船队 1 偶然捕获产生的捕捞死亡率小于物种 2 的内禀增长率（$q_{12}E_{2BE} < r_2$），在船队 2 的开发下，物种 2 仍然能够存在于生态系统中；②若船队 1 生物经济平衡时的捕捞努力量对物种 2 的兼捕死亡率，大于物种 2 的内禀增长率（$q_{12}E_{2BE} > r_2$），捕捞目标物种 1、并兼捕物种 2 的船队 1 导致物种 2 灭绝。在本节内容中，使用案例 1 下的参数。

物种 1 和 2 的生物量动态公式如下：

$$\frac{dX_1}{dt} = r_1 X_1 \left(1 - \frac{X_1}{K_1}\right) - q_{11} E_1 X_1 \tag{9.75}$$

$$\frac{dX_2}{dt} = r_2 X_2 \left(1 - \frac{X_2}{K_2}\right) - q_{12} E_1 X_2 - q_{22} E_2 X_2 \tag{9.76}$$

其中，E_1、E_2 分别是船队 1、2 的捕捞努力量，q_{11}、q_{12} 船队 1 捕捞物种 1 和兼捕物种 2 的可捕系数，q_{22} 是船队 2 捕捞物种 2 可捕系数。

多物种渔业的 PEC 通过令 $dX_1/dt = 0$、$dX_2/dt = 0$，同时解 X_1、X_2 获得。

对于一个船队捕捞一个物种，并兼捕其他渔业目标鱼种的技术相互影响渔业的 PEC 表示如下：

$$\text{PEC}_{X1} = \frac{K_1(r_1 - E_1 q_{11})}{r_1} \tag{9.77}$$

$$\text{PEC}_{X2} = -\frac{K_2(E_1 q_{12} - r_2 + E_2 q_{22})}{r_2} \tag{9.78}$$

令该多物种、多船队渔业的利润函数公式（9.79）和（9.80）为 0，解 X_1、X_2，得到物种 1、2 的生物量 EEC：

$$\pi_1 = E_1(p_1 q_1 X_1 + p_2 q_1 X_2 - c_1) \tag{9.79}$$

$$\pi_2 = E_2(p_2 q_2 X_2 - c_2) \tag{9.80}$$

解 X_1、X_2 如下：

$$\text{EEC}_{X1} = \frac{c_1 - X_2 p_2 q_{12}}{p_1 q_{11}} \tag{9.81}$$

$$\text{EEC}_{X2} = \frac{c_2}{p_2 q_{22}} \tag{9.82}$$

图 9.14 表示船队 1、2 的目标物种生物量的 EEC 和 PEC 曲线以及每个船队相应的生物经济平衡时的捕捞努力量。

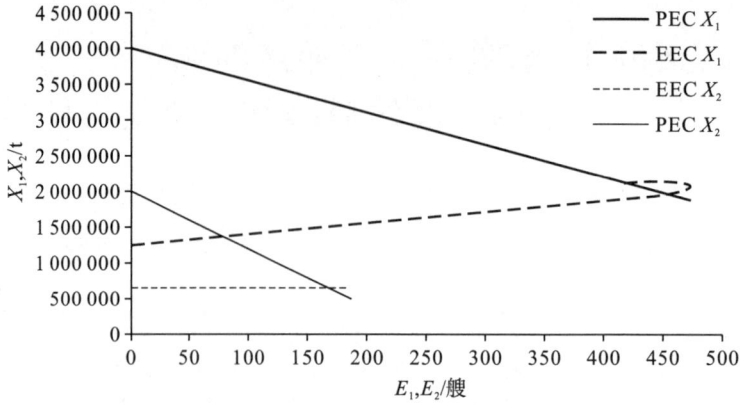

图 9.14　多物种渔业的种群、经济平衡曲线

9.6.1　最适捕捞努力量

令总利润的偏导数等于 0：

$$\frac{\partial}{\partial E_1}\left[\frac{K_1(r_1 - E_1 q_{11})}{r_1}p_1 q_{11} E_1 - \frac{K_2(E_1 q_{12} - r_2 + E_2 q_{22})}{r_1}p_2 q_{12} E_1 \right.$$
$$\left. - \frac{K_2(E_1 q_{12} - r_2 + E_2 q_{22})}{r_1}p_2 q_{22} E_2 - c_1 E_1 - c_2 E_2\right] = 0 \tag{9.83}$$

$$\frac{\partial}{\partial E_2}\left[\frac{K_1(r_1 - E_1 q_{11})}{r_1}p_1 q_{11} E_1 - \frac{K_2(E_1 q_{12} - r_2 + E_2 q_{22})}{r_1}p_2 q_{12} E_1 \right.$$
$$\left. - \frac{K_2(E_1 q_{12} - r_2 + E_2 q_{22})}{r_1}p_2 q_{22} E_2 - c_1 E_1 - c_2 E_2\right] = 0 \tag{9.84}$$

解 E_1、E_2，得到相互影响渔业的最适捕捞努力量：

$$E_{1MEY} = -\frac{c_1 r_1 r_2 - K_1 p_1 q_{11} r_1 r_2 - K_2 p_2 q_{12} r_1 r_2 + 2E_2 K_2 p_2 q_{12} q_{22} r_1}{2(K_1 p_1 r_2 q_{11}^2 + K_2 p_2 r_1 q_{12}^2)} \tag{9.85}$$

$$E_{2MEY} = -\frac{c_2 r_2 - K_2 p_2 q_{22} r_2 + 2E_1 K_2 p_2 q_{12} q_{22}}{2K_2 p_2 q_{22}^2} \tag{9.86}$$

我们可以观察到，在公开入渔下在多物种渔业中，船队 1 兼捕物种 2 将对船队 2 产生一个负外部性，即捕捞物种 2 的资源量和价值更少（图 9.14）。当两个船队的利润函数为 0，船队 1、2 达到生物经济平衡，解 E_1、E_2 如下：

$$E_{1BE} = -\frac{c_1 r_1 r_2 - K_1 p_1 q_{11} r_1 r_2 - K_2 p_2 q_{12} r_1 r_2 + E_2 K_2 p_2 q_{12} q_{22} r_1}{K_1 p_1 r_2 q_{11}^2 + K_2 p_2 r_1 q_{12}^2} \tag{9.87}$$

$$E_{2BE} = -\frac{c_2 r_2 - K_2 p_2 q_{22} r_2 + E_1 K_2 p_2 q_{12} q_{22}}{K_2 p_2 q_{22}^2} \tag{9.88}$$

从图 9.15 中，我们能够观察到，随着船队 1（兼捕船队 2 的目标种）捕捞努力量增加，船队 2 生物经济平衡和最大经济产量的捕捞努力量降低，因为两个船队同时捕捞物种 2。从图中我们还可以看出，随着船队 2 的捕捞努力量增加，船队 1 公开入渔生物经济平衡的捕捞努力量由 $A_1(E_2 = 0)$ 降为 A_2，因为船队 2 捕捞努力量递增导致船队 1 兼捕物种 2 获得的收益降低。

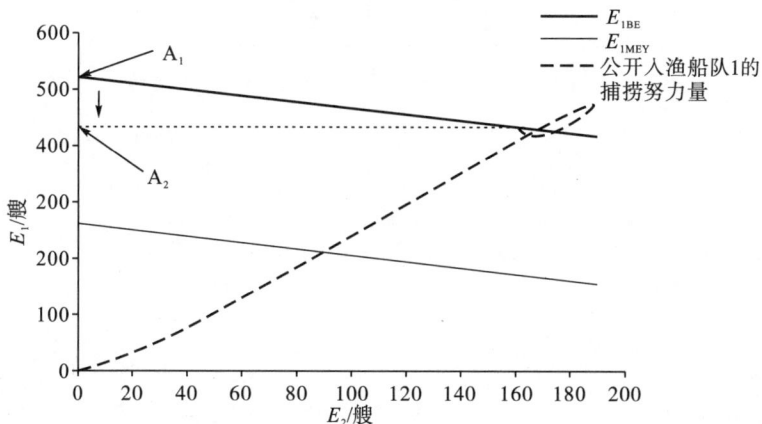

(a)

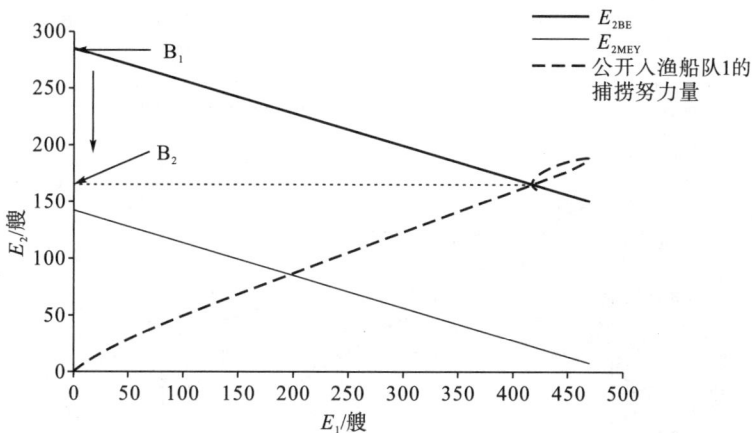

(b)

图 9.15　多物种渔业的生物经济平衡、最大经济产量、公开入渔捕捞努力量动态分布图

相应地，随着船队 1 捕捞努力量增加，船队 2 公开入渔生物经济平衡的捕捞努力量从 $B_1(E_1=0)$ 降为 B_2［见图 9.4(b)］。这是因为船队 2 仅能从捕获物种 2 获得收益。

令边际可持续收益等于其相应的单位捕捞努力量成本（例如 $MR_{E1}=MC_{E1}$），得到每个船队的最适捕捞努力量。边际可持续收益由每个船队总可持续收益的一阶导数估算出，计算 MRE_1 和 MRE_2 的公式如下：

$$MRE_1 = \frac{K_1 p_1 q_{11} r_2 + K_2 p_2 q_{12} r_2 - 2E_1 K_2 p_2 q_{12}^2 - E_2 K_2 p_2 q_{12} q_{22}}{r_2} - \frac{2E_1 K_1 p_1 q_{11}^2}{r_1}$$

$$(9.89)$$

$$MRE_2 = -\frac{K_2 p_2 q_{22}(E_1 q_{12} - r_2 + 2E_2 q_{22})}{r_2} \tag{9.90}$$

用表 9.7 提供的参数集得到上述两种情况下生物经济平衡和最大经济产量的捕捞努力量水平表示在图 9.16 中。

表 9.7 多鱼种相互影响渔业的参数集

参数	符号	值	单位
环境容纳量-物种 1	K_1	4 000 000	t
环境容纳量-物种 2	K_2	2 000 000	t
内禀增长率-物种 1	r_1	0.36	1/a
内禀增长率-物种 2	r_2	0.3	1/a
可捕系数-船队 1，物种 1	q_{11}	0.000 4	1/渔船/a
可捕系数-船队 1，物种 2	q_{12}	0.000 2	1/渔船/a
可捕系数-船队 2，物种 2	q_{22}	0.000 7	1/渔船/a
鱼价-物种 1	p_1	60	US\$/t
鱼价-物种 2	p_2	75	US\$/t
单位捕捞努力量-船队 1	C_1	60 000	US\$/渔船/a
单位捕捞努力量-船队 2	C_2	35 000	US\$/渔船/a
初始生物量-物种 1	$X_{1,0}$	4 000 000	t
初始生物量-物种 2	$X_{2,0}$	2 000 000	t
进入/退出参数-船队 1	φ_1	$2.342\ 79\times10^{-6}$	渔船/US\$
进入/退出参数-船队 2	φ_2	$1.860\ 38\times10^{-6}$	渔船/US\$

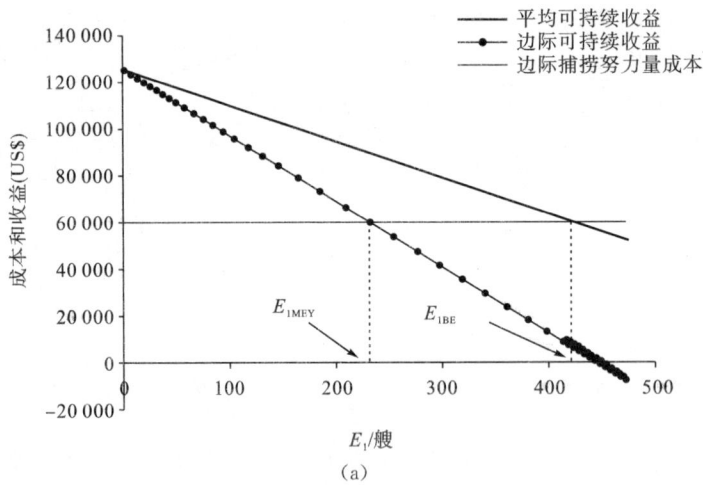

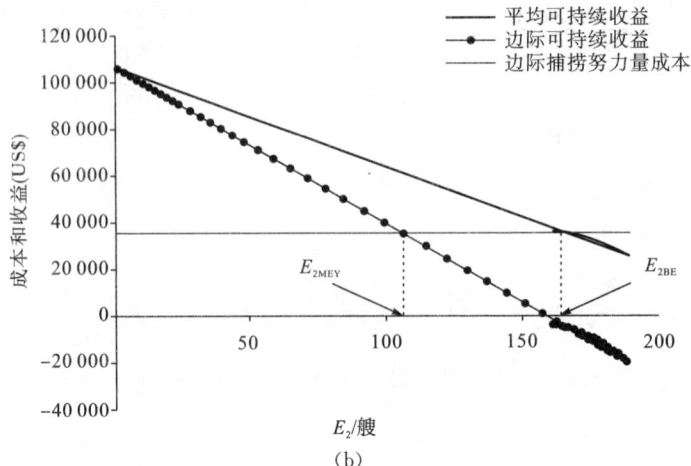

(a)

(b)

图 9.16 多物种、多船队渔业的平均、边际可持续收益和成本

9.6.2　多物种渔业：捕捞努力量等斜线

从一个船队兼捕其他船队目标种渔业的等斜线生物经济学中，我们获得了最大经济产量和生物经济平衡处捕捞努力量等斜线。渔业捕捞努力量等斜线即两个相互作用的船队中，某一船队的变化速率、偏导数等于 0 的一组捕捞努力量。

令公式(9.85)中的 E_2 等于 0，得到船队 1 最大经济产量等斜线($\text{MEYI}_{E1,1}$)表达式：

$$\text{MEYI}_{E1,1} = -\frac{c_1 r_1 r_2 - K_1 p_1 q_{11} r_1 r_2 - K_2 p_2 q_{12} r_1 r_2}{2(K_1 p_1 r_2 q_{11}^2 + K_2 p_2 r_1 q_{12}^2)} \tag{9.91}$$

相应地，令公式(9.86)($E_{1\text{MEY}}$)等于 0，解 E_2，得到船队 2 的最大经济产量等斜线($\text{MEYI}_{E1,2}$)：

$$\text{MEYI}_{E1,2} = \frac{r_2(K_1 p_1 q_{11} - c_1 + K_2 p_2 q_{12})}{2K_2 p_2 q_{12} q_{22}} \tag{9.92}$$

令公式(9.86)中 E_1 等于 0，得到船队 2 的最大经济产量等斜线($\text{MEYI}_{E2,2}$)；令公式(9.86)($E_{2\text{MEY}}$)等于 0，解 E_1，得到船队 1 的最大经济产量等斜线($\text{MEYI}_{E2,1}$)。

$$\text{MEYI}_{E2,2} = -\frac{c_2 r_2 - K_2 p_2 q_{22} r_2}{2K_2 p_2 q_{22}^2} \tag{9.93}$$

$$\text{MEYI}_{E2,1} = -\frac{0.5(c_2 r_2 - K_2 p_2 q_{22} r_2)}{K_2 p_2 q_{12} q_{22}} \tag{9.94}$$

令公式(9.87)中 E_2 等于 0，得到船队 1 的生物经济平衡等斜线：

$$\text{BEI}_{E1,1} = -\frac{c_1 r_1 r_2 - K_1 p_1 q_{11} r_1 r_2 - K_2 p_2 q_{12} r_1 r_2}{K_1 p_1 r_2 q_{11}^2 + K_2 p_2 r_1 q_{12}^2} \tag{9.95}$$

令公式(9.87)($E_{1\text{BE}}$)等于 0，解 E_2，得到船队 2 的生物经济平衡等斜线($\text{BEI}_{E2,1}$)：

$$\text{BEI}_{E1,2} = \frac{r_2(K_1 p_1 q_{11} - c_1 + K_2 p_2 q_{12})}{K_2 p_2 q_{12} q_{22}} \tag{9.96}$$

最后，令公式(9.88)中($E_{2\text{BE}}$)的 E_1 等于 0，得到船队 2 的生物经济平衡等斜线($\text{BEI}_{E2,2}$)；令公式(9.88)等于 0，解 E_1，得到船队 1 的生物经济平衡等斜线($\text{BEI}_{E2,1}$)：

$$\text{BEI}_{E2,2} = -\frac{c_2 r_2 - K_2 p_2 q_{22} r_2}{K_2 p_2 q_{22}^2} \tag{9.97}$$

$$\text{BEI}_{E2,1} = -\frac{c_2 r_2 - K_2 p_2 q_{22} r_2}{K_2 p_2 q_{12} q_{22}} \tag{9.98}$$

根据上面计算的 BEI 和 MEYI 等斜线同时作图，得到相应的合计 BE 和合计 MEY，这为该多种类多船队渔业提供每个船队的捕捞努力量(图 9.17)。

构成图 9.17 合计 BE 的船队 1 和 2 的捕捞努力量，相当于图 9.14 中表示的生物经济平衡时的捕捞努力量(PEC 与 EEC 曲线的相交点 E_1、E_2)和图 9.15 中的 A_2、B_2。图 9.16 的合计 MEY 捕捞努力量对应于两个船队的边际捕捞努力成本等于边际捕捞努力收益时的值。从图 9.17 中还可以看出，公开入渔情况下捕捞努力量发展轨迹会聚于 E_1 和 E_2 的合计 BE。

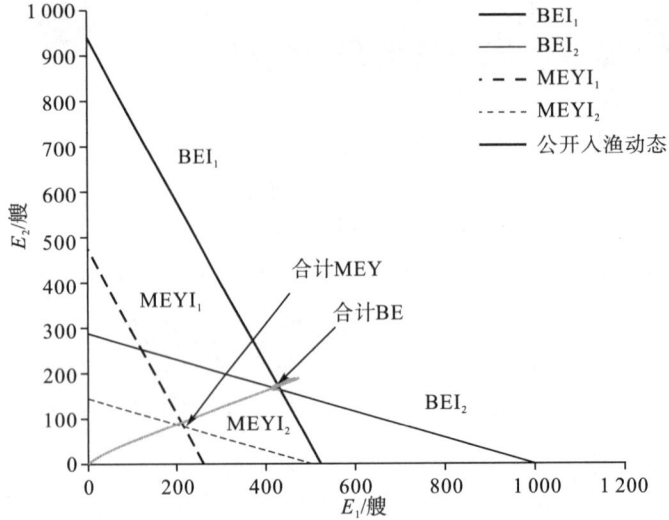

图 9.17　生物经济等斜线：合计 MEY 和合计 BE

9.7　案例 5：小型和工业化船队连续性技术相关影响 ——一个年龄结构模型

在连续性渔业中，两个船队（例如小型和工业化船队）在不同空间区域分配其捕捞强度，它们通常存在技术和生态相互依赖性，因为它们捕捞种群结构的不同部分。这种情况大多出现在虾渔业中，许多石斑鱼渔业中也会出现这种情况，其中幼鱼分布在沿海区域，成鱼分布在深海区域。

小型渔船的捕捞努力量分布于沿海区域（幼鱼栖息地），这些小型渔船的渔获物长度组成用其生活史早期的个体数表示。例如在图 9.18 中，这种类型的渔船捕捞年龄为 2~5 的个体，正如特定年龄频度分布中的黑线所示。

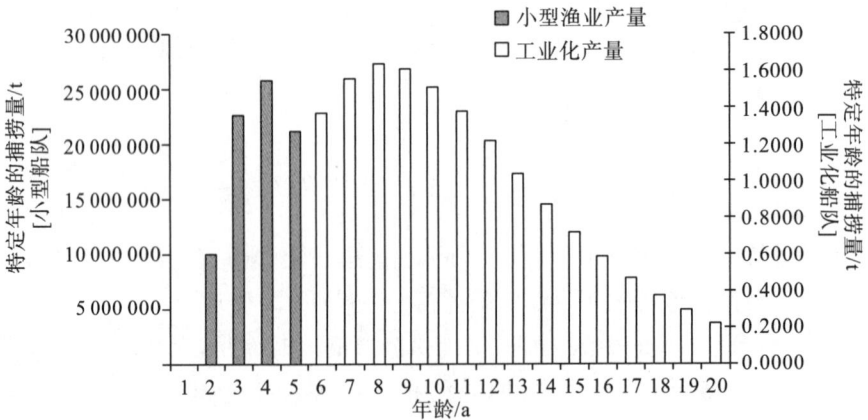

图 9.18　小型和工业船队的渔获物长度频率分布

Charles 和 Reed(1985)、Willmann 和 Garcia(1985)已经讨论了平衡条件下连续渔业的生物经济学,并建立了生物经济模型以确定两个船队连续捕捞同一种群的最优配额分配(Geen 和 Nayar,1988)。

9.8　年龄结构连续生物经济模型

探讨影响种群结构不同部分的小型和工业化船队渔业的管理问题,需要扩展第五章的种群年龄结构公式(5.21)和特定年龄捕捞公式(5.22),以包含一个涵盖相应特定年龄可捕系数的额外捕捞努力量。这必须考虑不同船队引起的特定年龄捕捞死亡率($F_{1,i,t} = E_{1,tq1,i}$ 和 $F_{2,i,t} = E_{2,tq2,i}$),如公式(9.99)~(9.101)所示:

$$N_{i+1,t+1} = N_{i,t}\,\mathrm{e}^{-(F_{1,i,t}+F_{2,i,t}+M)} \tag{9.99}$$

$$Y_{1,i,t} = N_{i,t}W_i\Big(\frac{F_{1,i,t}}{F_{1,i,t}+F_{2,i,t}+M}\Big)\big[1-\mathrm{e}^{-(F_{1,i,t}+F_{2,i,t}+M)}\big] \tag{9.100}$$

$$Y_{2,i,t} = N_{i,t}W_i\Big(\frac{F_{2,i,t}}{F_{1,i,t}+F_{2,i,t}+M}\Big)\big[1-\mathrm{e}^{-(F_{1,i,t}+F_{2,i,t}+M)}\big] \tag{9.101}$$

用产量和价格的乘积减去船队的总捕捞努力成本得到船队的利润。每个船队的特定年龄可捕系数 m 用下面的 Baranov(1918)扫海区域方法中的模型来估算:

$$q_{m,i} = -\ln\Big[1-\Big(c\,\frac{a}{\mathrm{Area}}\Big)\mathrm{SEL}_{m,i}\Big] \tag{9.102}$$

a 是日扫海面积(km^2),Area 是种群分布区域(km^2),c 为捕获概率。
渔具特定年龄选择性 $\mathrm{SEL}_{m,i}$ 可以用下面公式表示:

$$\mathrm{SEL}_{m,i} = \frac{1}{1+\mathrm{e}^{(s_1-s_2 L)}} \tag{9.103}$$

其中

$$s_1 = L_{50\%}\,\frac{\ln 3}{L_{75\%}-L_{50\%}}$$

$$s_2 = \frac{s_1}{L_{50\%}}$$

$L_{50\%} = $ 渔具滞留率为 50% 的体长
$L_{75\%} = $ 渔具滞留率为 75% 的体长

表 9.8 提供了运用 Baranov 扫海方法和下面介绍的逻辑斯谛渔具选择函数来估计特定年龄可捕性的参数。

表 9.8　连续性渔业的年龄结构生物经济模型的参数集

参数	符号	值	单位
自然死亡率	M	0.21	1/a
补充量	R	25 000 000	1/a
捕捞死亡率	F	0.18	1/a
最大体长	L^{∞}	92	cm

续表

参数	符号	值	单位
生长率	k	0.18	1/a
体长－体重关系的参数	a	0.013	g
体长－体重关系的参数	b	3.054 6	g
鱼价	P	5 000	US$/t
单位捕捞努力量－工业化船队	C_1	45 000	US$/渔船/a
单位捕捞努力量－小型船队	C_2	48 000	US$/渔船/a
进入/退出参数－工业化船队	φ_1	0.000 005	渔船/US$
进入/退出参数－小型船队	φ_2	0.000 05	渔船/US$
扫海面积－工业化船队	a_1	1.5	km²/渔船/a
扫海面积－小型船队	a_2	0.8	km²/渔船/a
资源分布区域	area	7 600	km²
渔具滞留率为50%时的体长－工业化船队	$L_{50\%,1}$	45	cm
渔具滞留率为50%时的体长－小型船队	$L_{50\%,2}$	28	cm
渔具滞留率为75%时的体长－工业化船队	$L_{75\%,1}$	65	cm
渔具滞留率为75%时的体长－小型船队	$L_{75\%,2}$	39	cm
参数选择性方程－工业化船队	S_{1i}	2.47	—
参数选择性方程－小型船队	S_{1a}	2.80	—
参数选择性方程－工业化船队	S_{2i}	0.05	—
参数选择性方程－小型船队	S_{2a}	0.10	—
捕捞概率	C	0.90	—
Beverton-Holt 补充函数	α	25 000 000	个数
Beverton-Holt 补充函数	β	25 000	—

为了说明这种类型渔业的连续过程，图9.19表示了捕捞种群结构不同组分的两个船队捕捞努力量的变化过程。在这种情况下，与很多热带区域类似，从长远来看，小型渔船能够使工业化船队（需要更高的资源量来补偿其单位捕捞努力成本）退出渔业。

从图9.19可以看出：在公开入渔下，生物量可能会降至一个很低的水平。因为不仅产卵群体被工业化船队捕获，幼体同时也在被小型船队捕捞。A 点之后［图9.19(e)和图9.19(f)］，工业化船队从渔业中退出，小型船队增加捕捞努力量以捕获由于工业化船队捕捞死亡率为0所释放的生物量。最后，在公开入渔下，小型船队在其利润为0时达到生物经济平衡，见图9.19(e)、9.19(f)、9.20中的 B 点。

图9.20表示了小型船队最终会排除工业化船队的连续性渔业动态（见图9.19点 A）。如前所述，这是因为工业化船队经济平衡生物量水平高于小型船队（单位捕捞努力成本更低、能够在较低的生物量下作业）的相应值。

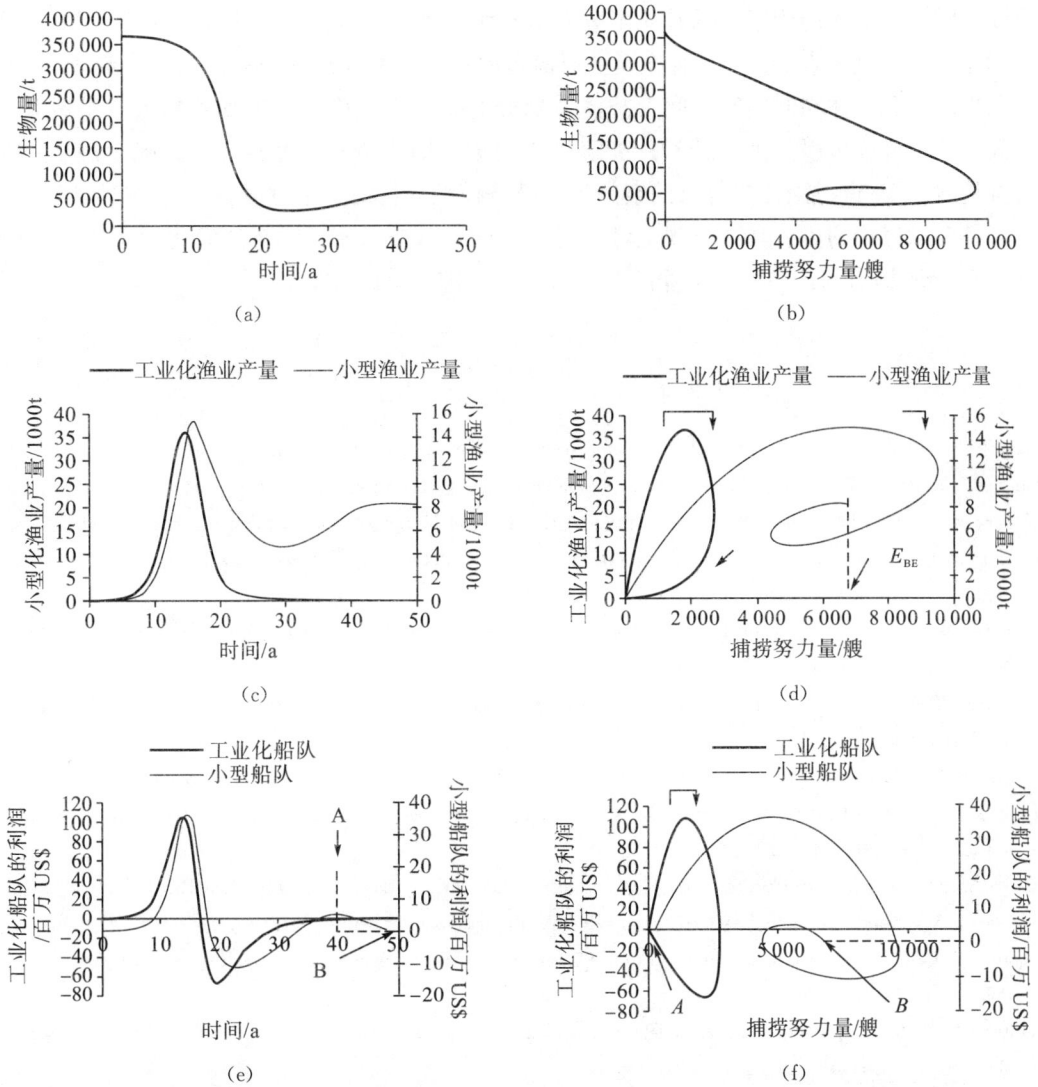

图 9.19　捕捞种群结构不同组分的小型和工业化船队的生物量、捕捞量、利润动态

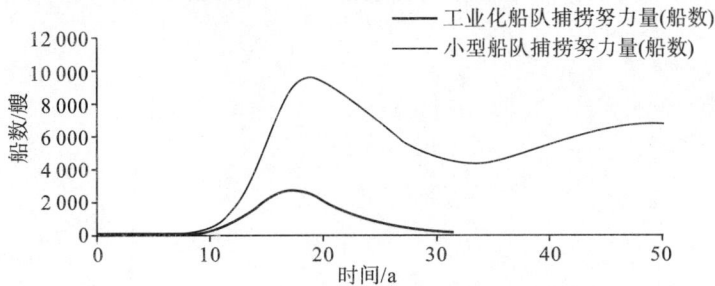

图 9.20　小型船队和工业化船队公开入渔船队动态

　　运用该模型能够估计影响幼体或成体的不同船队进入－退出渔业过程的连续外部性（正或负）。

　　应该指出的是，该多船队年龄结构模型是用 Beverton-Holt 补充函数建立出来的。如

第 5 章所示，应该使用不同的补充函数表示产卵群体和幼体补充量之间的关系。第 12 章将建立包含随机因素的产卵－补充函数以涵盖海洋渔业补充过程中的内在不确定性。

当幼体和成体在时间和空间上被清楚划分的条件下，许多影响渔获物大小组成和禁渔区的管理措施可以用来估计对产卵群体生物量、捕捞量、渔业租金的影响。最后一个模型是向第 10 章讨论的更复杂的空间生物经济模型分析的一个过渡。

第 7 章讨论的投入和产出规定可以用于管理生态技术相互影响的渔业。正如 Squire-set(1998)所提出的，多物种渔业的入渔权也可以进行讨论分析。

参 考 文 献

Baranov F I. 1918. On the question of the biological basis of fisheries. Izvestiya Nauchno-Issled Institut，1：81－128.

Charles A T，Reed W J. 1985. A bioeconomic analysis of sequential fisheries：competition，coexistence，and optimal harvest allocation between inshore and offshore fleets. Canadian Journal of Aquatic Sciences，42：952－962.

Clark C W. 1985. Bioeconomic modeling of fisheries management. John Wiley & Sons，New York，NY.

Flaaten O. 1998. On the bioeconomics of predator and prey fishing. Fisheries Research，37：179－191.

Geen G，Nayar M. 1988. Individual transferable quotas in the Southern bluefin tuna fishery：an economic appraisal. Marine Resource Economics，5：365－387.

Hannesson R. 1983. Optimal harvesting of ecologically interdependent fish species. Journal of Environmental Economics and Management，10：329－345.

Jorgensen S E. 1994. Fundamentals of ecological modelling. Elsevier，Amsterdam，The Netherlands，628 pp.

Leslie P H，Gower J C. 1960. Properties of a stochastic model for the predator-prey type of interaction between two species. Biometrika，47：219－301.

Lotka A. 1925. Elements of physical biology. Williams & Wilkins Co. ，Baltimore，MD. May R M，Beddington J R，Clark C W，Holt S J，Laws R M(1979)Management of multispecies fisheries. Science 205：267－277.

Squires D，Campbell H，Cunningham S，et al. 1998. Individual transferable quotas in multispecies fisheries. Marine Policy，22(2)：135－159.

Volterra V. 1926. Variazionie fluctuazioni del numero deindividui in specie animali conviventi. Reale Accademia Nazionale dei Lincei Series VI，2：31－113.

Willmann R，Garcia S. 1985. A bioeconomic model for the analysis of the sequential artisanal and industrial fisheries for tropical shrimp(with a case study of Suriname shrimp fisheries). FAO Fisheries Technical Paper，270：49

第 10 章　渔业空间管理

在第 9 章，我们开始从资源在空间均匀分布的动态综合（dynamic pool）假设，过渡到连续性渔业中最简单的种群空间隔离（例如，幼虫出现在河口及沿海地区，成体栖息于深水中）。该空间特性通过船队捕捞种群结构不同组分的特定年龄可捕系数来描述。

本章回顾了掌握海洋资源丰度空间异质性和相应捕捞强度空间分布的重要性。将动态综合假设对高估资源量的影响与空间建模工作一起讨论，从而抛弃对定居种和弱移动性底层种类不适用的假设。在资源量时空异质分布以及生态系统内的生态相互影响下，可靠的空间管理和渔业建模需要掌握种类的空间行为；同时还需要了解导致捕捞强度空间分布的渔民行为。后面一个问题是渔业经济学的基础，主要研究渔民捕捞行为在时空上分布的动机。

前几章讨论的 Schaefer-Gordon、Beverton-Holt 模型对在种群动态中加入空间因素奠定了基础。但是由于计算工具落后，在 20 世纪 50 年代，他们的观点没有被继续研究。总之，这些模型均基于动态综合假设，它认为：①资源在空间上均匀分布；②各年龄组充分混合；③捕捞努力量均匀分布于资源分布范围内；④捕捞作业后，资源根据上述①和②能够重新分布。显然，对于定栖和活动能力差的种类来说，基于动态综合假设的模型是不适用的，会产生严重地模型错误。局部栖息地具有异质性，承载着种群的环境容纳量。资源在体长、密度和年龄结构方面的空间分布是不均衡的，导致捕捞强度具有空间异质性。动态综合假设下，空间异质性导致资源潜在产量被高估，增加了过度开发和资源衰竭的风险性。

在本章中，我们抛弃补充量在空间上均匀分布的假设，认为补充是随时间和空间的分布面对的一个问题是：如何表示出补充量在空间上分布的异质性（其中补充量为 0 的区域认为是不适宜种群补充的区域）。该问题可以通过考虑 0 值的负二项式分布来解决，从而正确地反映出补充个体的空间分布情况。

本章将讨论两个问题：①单一种类的空间分布；②具有源库关系（source-link）的多种群渔业。为了探究不同空间管理策略的复杂性和可能影响，利用空间生物经济模型得到的仿真实验来解决相关管理问题。

我们将介绍数学表达式，并在具有空间尺度的表格中清楚地表示：在补充过程顺利进行的各个地理区域中，不同年龄个体的存活和生长随时间的变化，进而计算出空间和时间上的特定年龄组生物量。

一旦建立起空间资源动态，我们就能够描绘出：当离开某一特定港口时，渔民空间行为在时空上对不同资源丰度的反应，以及不同作业区域的捕捞成本和收益。根据时空上的可变成本的准租金，能够计算出捕捞强度的空间分布，并用空间上适宜的 Vernon Smith（1969）函数来确定长期捕捞努力量动态。

根据资源空间分布和相应捕捞行为的空间分布，我们将继续介绍以下几点：①捕捞弱移动性定居种的渔业在时空上的公开入渔动态；②生物量、产量、利润在空间上的平衡值；③船队在距离始发港 D_s 的渔区 s 作业，所需单位捕捞努力量的最小渔获量；④公开入渔中距离对不同渔区的不同单位捕捞努力量渔获量（$CPUE_{s,t}$）轨迹的影响；⑤公开入渔对船队在与始发港等距离的不同渔区中 $CPUE_{s,t}$ 的影响；⑥公开入渔下，s 渔区中船队可变成本的净利润随时间的变化轨迹；⑦空间管理策略如海洋保护区（MPAs）的生物经济影响。

10.1 单一种群的空间分布

10.1.1 补充量密度的时空异质性

对于第 5 章讨论的年龄结构模型，需要修改的部分是：一旦我们选择了适宜地补充量函数，并估计出补充量随时间的变化，需要继续将其在空间上进行分布。

在第 5 章中，我们用随时间变化的年龄组对种群和捕捞量进行分解。本章我们抛弃不同种群在空间上均匀分布的假设，讨论补充群体随时间的空间分布情况。

10.1.1.1 补充量

可以通过将产卵群体随时间产生的补充量（SS_t）与空间分布的概率密度函数 $R_{t+1} = f(SS_t)$ 相乘从而建立补充量在空间上的异质分布。

本章中，将一个空间上适用的 Beverton-Holt（1957）群体补充函数与考虑 0 补充量区域的负二项式分布相乘，得到不同补充量密度随时间的变化。负二项分布（例如 Elliot，1977；Welch 和 Ishida，1993；Seijo，2004）可以用来表示补充量密度的空间异质性：

$$P(d) = \left(1 + \frac{\mu}{\varepsilon}\right)^{-r} \frac{(\varepsilon + d - 1)}{d!(\varepsilon - 1)!} \left(\frac{\mu}{\mu + \varepsilon}\right)^d \tag{10.1}$$

其中，d 表示补充量密度，ε 是负二项式的组成，μ 是平均补充量密度。能够确定每个渔区 s 的地理位置或纬度/经度。

对于某特定的年最大补充量，利用公式（10.2）可以估算 t 年地理坐标 s 处的个体数：

$$R_{s,t} = \frac{\sum_s SSB_{s,t}\alpha}{\beta + \sum_s SSB_{s,t}} P(s,d) \tag{10.2}$$

其中，$\sum_s SSB_{s,t}$ 是总产卵生物量，$SSB_{s,t} = \sum_{i=sm}^{\lambda} X_i$，$\alpha$ 是最大年补充量，s 是性成熟年龄。β 是 $\alpha/2$ 时的总产卵生物量，$P(s,d)$ 是负二项式概率密度函数，这里用它将补充量 d 分布在空间 s（s 渔区具有特定的纬度 k 和经度 l）和时间 t 中。

图 10.1 表示在不同密度的区域中补充量的空间分布。根据资源分布的空间异质性，我们可以得到一个包含种群特定年龄矩阵和生物量空间分布的模型。

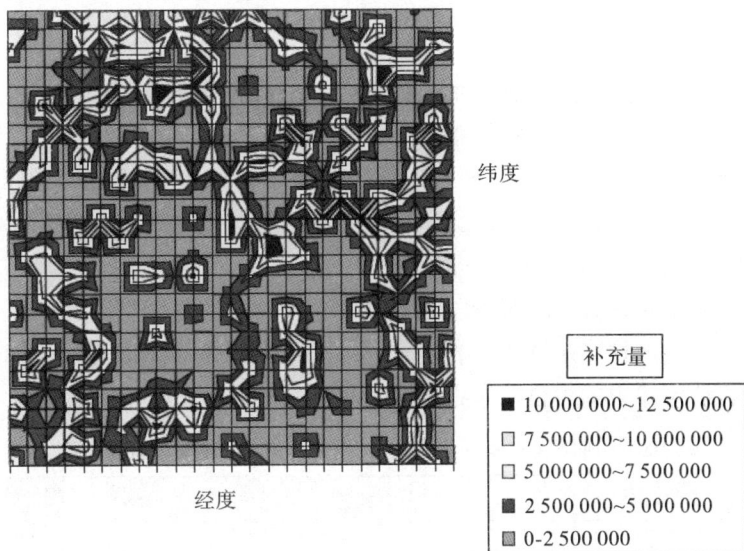

纬度

经度

补充量

- ■ 10 000 000~12 500 000
- □ 7 500 000~10 000 000
- □ 5 000 000~7 500 000
- ■ 2 500 000~5 000 000
- ■ 0-2 500 000

图 10.1　运用补充个体在空间上分布的负二项式函数获得的补充量空间分布

10.1.1.2　种群结构的空间动态

为了掌握种群空间动态，观察相关时期内（例如基于水生种类生活史的年、月、周）每一地理单元中各年龄组的个体数量变化是基础。当捕捞死亡率和自然死亡率具有连续性时，基本假设是，s 渔区 i 年龄组存活量表示如下：

$$\frac{\mathrm{d}N_{i,s}}{\mathrm{d}t} = -(F_{i,s,t} + M)N_{i,s,t} \tag{10.3}$$

其中，$N_{i,s,t}$ 是 t 时间 s 渔区 i 年龄的个体数，$F_{i,s,t}$ 是时空上特定年龄的捕捞死亡率，M 是瞬时自然死亡率。为了设定空间生物经济模型在 $t=0$ 的初始值，需要估计资源量作为投入。

解公式（10.3），得到该时期 s 渔区的世代存活个体数：

$$N_{s,i+1,t+1} = N_{s,i,t}\mathrm{e}^{-(M+F_{s,i,t})} \tag{10.4}$$

通过将特定渔区的捕捞努力量（$E_{s,t}$）与特定年龄可捕系数（q_i）相乘，得到特定年龄在空间上的捕捞死亡率，$F_{i,s,t} = E_{s,t}q_i$。

运用适用于定居性和弱移动性种类的扫海面积法（Sparre，1989），以及一个简单的逻辑斯谛选择性函数，可以计算出 q_i：

$$q_i = -\ln\left(1 - \frac{a\,\mathrm{SEL}_i c}{\mathrm{Area}}\right) \tag{10.5}$$

其中，a 是日扫海面积（km^2），Area 是资源分布面积（km^2），c 是捕捞概率。

渔具的特定年龄选择性 SEL_i，可以用下面公式表示（Sparre 和 Willman，1993）：

$$\mathrm{SEL}_i = \frac{1}{1 + \mathrm{e}^{s_1 - s_2 \cdot L_i}} \tag{10.6}$$

其中

$$s_1 = L_{50\%}\ln\frac{3}{L_{75\%} - L_{50\%}}$$

$$s_2 = \frac{s_1}{L_{50\%}}$$

$L_{50\%} = $ 渔具滞留率为 50% 的渔获物体长

$L_{75\%} = $ 渔具滞留率为 75% 的渔获物体长

从表 10.1 我们可看出，相同年龄的个体(矩阵中的 1 龄)分布在具有地理坐标的网格中。每一单元格 $(m，n)$ 构成资源分布的一个特定渔区 s，所以若年龄为 i 的分布在单元格 $(3，2)$ 中，表示为 $N_{i,32}$。

对于种群空间分布，其矩阵数量与种群最大年龄对应的数值相同。

在每个特定年龄的种群矩阵中，作为前一年龄的个体存活率函数，在每个种群分布区域中，每个连续年龄中的个体数量将会改变。

表 10.1　种群在空间 $(m，n)$ 上的分布：1 龄至最大年龄的矩阵

$m，n$	1	2	3	...	n
1	$N_{i,11}$	$N_{i,12}$	$N_{i,13}$	...	$N_{i,1n}$
2	$N_{i,21}$	$N_{i,22}$	$N_{i,23}$	...	$N_{i,2n}$
3	$N_{i,31}$	$N_{i,32}$	$N_{i,33}$	...	$N_{i,3n}$
...	...	...	...	...	...
m	$N_{i,m1}$	$N_{i,m2}$	$N_{i,m3}$	...	$N_{i,mn}$

正如第 5 章所讨论的，各渔区的生物量可用公式计算：

$$X_{s,t} = \sum_{i=1}^{i=k} N_{i,s,t} W_i \tag{10.7}$$

特定年龄生物量的空间分布见表 10.2。同样，具有 k 个生物量矩阵和一个包含 s 渔区所有年龄生物量总和的总矩阵。不同时间下的种群生物量为：$X_t = \sum_s X_{s,t}$。

表 10.2　特定年龄生物量的空间分布

$m，n$	1	2	3	...	n
1	$X_{i,11}$	$X_{i,12}$	$X_{i,13}$	...	$X_{i,1n}$
2	$X_{i,21}$	$X_{i,22}$	$X_{i,23}$	...	$X_{i,2n}$
3	$X_{i,31}$	$X_{i,32}$	$X_{i,33}$	...	$X_{i,3n}$
...	...	...	...	...	...
m	$X_{i,m1}$	$X_{i,m2}$	$X_{i,m3}$	...	$X_{i,mn}$

一旦我们计算出不同时间下各渔区的生物量，我们就可以确定不同渔区的捕捞和航行成本。要做到这一点，我们首先要获得始发港到各渔区的距离。

10.2　港口到各渔区的距离

为估算港口到各渔区的距离，指定每个渔区的长度和宽度。港口到渔区的距离计算公式如下：

$$D_s = \sqrt{\left[LC(y-m)\right]^2 + \left[WC(z-n)\right]^2} \qquad (10.8)$$

其中：

LC 是渔区长度

WC 是渔区宽度

$m=1，2，3，\cdots，RG$；RG=网格的行数

$n=1，2，3，\cdots，CG$；RG=网格的列数

$y=RG/2$

$z=CG/2$

每个渔区 s 对应于一个具有特定行和列或者纬度和经度的单元格。

从港口 A 到资源分布的不同地理单元格的等距线表示在图 10.2 中，其范围(1~5)高达 100 km。

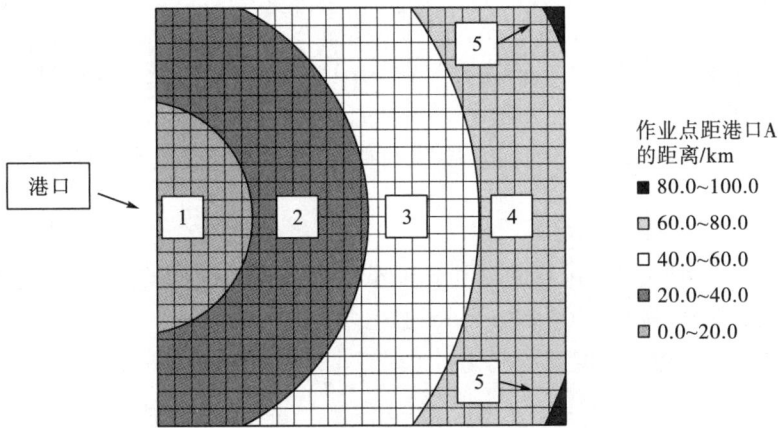

图 10.2　港口与渔区之间的距离

根据港口与渔区之间的距离 D_s，我们可说明渔民空间行为随时间的变化。

10.3　空间捕捞行为

如前文所述，渔民行为是渔业经济学的重点。渔业资源和渔民的动态行为是渔业生物经济学的重点。模拟海洋渔业的空间动态能够更好地了解捕捞强度在空间上的实际行为，从而制定适宜的管理策略。

文献中记载的一些空间渔民行为策略如下：①根据空间资源量按比例分布(Caddy，1975)；②连续分布于资源量最大的海域(Hilborn and Walters，1987)；③随机搜索(Hilborn and Walters，1992)；④捕捞强度的自由分布(Gillis et al.，1993)；⑤按比例分布(Seijo et al.，1994，1998)：可变成本的准租金(包括从港口到各渔区的航行成本)；距离冲突。例如，与渔船航行至渔区的距离有关的非货币成本；在不同渔区中找到处于盈利水平目标种类的概率。

在附录 1 中，读者能够获得三种捕捞强度空间行为下的渔业表现，也可以探索关于定居种和弱移动性种类的其他可能的空间渔民行为策略。这不仅取决于资源时空分布的

异质性，还取决于渔船自主权、搜索能力以及相应的捕捞技术。

对于高度洄游的大洋性资源，其洄游行为和环境变量如水温和食物可利用率（饵料的空间分布）的动态变化，成为制定渔民空间行为策略的相关因素。

捕捞强度（单位面积的捕捞努力量）空间行为（$E_{s,t}$）随时间的变化利用下面公式得出：

$$E_{s,t+1} = \frac{\text{quasi}\pi_{s,t}}{\sum_s \text{quasi}\pi_{s,t}} V_{t+1} fd \tag{10.9}$$

其中，fd 是单位渔船年平均捕捞天数，$\text{quasi}\pi_{s,t}$ 是一条从港口 A 出发到渔区 s 进行捕捞的渔船可变成本的净利润：

$$\text{quasi}\pi_{s,t} = py_{st} - C_{st}E_{st} \tag{10.10}$$

在 s 渔区作业的渔船日可变成本（C_{st}）随时间的变化为

$$C_{st} = \frac{\dfrac{D_s}{v}c_1 + \left(L - \dfrac{D_s}{v}\right)c_2}{L} \tag{10.11}$$

其中，D_s 是始发港到捕捞渔区 s 的往返距离（km），v 是渔船的航行速度（km/天），c_1 是渔船航行的日成本（美元/天），c_2 是渔船捕捞的日成本（美元/天），L 是日平均航行距离。

公式（10.11）中存在两个与捕捞强度空间行为有关的可变成本：航行至渔区的成本 $\dfrac{D_s}{v}c_1$ 和捕捞成本 $(L - D_s/v)c_2$。

图 10.3 表示 t 时间可变成本的净利润矩阵，确定 $t+1$ 时间的捕捞强度空间行为。

通过数值上整合（运用 DT=1 的 Euler 数值整合）空间适应的 Vernon Smith 函数计算渔业（V_t）中作业渔船数量随时间的变化：

$$V_{t+1} = V_t + \varphi\left[\sum_s (pY_{st} - C_{st}) - FCV_t\right] \tag{10.12}$$

m,n	1	2	3	$\cdots$	m
1	$q\pi_{i,11}$	$q\pi_{i,12}$	$q\pi_{i,13}$	$\cdots$	$q\pi_{i,1n}$
2	$q\pi_{i,21}$	$q\pi_{i,22}$	$q\pi_{i,23}$	$\cdots$	$q\pi_{i,2n}$
3	$q\pi_{i,31}$	$q\pi_{i,32}$	$q\pi_{i,33}$	$\cdots$	$q\pi_{i,3n}$
$\cdots$	$\cdots$	$\cdots$	$\cdots$	$\cdots$	$\cdots$
m	$q\pi_{i,m1}$	$q\pi_{i,m2}$	$q\pi_{i,m3}$	$\cdots$	$q\pi_{i,mn}$

m,n	1	2	3	$\cdots$	m
1	$E_{i,11}$	$E_{i,12}$	$E_{i,13}$	$\cdots$	$E_{i,1n}$
2	$E_{i,21}$	$E_{i,22}$	$E_{i,23}$	$\cdots$	$E_{i,2n}$
3	$E_{i,31}$	$E_{i,32}$	$E_{i,33}$	$\cdots$	$E_{i,3n}$
$\cdots$	$\cdots$	$\cdots$	$\cdots$	$\cdots$	$\cdots$
m	$E_{i,m1}$	$E_{i,m2}$	$E_{i,m3}$	$\cdots$	$E_{i,mn}$

(a)t 时间的可变成本准租金　　　(b)$t+1$ 时间捕捞强度空间分布

图 10.3　捕捞强度空间行为随时间的变化

与之前一样，FC 是渔船的年固定成本。t 时间渔区 s 的产量可用下面指定空间上特定年龄捕捞量的公式计算得出：

$$y_{st} = \sum_i X_{ist} \frac{F_{ist}}{F_{ist} + M}\left[1 - e^{-(F_{ist}+M)}\right] \tag{10.13}$$

建立一个 Excel 程序来进行上面的空间管理模拟，所用的生物经济学参数表示在表 10.3 中。

图 10.4 表示空间上生物量、产量和总租金随时间的分布，与第 2 章和第 5 章中讨论动态 Shaefer-Gordon 和 Beverton-Holt 时表现出的模式相同。该分析认为，种群在模拟

的第一年处于未开发平衡。

表 10.3　一个扇贝渔业的生物经济参数

参数	符号	值	单位
种类最大年龄	λ	10	年
初次性成熟年龄	sm	4	年
自然死亡率系数	M	0.33	1/年
V.B 生长公式的参数	k	0.38	1/年
V.B 生长公式的参数	T_0	0.5	1/年
种类最大体长	$L\infty$	14.54	cm
种类最大体重	$W\infty$	46.6	g
B-H 补充量参数	α	3 000 000 000	补充个体
B-H 补充量参数	β	30 301	t
渔具滞留率为 50% 时的体长	$L_{50\%}$	7.5	cm
渔具滞留率为 75% 时的体长	$L_{75\%}$	10.5	cm
日扫海面积	a	0.728	km²
资源分布总面积	area	1 800	km²
捕捞概率	C	0.9	—
航行天数	L	5	天数
渔船速度	v	50	km/day
渔船航行成本	C_1	250	$/天
渔船捕捞成本	C_2	50	$/天
固定成本	FC	2 000	US$/渔船/年
距离参数阻力	φ	0	—
鱼价	p	10 000	US$/t
进入—退出参数	Φ	0.000 055	渔船/US$
初始渔船数量	V_0	1	渔船
平均捕捞天数	FD	150	天数/渔船/年
参数的负、二项式分布	ε	15	—
参数的负、二项式分布	μ	5	—

　　从图 10.3 中我们可以获得空间上生物量、产量和租金的分布对港口位置和空间捕捞强度策略的反应(在该情况下,与可变成本净利润呈比例)。因此,随时间的变化,将在空间上分散的生物量及其对应的产量和利润,转换为不同时间上的总表现值。

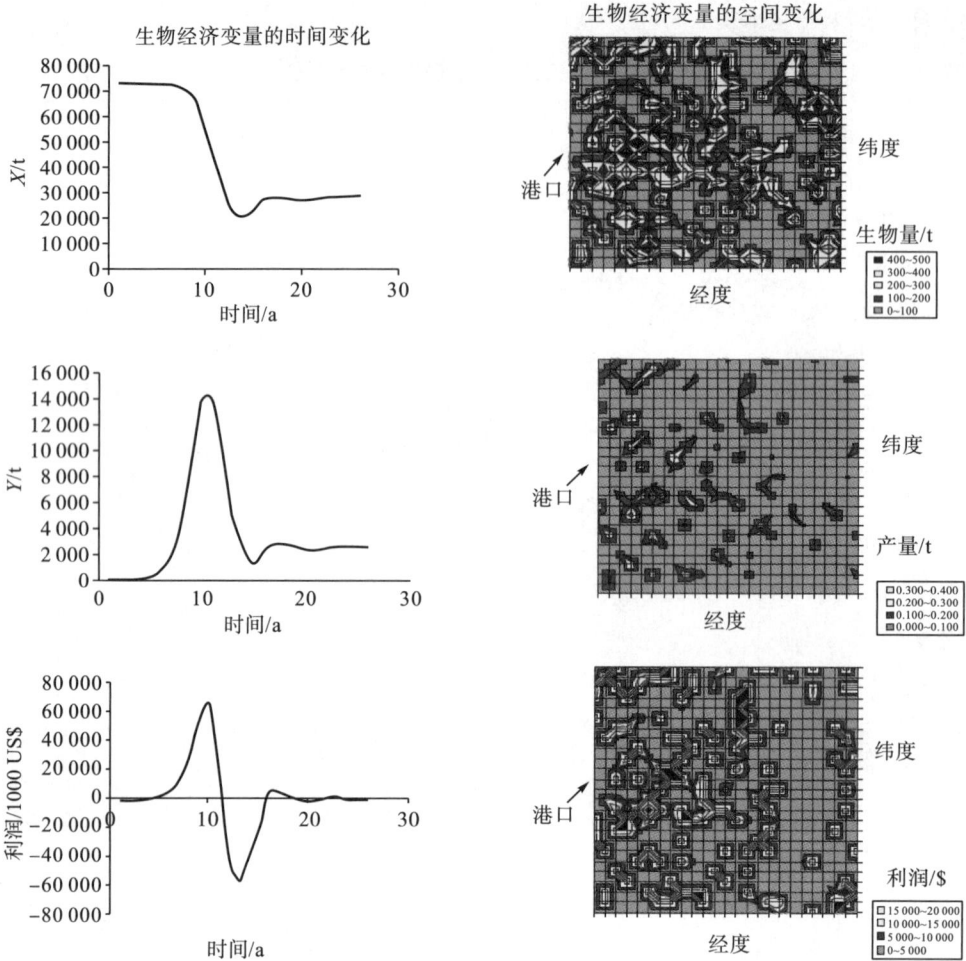

图 10.4 生物经济变量在时空上的变化

10.3.1 单位捕捞努力量的最小产量

进行渔业空间分析的一个重要意义是，确定补偿渔船可变成本（包括航行和捕捞成本）的单位捕捞努力量最小产量（CPUE $\min_s$）。

$$\text{CPUE min}_s = \frac{\dfrac{D_s}{v}c_1 + \left(L - \dfrac{D_s}{v}c_2\right)}{\dfrac{L}{p}} \tag{10.14}$$

不同渔区单位捕捞努力量渔获量（CPUE$_{s,t}$）可表示为特定年龄可捕系数与每个地理单元不同年龄个体生物量乘积的总和。

$$\text{CPUE}_{s,t} = \sum_i (q_i X_{ist}) \tag{10.15}$$

总单位捕捞努力量渔获量（TCPUEt）通过累加空间上的 CPUE$_{s,t}$ 来获得。

为了描述上述空间生物经济动态，分以下两种情况讨论：①离港口不同距离，具有相同初始生物量的空间捕捞行为随时间的变化；②离港口距离相同，具有不同初始生物量的空间捕捞行为。

图 10.5 表示了该空间模型的 625 个地理单元的其中三个单元的生物量和相应单位捕捞努力量渔获量轨迹。只要 $CPUE_{s,t} > CPUE\ min_s$，距离最近的捕捞渔区（距离港口 15 km 的渔区 1）将持续捕捞至资源枯竭。同样的情况发生在离港口更远的 2 和 3 捕捞渔区，因此需要更高的 $CPUE\ min_s$。

一旦 CPUE 低于其相应地 $CPUE_{min}$，该区域的捕捞强度会降为 0[见图 10.5(b)的 A 点]，但若还存在其他渔区能够使可变成本的净收益大于 0，捕捞强度将分布于这些区域。对于距离港口 15 km 的渔区（距离港口最近），捕捞强度略高于距离为 15 km 渔区的 $CPUE_{min}$（图 10.5B 点）。

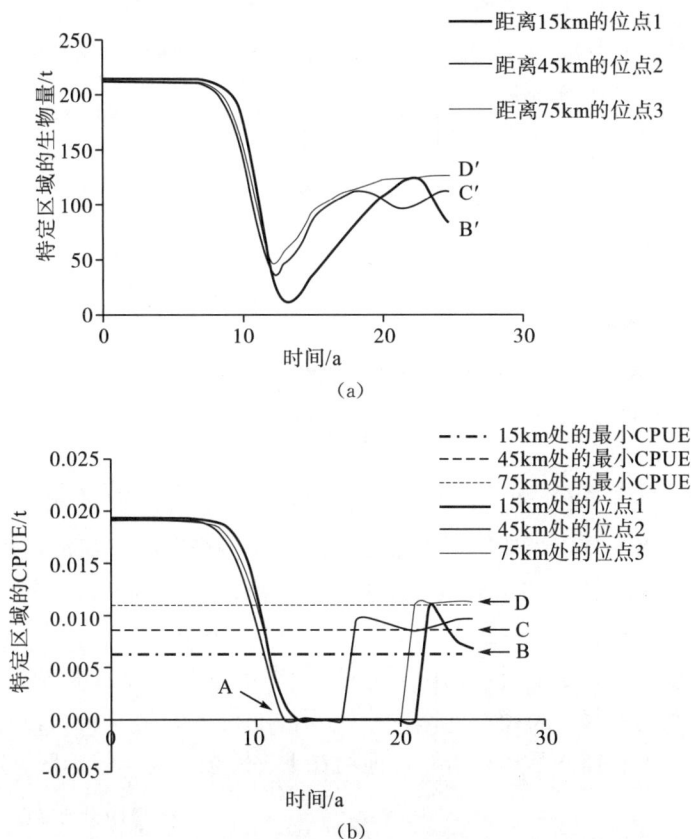

图 10.5　离港口不同距离的渔区的生物量和 CPUE 随时间的变化情况

对于渔区 2，只要单位捕捞努力量高于 C 点（在距离港口 45 km 的渔区 2 作业的最小 CPUE），就存在捕捞强度。

因此，对于更远的渔区 3，只要 CPUE 等于或大于相应的 $CPUE_{min}$（D 点），就存在捕捞强度。从长远来看，1、2、3 渔区的剩余生物量将导致 $X_{D'} > X_{C'} > X_{B'}$。因此，离始发港距离不同、无捕捞死亡率时生物量相同的渔区，由于需要不同的 $CPUE_{min}$ 来补偿在不同渔区作业所需的航行和捕捞成本，导致最终的生物量水平不同。

对于距港口距离相同，但初始生物量（X_s）不同的渔区（s）[见图 10.6(a)]，三个渔区公开入渔轨迹 X_s 将会趋于于同一个生物量水平。

$$\lim_{E_t \to E_{BE}}(X_{l,t}-X_{m,t})=0, \quad l,m$$

(a)

(b)

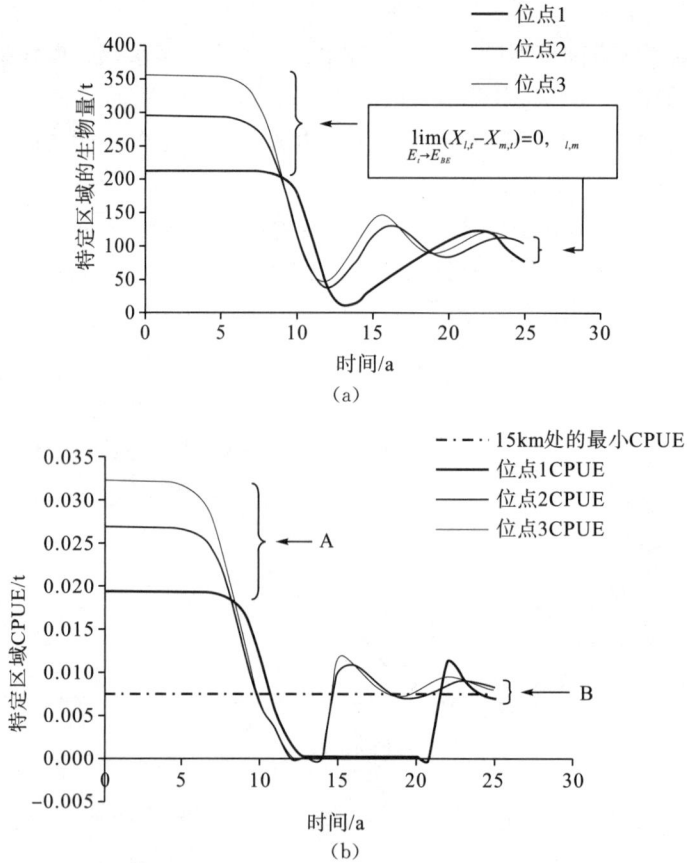

图 10.6 离港口距离相同的渔区的生物量和 CPUE 随时间变化情况

因此，在公开入渔下，当捕捞努力量达到生物经济平衡时，与港口距离相同、初始生物量不同的渔区的资源量将会降为 0。类似的，离港口距离相同、初始 $CPUE_{s,t}$ 不同 [图 10.6(b)点 A]的渔区，将会变成同类渔区[图 10.6(b)的 B 点]。在图 10.7 中，我们始终可以看到，净利润大于 0 时，捕捞努力量根据不同渔区中的相关净利润呈比例分布。

因此，随时间的推移，驱使不同渔区中空间渔业行为的是净利润。若某渔区的净利润为正，渔民将会进行捕捞活动；否则，他们在下一阶段会退出该渔区。

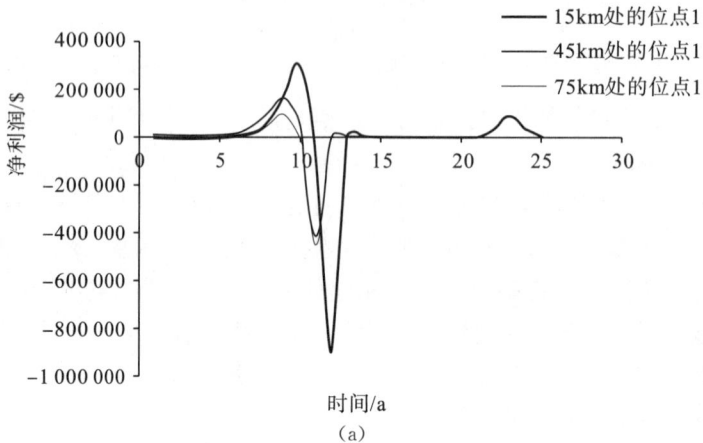

(a)

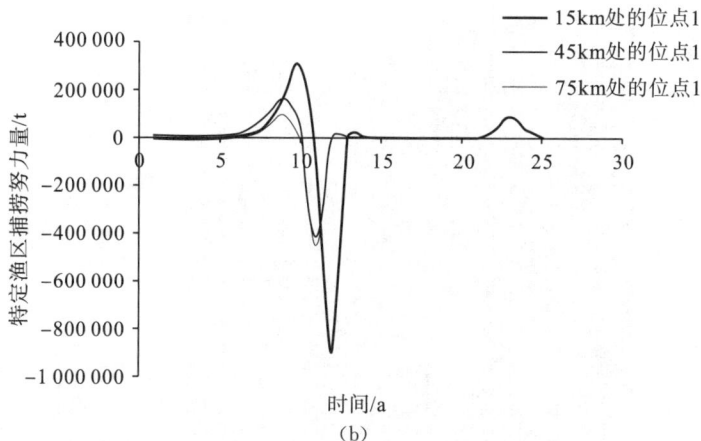

图 10.7　特定渔区捕捞努力量和可变成本的净利润随时间的变化

10.4　渔业空间管理

从单一种类过渡到基于生态系统的渔业管理，过去的几十年一直在研究单种群和复合种群的空间管理。本章最后一部分首先用距离港口较近和较远的海洋保护区讨论渔业空间管理的影响；然后，继续探讨在具有源－库（source-sink）结构的复合种群渔业中，海洋保护区位置对渔业管理的影响。

10.4.1　利用海洋保护区管理公开入渔下的单种群

利用海洋保护区对单种群进行空间管理需要考虑海洋保护区距离港口的位置。图 10.8 表示海洋保护区靠近港口［图 10.8(a)］或者远离港口［图 10.8(b)］时的空间捕捞行为。由图可见，该模型指出了无捕捞活动的 MPA 位置。在两种情况下，由于航行成本，捕捞努力量趋向分布于靠近港口的渔区。

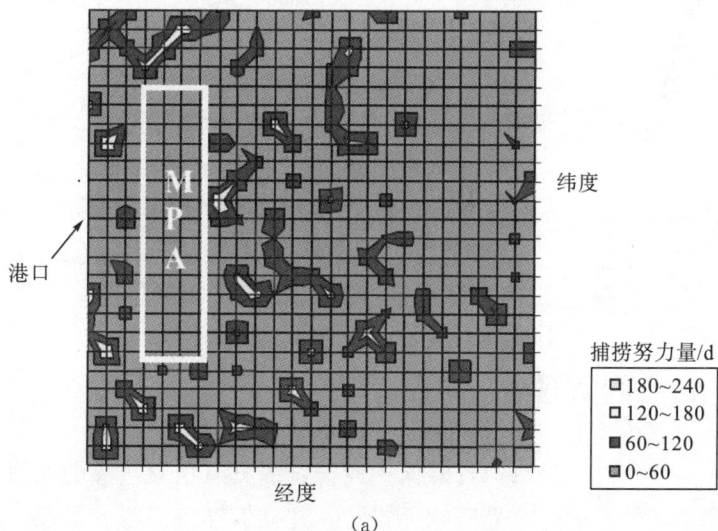

(a)

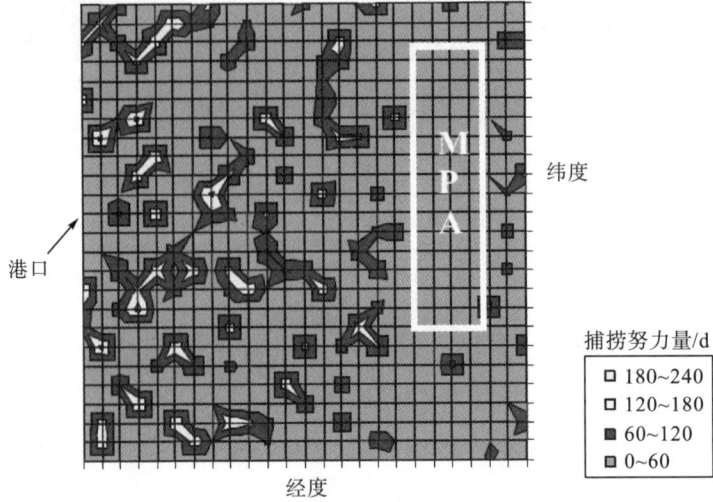

(b)

图 10.8　离港口不同距离的海洋保护区(MPA)的捕捞强度空间行为

公开入渔下，种群生物量关于时间和捕捞努力量的轨迹有三种可能情况：①无海洋保护区；②存在一个靠近港口的海洋保护区；③存在一个远离港口的海洋保护区。从图 10.9 中可以看出，无海洋保护区时，生物量下降的速度大于存在海洋保护区时的情况。

正如预期的那样，当海洋保护区靠近港口时，达到生物经济平衡的生物量水平更高。三种情况下相对不同的生物经济平衡时的生物量将取决于特定渔业的航行成本。

下面一个部分将讨论将海洋保护区作为海洋渔业的空间管理策略，总结使用它的成本和收益，并对各种资源和捕捞努力量在时空上动态的假设下，用于掌握其可能效果的当前建模工作进行了回顾。

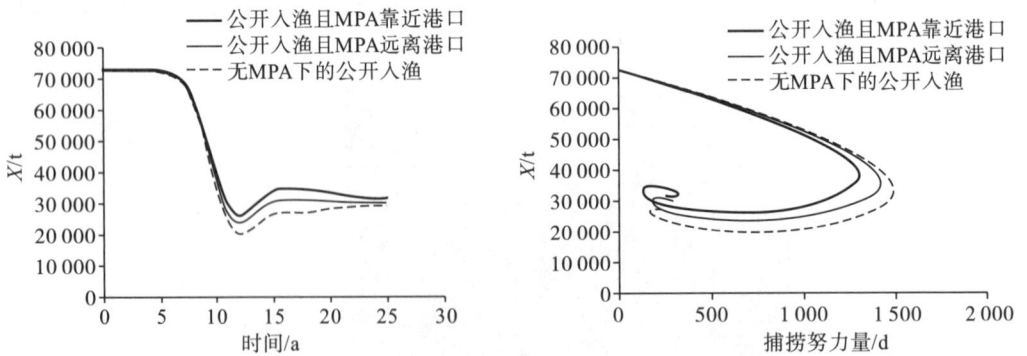

图 10.9　公开入渔下海洋保护区及其位置的影响

10.4.2　渔业空间管理：MPA

海洋保护区是一个为加强海洋资源保护而设定的具有独立边界的地理区域，它通常作为资源和生态系统恢复的一个新策略而设定。建立海洋保护区的潜在收益包括：①保护产卵生物量；②为周围区域提供补充量来源；③通过迁移恢复过度捕捞的区域；④维持自然种群年龄结构；⑤保护未受破坏的栖息地；⑥防止捕捞渔区的管理失败。

MPA 通过两种机制直接使邻近渔区受益：①成体和幼体从保护区向非保护区迁移；②产出的卵和幼虫最终会迁入可进行渔业开发的非保护区。前者取决于资源在空间上移动的程度，后者取决于卵或幼虫的分散过程。Gell 和 Roberts(2003)研究表明，存在海洋保护区时，种群资源量会增加、个体寿命更长、繁殖力更强。

NRC(2003)提出了一个增加保护水平的海洋保护区类型。

海洋保护区：用于提高沿海资源保护的一个离散区域。运用一个包含在海洋保护区中限制某些活动(如石油和天然气开采)以及特定区域(海洋保护区中的渔业和生态保护区)更高水平保护的完整规划来进行管理。

海洋生物保护区：保护某些或所有生物资源不被捕捞或不受干扰的区域，这包括建立保护区保护受威胁种类和濒危种类。

渔业保护区：为了保护重要栖息地、恢复种群、防止过度捕捞或增加渔获量，禁止在某海域对某些或所有种类进行捕捞。

生态保护区：通过在某区域禁止捕捞或干扰生物和非生物海洋资源(除了评估有效性所需的必要监测或研究)，从而保护该区域所有海洋生物资源。

根据 Clark(2006)，当前海洋保护区的经验表明，当捕捞活动禁止时鱼类种群可以被重建，且有时重建的速度非常快。他推测海洋保护区通过为其他衰退海域提供补充量从而会有助于渔民。

在建立海域保护区之前，生态系统管理者应该考虑到潜在成本和收益。

正如本章后面所阐述的，一个海洋保护区只有位于种群的源区时，才能产生预期的效果；若其处于资源主要源区之外或处于库区时，渔业可能比无海洋保护区时的情况更糟。这是因为对于相同捕捞努力量水平，由于整个作业区域的面积降低，源区的捕捞强度(单位区域的捕捞努力量)会增加。

因此，为了进行渔业空间管理，用源库结构探讨海洋保护区位置和大小的潜在生物经济影响是根本。

10.5　一个源库结构的复合种群

10.5.1　复合种群管理和源库理论

动态综合模型假定每个个体具有相同的交配和产卵概率，称其为随机交配。但是，近期利用微量元素、寄生生物和基因调查海洋鱼类种群的研究表明，大陆架底层海洋资源出现遗传分化(Geffen et al.，2003)，这说明复合种群非常普遍，尤其是对于定居种和地方种来说(Sinclair，1987)。因此，种群有效繁殖量可能远小于其总资源量，且繁殖年龄组和产卵区域在整个种类范围内的繁殖活动可能不是同样成功的(Smedbol et al.，2003)。

复合种群理论已经成为渔业研究的一个重要焦点，但却一直没有研究它对渔业管理的实际影响。复合种群由分布在空间中相互关联的亚种群组成。

源库理论用来描述局部子单位用迁入/迁出来连接的不完全混合或灭绝种群（Amezcua 和 Holyoak，2000）。源库资源遵循特定的复合种群结构，其中一个或多个局部群组呈现正的种群增长速度，称其为源，它有助于对下一代无明显贡献的次优栖息地中的局部群组（库）。破坏不明确地源库结构可能会导致种群灭绝。对于包含源库结构的复合种群，除了海洋保护区的大小和位置主要与资源位置和渔民捕捞目标群体的港口位置有关。基于港口的沿海渔业，其资源评估模型中通常不考虑渔船会向远离港口的新渔场扩张。

因此，关于海洋保护区和生态系统其他组分之间的位置、大小和联系的决策必须要考虑。将 MPA 作为主要的管理工具需要将管理重点从单一种类管理转移到生态系统空间管理。海洋特性、深度测量学、水文学、海洋保护区中生物体的迁入和迁出是设计海洋保护区的关键因素。

为了制定渔业空间管理决策，时空生物经济方法为估计不同空间管理策略的可能影响提供了一个有效地途径。

10.5.2 模拟海洋保护区影响的生物经济方法

近年来，理论和实证研究均试图估计海洋保护区的最适大小，如 Sumaila（1998），他计算出巴伦支海鳕鱼渔业海洋保护区的生物经济最适大小，作为保护区和非保护区之间转移速率的一个函数。Beattie 等（2002）运用包含空间生物量动态模型的博弈论，估算北海海洋保护区在生态和经济两方面的效率。该模型也被用于选择海洋保护区的位置，从而保护存在源库结构的种类（Crowder et al.，2000）。Hannesson（1998）讨论了海洋保护区的潜力，Anderson（2002a）扩展了 Hannesson（1998）的分析，运用可持续捕捞量和收益曲线来说明海洋保护区如何影响可捕捞资源量，并对比存在和不存在海洋保护区时的渔业性能。

很多不同的方法已用来探索生物和经济因素如何在时间和空间上促使开发模式的演变。Sanchirico 和 Wilen（2001）为复合种群开发建立了一个简单的生物量动态模型，Anderson（2002b）运用一个具有两个分布区域的种群生物量动态方法，推导不同迁移假设下的空间生物经济平衡条件。

关于海洋保护区的位置，Smith 和 Wilen（2003，2004）用年龄结构模型指出源或库与港口距离的相关性。

人为因素（包括海洋保护区阶段的规划和实施中利益相关者的参与），是决定一个海洋保护区是否能够成功取得目标以及个体和团体面临当前限制和未来使用是否会出现不服从情况的关键因素。

引用空间建模工作的主要结论为海洋保护区如何执行提供思路，无论是作为一个主要渔业管理工具，还是作为在时间上维持渔业的多种管理措施之一。它一般包括：对于成体定居、且幼体广泛分散的种类，保护区收益最高；随着移动性增加，保护区收益降低；保护区与渔区之间成体转移率较高时，保护区失效。

10.6　关于源库结构的生物经济模型

下面将扩展前文介绍的模型，以包含源库结构，并探讨不同港口位置 A 和 B(一个源区较近，另一个离源区较远)的影响。

10.6.1　产卵量和补充量

对于具有源库结构的复合种群的产卵量和补充量，根据公式(10.2)的 $\sum_{s} \mathrm{SSB}_{s,t}$ 得到总产卵生物量。公式(10.2)的一个重要假设是，补充量取决于源区的产卵生物量。当种类的生活史包含间接发育时，这个假设可能是有效的。例如，当幼体没有出现直接从卵到当地肥育场，而是由于浮游幼虫变态分散并补充到亲本栖息地以外的区域中。具有特定地理坐标的每个区域包含几个年龄组，并每个年龄组的密度不同。

前文提出的时空生物经济模型中的补充量，是由复合种群分布的一个子区域(例如总面积的 10% 或 60 个地理单元)中的成体生物量所产生。有效产卵量仅来自于该区域的成体生物量。补充量由一个资源量−补充量关系所产生，利用随机(负二项式)分布将仅来自源区的生物量分布在下一年源和库区域的所有数组中。成熟源组分的剩余生物量是 Beverton-Holt 产卵−补充模型的投入，用于下一年整个数组补充量的产生。尤其对高繁殖力的无脊椎动物以及种群处于适合补充过程的栖息地有限的区域，导致补充量位于较高稳定水平，这似乎是一个合理的运用模型。其他的补充函数，例如第五章中所讨论，也可以用于估计在空间内分布的补充量。在这种情况下，由于弱移动性和定居种类存在空间隔离，个体在单位区域间的移动无法被模拟。

10.6.2　复合种群空间管理的海洋保护区位置

在一个存在源库结构的复合种群中，海洋保护区的位置是一个关键决策。若海洋保护区位于源区外，将导致生物量和净收益的降低，因为捕捞强度(单位捕捞努力量)在未受限制的源区将增加。

在图 10.10 中，我们能够看到海洋保护区位于源区和库区的区别，或者仅在无空间管理的公开入渔下维持渔业。

结果表明，在公开入渔下，关闭源区导致最终生物量(点 A)大于关闭库区所获得的平衡生物量或者无关闭区域(点 B)。应该指出，仅关闭一个不是未来补充量来源的种群分布区，不会改善资源状况。

Seijo 和 Caddy(2008)认为：①与无保护源区距离较近的港口会造成资源衰退；②关闭至少一半的高强度捕捞源区来减少港口位置的影响，并改善所有的性能变量；③建立在源区之外的海洋保护区可能会加大资源衰竭的风险，因为最终捕捞强度转向公开入渔的源区。

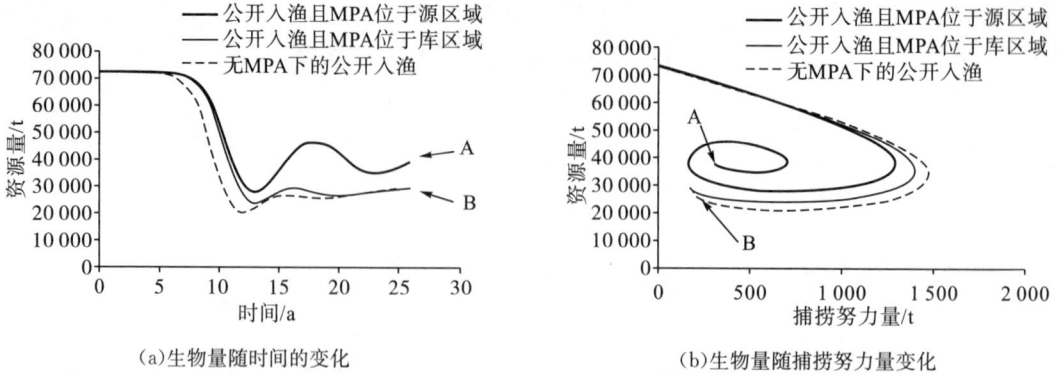

(a)生物量随时间的变化　　　　　　　(b)生物量随捕捞努力量变化

图 10.10　海洋保护区位置对管理一个具有源库结构的复合种群的影响

当关闭渔区时，对于所有捕捞强度，从靠近源的港口出发的渔民，其航行的平均距离增加；而从靠近库的港口出发的渔民，其航行的平均距离降低。

10.7　渔业空间模型中的迁移

随着种类的流动性增加，通过加入迁移组成从而探讨空间资源可利用性随时间的变化。有许多渔业经济文献运用 Schafer-Gordon 两个或三个分布区域的模型，来说明鱼类的迁移行为以及捕捞强度在空间的预期变化(Anderson，2002b；Armstrong 和 Skonhoft，2006；Kar 和 Matsuda，2008)。这些模型通常假设在解析解中达到平衡条件。

Anderson(2002b)探讨了两个分布于不同区域的同一种类的种群。从区域 i 至 j 的两种类型生物量迁移描述如下：①密度制约；②源-库。第一种迁移类型类型计算如下：

$$M(X_{i,t}, X_{j,t}) = b\left(\frac{X_i}{K_i} - \frac{X_{j,t}}{K_j}\right) \tag{10.16}$$

在这种情况下，鱼类会从高密度区域移向低密度区域。两个区域之间的迁移系数定义为 b。当该表达式为正时，存在鱼群移动到栖息地 j；当表达式为负时，鱼群会移动到栖息地 i。从 i 向 j 的迁移量等于 $-M(X_i, X_j)$。

对于第二种情况，生物量从 i 到 j 的生物量源-库迁移表示如下：

$$M(X_{i,t}) = \left(\frac{b}{K_i}\right)X_{i,t} \tag{10.17}$$

从源到库的迁移是与资源量呈比例的，用 b/K_i 比值考虑密度依赖情况下的比较。区域 i 损失的资源量为 $-m(X_i)$。应该指出的是，由于不同分布区离同一港口的距离不同，所以对分布区进行相同开发是不符合实际的。决定捕捞哪一个区域将在下面进行讨论。每个区域的渔船长期利益计算如下：

$$\prod_1 = P\left(\frac{q}{K_1}\right)T_1\gamma_1X_1 - (T_1C_1 + FC + \psi V_1) \tag{10.18}$$

$$\prod_2 = P\left(\frac{q}{K_2}\right)T_2\gamma_2X_2 - (T_2C_2 + FC + \psi V_2) \tag{10.19}$$

其中，T_i 是在区域 i 捕捞的单位时期渔船数量，γ_i 是实际在区域 i 作业的部分[公式(10.21)]。

$$\gamma_i = \frac{L_i - \dfrac{\mathrm{d}_i}{s}}{L_i} = 1 - \frac{\mathrm{d}_i}{sL_i} \tag{10.20}$$

y_i 是区域 i 单位渔船的周期渔获量，计算为：$y_i = \left(\dfrac{q}{K_i}\right)T_i\gamma_iX_i$，其中，$q$ 是受密度制约的可捕系数。

ψ 是渔船成本相互影响系数。Anderson(2002)指出该参数为 0 表示船队大小不影响渔船成本，正值表示负外部性，负值表示正外部性。

存在密度制约迁移的两个区域中，资源量的周期变化公式如下：

$$X_{1,i+t} = X_{1,t} + G_1(X_{1,t}) - M(X_{1,t}, X_{2,t}) - V_1y_1 \tag{10.21}$$

$$X_{2,i+t} = X_{2,t} + G_2(X_{2,t}) - M(X_{1,t}, X_{2,t}) - V_2y_2 \tag{10.22}$$

类似的，用 $m(X_{i,t})$ 代替 $M(X_{1,t}, X_{2,t})$，得到源－库迁移公式，且区域 1 是源区。

由于渔船可以随时间的变化在各区域之间转移，Anderson 修改了传统的 Smith 渔船变化公式，得到如下每个区域中渔船数量的周期变化：

$$V_{1,t+1} = V_{1,t} + \varphi_1\prod\nolimits_{1,t} + \varphi_s(\pi_{1,t} - \pi_{2,t}) \tag{10.23}$$

$$V_{2,t+1} = V_{2,t} + \varphi_2\prod\nolimits_{2,t} + \varphi_s(\pi_{1,t} - \pi_{2,t}) \tag{10.24}$$

其中，Φ_1 和 Φ_2 是栖息地 1 和 2 的进入－退出系数，Φ_s 是转换参数；第二项是由渔船进入或退出渔业(假定与长期利润呈比例)所决定的变化；第三项是根据相对短期利润，渔船在两个区域之间的迁移。

当两个船队的长期利润为零或者当两个区域的捕捞量等于生长量减去迁徙量的代数总和时，系统将达到合计生物经济平衡[当公式(10.18)、(10.19)、(10.21)和(10.22)同时为零时]。区域 i 的平衡资源量(X_i^*)用公式(10.25)计算：

$$X_i^* = \frac{K_i}{Pq_i}\left(\frac{C_i}{\gamma_i} + \frac{\mathrm{FC} + \psi V_i}{T_i\gamma_i}\right) \tag{10.25}$$

值得注意的是，当 ψ 值不等于零时，无法单独地解出平衡资源量。

10.8　总　　结

可以用类似本章所建立的工具来解决的管理问题包括：①对于具有不同生命周期定居种，捕捞策略的最佳禁渔期；②海洋保护区的最适大小。

考虑到复合种群的管理，我们也应该认识到，对于一个靠近港口的源区，若基于生态系统的管理导致社会自我控制，以及渔民之间对海洋保护区的互相监督，可能会改善净收益和降低潜在不利影响。

下一章将在渔业生物经济分析中，同时探讨气候变化背景下由环境驱使的渔业波动和季节性变动。

参 考 文 献

Amezcua A B, Holyoak M. 2000. Empirical evidence for predator-prey source-sink dynamics. Ecology, 81: 3087—3098.

Anderson L G. 2002. A comparison of the utilization of stocks with patchy distribution and migration under open access and marine reserves: An extended analysis. Marine Resource Econonomics, 17(4): 269—290.

Anderson L G. 2002a. A bioeconomic analysis of marine reserves. Natural Resource Modeling 15(3): 311—334.

Anderson L G. 2002b. A comparison of the utilization of stocks with patchy distribution and migration under open access and marine reserves: an extended analysis. Marine Resource Economics, 17: 269—289.

Armstrong C W, Skonhoft A. 2006. Marine reserves: A bio-economic model with asymmetric density dependent migration. Ecological Economics(Elsevier), 57(3): 466—476.

Beattie A, Sumaila U R, Christensen V, Pauly D. 2002. A model for the bioeconomic evaluation of marine protected area size and place in the North Sea. Natural Resource Modeling, 15(4): 413—437.

Beverton R G H, Holt S J. 1957. On the dynamics of exploited fish populations. Fishing Investment(London), 2(19): 533.

Caddy J F. 1975. Spatial model for an exploited shellfish population, and its application to the Georges Bans scallop fishery. Journal of the Fisheries Research Board of Canada, 32: 1305—1328.

Clark C W. 2006. The Worldwide Crisis in Fisheries: Economic Models and Human Behavior. Cambridge University Press, Cambridge, UK, 263.

Crowder L B, Lyman S J, FigueiraWF, Priddy J. 2000. Source-sink population dynamics and the problem of siting marine reserves. Bulletin of Marine Science, 66(3): 799—820.

Elliot J M. 1977. Some Methods for the Statistical Analysis of Samples of Benthic Invertebrates, Vol. 25. Freshwater Biology Association Scientific Publications, Cumbria, UK, 158.

Geffen A J, Jarvis S, Thorpe J P, Leah R T, Nash R D M. 2003. Spatial differences in the trace element concentrations of Irish Sea plaice Pleuronectes platessa and whiting Merlangius merlangus otoliths. Journal of Sea Research, 50(2—3): 245—254.

Gell F R, Roberts C M. 2003. The Fishery Effects of Marine Reserves and Fishery Closures. WWF-US, Washington, DC, 89.

Gillis D M, Peterman R M, Tyler A V. 1993. Movement dynamics in a fishery: Application of the ideal free distribution to spatial allocation of effort. Canadian Journal of Fisheries and Aquatic Sciences, 50: 323—333.

Hannesson R. 1998. Marine reserves: What do they accomplish? Marine Resource Economics, 13(3): 159—170.

Hilborn R, Walters C J. 1987. A general model for simulation of stock and fleet dynamics in spatially heterogeneous fisheries. Canadian Journal of Fisheries and Aquatic Sciences, 44: 1366—1369.

Hilborn R, Walters C J. 1992. Quantitative Fisheries Stock Assessment: Choice, Dynamics and Uncertainty. Chapman and Hall, New York, NY.

Kar T K, Matsuda H. 2008. A bioeconomic model of a single-species fishery with a marine reserve. Journal of Environmental Management, 86(1): 171—180.

National Research Council(NRC). 2001. Marine Protected Areas: Tools for Sustaining Ocean Ecosystems. National Academy Press, Maryland, 272.

Sanchirico J N, Wilen J E. 2001. Dynamics of spatial exploitation: A metapopulation approach. Natural Resource Modeling, 14(3): 391—418.

Seijo J C, Caddy J F, Euan J. 1994. Space-time dynamics in marine fisheries: A bioeconomic software pacsage for sedentary species. FAO Computerised Information Series, Fisheries 116 pp. +discs.

Seijo J C，Defeo O，Salas S. 1998. Fisheries bioeconomics：Theory，modelling and management. FAO Fisheries Technical Paper，368：107.

Seijo J C，P′erez E，Caddy J F. 2004. A simple approach for dealing with dynamics and uncertainty in fisheries with heterogeneous resource and effort distribution. Marine and Freshwater Research（CSIRO Publishing），55：249—256.

Seijo J C，Caddy J F. 2008. Port location for inshore fleets affects the sustainability of coastal source-sink resources. Fisheries Research（Elsevier），91：336—348.

Sinclair M. 1987. Marine Populations. Washington Sea Grant Program，University of Washington Press，Seattle，London，252

Smedbol R S，McPherson A，HansenMM，Senchington E. 2003. Myths and moderation in marine metapopulations. Fish and Fisheries，3：20—35.

Smith M D，Wilen J E. 2003. Economic impacts of marine reserves：The importance of spatial behaviour. Journal of Environmental Economics and Management，46（2）：186—206.

Smith M D，Wilen J E. 2004. Marine reserves with endogenous ports：Empirical bioeconomics of the California sea urchin fishery. Marine Resource Economics，19（1）：85—112.

Smith V L. 1969. On models of commercial fishing. Journal of Political Economy，77：181—198.

Sparre P，Ursin E，Venema S C. 1989. Introduction to tropical fish stock assessment. Part 1—Manual. FAO Fisheries Technical Paper，306（1）：337.

Sparre P J，Willman R. 1993. Software for bio-economic analysis of fisheries. BEAM 4. Analytical bio-economic simulation of space-structured multispecies and multi-fleet fisheries. Vol. 1. Description of the model. omputerized information series（Fisheries）. FAO Fisheries Technical Paper，vol. 186.

Sumaila U R. 1998. Protected marine reserves as fisheries management tools：A bioeconomic analysis. Fisheries Research，37：287—296.

Walters C. 2000. Impacts of dispersal，ecological interactions，and fishing effort dynamics on efficacy of marine protected areas：How large should protected areas be? Bulletin of Marine Science，66（3）：745—757.

Welch D W，Ishida Y. 1993. On the statistical distribution of salmon in the sea：Application of the negative binomial distribution，and the influence of sampling effort. Canadian Journal of Fisheries and Aquatic Sciences，50：1029—1038.

Wilen J. 2003. Spatial management of fisheries. Marine Resource Economics，19（1）：7—20.

第 11 章　季节性与种群长期波动

11.1　引　言

本章提出了在渔业生物经济学分析中将季节性和长期波动模式合并的简单方法。

在本章的第一部分，运用包含季节性产卵、孵化和补充过程的年龄结构生物经济模型，探讨公开入渔下捕捞努力量的季节分布。

第二部分运用周期性变化的环境容纳量模拟种群长期波动动态。此外，我们还建立了受环境驱使渔业的年龄结构生物经济模型（如沙丁鱼、鳀鱼渔业），从而反应长期海洋生产力模式和环境条件。这通过运用一个受环境驱使的补充函数来完成。

在短生命周期种类渔业中，所用的长期和短期年龄结构模型包含分布延迟模型，以此来表示补充季节性和捕捞努力量动态变化。

在 Schaefer-Gordon 模型中，渔业生物经济模型的季节性已用于：①利用周期系数估计公开入渔下季节性波动的影响（Ardito et al，1993）；②确定在季节性捕捞的公开入渔渔业中，租金是最大化还是消失（Kennedy 和 Hannesson，2006）。

年龄结构的生物途径通过在底层甲壳类 von Bertalanffy 生长公式中插入周期函数，探讨个体生长的季节性（Xiao 和 McShane，2000）。尽管运用年龄结构途径，来考虑补充季节性的生物经济建模非常少（Seijo et al，1998），但 Bowden（2005）认为大多数物种存在明显的补充季节性。Teh 等（2007）研究了马来西亚珊瑚礁渔业的季节性模式，Van Zwieten 等（2002）研究了坦噶尼喀湖北部工业远洋围网渔业的年间变动、季节性以及持久性的影响。Kanaiwa 等（2008）评价了关于补充量时间模式的一个季节性、与性别有关和体长结构的种群评估模型表现，解释该季节消长的基础生物过程，对一年中成体仅有一次或两次机会补充新个体的短生命周期种类至关重要。因此，设计包含补充季节性的年龄结构生物经济模型，需要考虑在其他渔业管理策略中禁渔期的可能生物经济影响。

11.2　补充季节性的建模

在前一个章节中，我们讨论了年内生物经济建模和分析，并运用 3~4 年长寿命种类渔业的参数集。

对于短生命周期的种类（生命周期为 1~3 年），掌握年内和季节性生物过程（例如产卵和补充），以及经济活动（例如捕捞努力量的季节分配）至关重要。

运用年龄结构动态生物经济模型建立季节补充模型，可以估计繁殖过程发生时海洋中的剩余产卵群体。因此，能够估计补充量的大小以及根据发生于不同时间的特定物种产卵和孵化期而进行的季节分布。为了便于管理，确定一年内捕捞季节的长度和出现时间的影响是非常必要的。未捕捞的产卵群体数量越多（其他条件不变），补充量就越多。

根据产卵、孵化及补充的周期长度，能够获得其峰值。然而，我们知道，不是所有的成熟雌性个体均在一年的特定星期或月份产卵，而是分布在一个的特定时期内。卵的孵化以及补充到 1 龄组中（几个星期或几个月）也同样如此。掌握上述渔业动态过程有助于设定禁渔期，从而保护关键的产卵、孵化和补充过程。

为了表示渔业一年内发生的生物过程，Diaz de Leon 和 Seijo（1992）、Seijo（1998）利用 Manetsch（1976）建立的分布延迟模型，模拟一个渔期中的季节补充和捕捞努力量分配。该模型基于 Erlang 概率密度函数（具体查阅附录 2）。

个体的产卵、孵化和补充过程表示在图 11.1 中。从图中可以看出，该过程在一年中是连续发生的。产卵量取决于雌性个体数量及相应的平均繁殖力。在该图中，它出现在一年的前 5 个月内，峰值出现在产卵后的第 45 天；之后，在第 60 天开始孵化，最后在 3.5~12 个月内生长为幼体补充到种群中，峰值出现在该年第六个月。

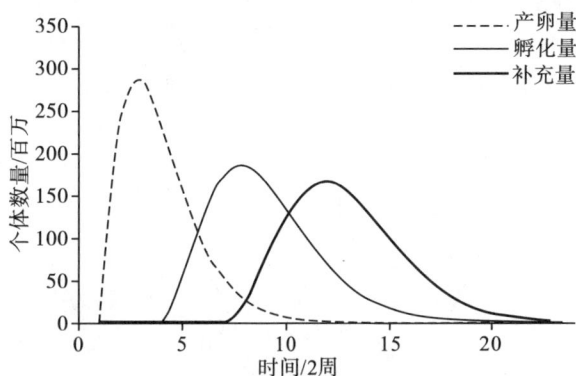

图 11.1　渔业中季节性产卵、孵化和补充过程

随着从渔业中获取的信息逐渐增多，我们可以估算产卵和孵化过程的特定自然死亡率。目前 Excel 模型考虑的是整体恒定自然死亡率。正如第 5 章所讨论的，特定年龄的自然死亡率也能包含在该类模型中。

想要模拟三个季节性分布过程的影响，需要我们估算产卵过程中不同捕鱼期和禁渔区的潜在影响。对于不同的种群，存在不同的产卵、孵化和补充期，因此生物经济学家应该从生物学家那里获取关于周期长度以及上述过程相应峰值的有效科学数据。估计未来补充量需要计算进入产卵过程的成熟雌鱼数量以及物种的平均繁殖力。由于我们处理的是短生命周期的种类，大多数短生命周期种类一生中产卵一次或两次，特定年龄的繁殖力是不相关的。

从图 11.2 中，我们可以看到生命周期为 3 年的补充量分布。注意，第一次补充表示在图 11.1 中；在该图中，不包括潜在的产卵和孵化过程。

建立短期和长期渔业动态模型探讨补充季节性和不同船队的捕捞努力量。除了公式（11.2）～公式（11.6），该模型所用的公式以及相应参数集（表 A3.2 和 A3.3）表示在本文的附录 2 和 3 中。

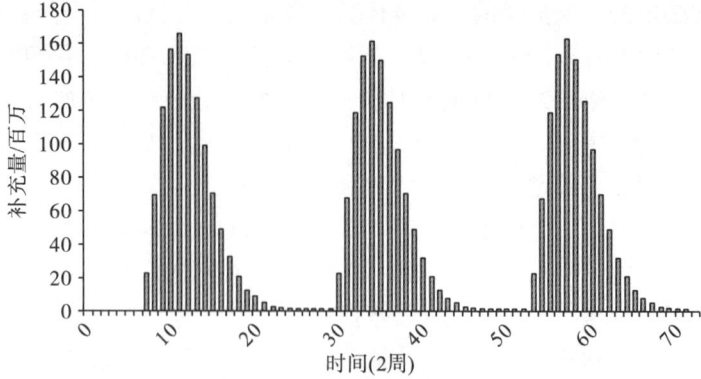

图 11.2　个体季节性补充随时间的变化

从图 11.3 中，我们能够观察到，三种捕捞努力量年内分配策略下生物量的季节分布：①全年捕捞努力量，即总捕捞努力量分配在全年中；②关闭渔期 1，即捕捞努力量分布在一年的前 6 个月；③关闭渔期 2，即捕捞努力量分布在一年的后 6 个月。我们可以看到，选择不同月份作为禁渔期，生物量存在很大差别。关闭渔期 1 的年内捕捞努力量管理效果最好。

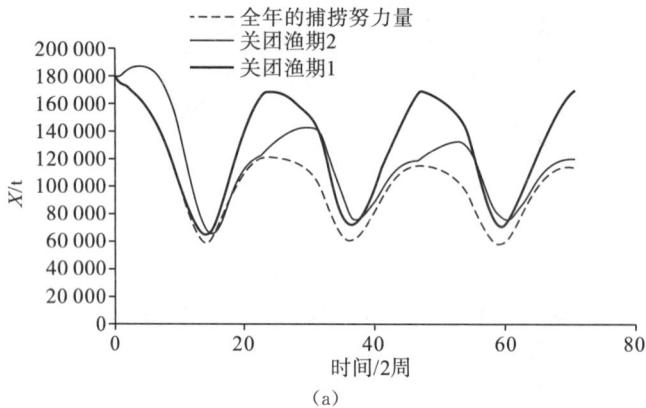

(a)

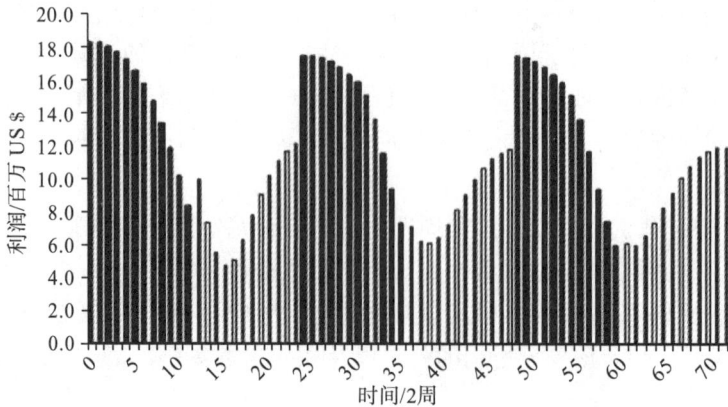

(b)

图 11.3　季节性管理短生命周期种类渔业的生物量和利润

从图 11.3b 中，我们能够看到，考虑发生在图 11.1 中的连续产卵、孵化及补充过程，同样，关闭渔期 1 产生的利润更高。因此，生物经济学家掌握潜在生物过程（造成观测到的渔业补充量）是基础。

11.3　季节性捕捞努力量的最适分配

为了在季节性渔业中合理地分配捕捞努力量，运用了下面的方法。

根据上文介绍的季节性模型，我们估算出动态产卵数量 $[S_t(\mathrm{SSB}_t)]$，孵化率 (H_t)，以及产生的季节补充量 (R_t)，如图 11.4 所示。此外，如第 5 章所述，还有内在的决定性因子，如种群结构的动态变化 (N_{it})，特定年龄生物量 (X_{it})，产卵生物量 (SSB_t)。除了这些生物变量，季节性渔获量、成本、收益及利润也能够估算。所以，生物和经济渔业性能变量成为渔业管理过程的投入，从而控制例如捕捞努力量和捕鱼期（投入控制），也可以建立产出控制（TAC）。这些调控措施是优化程序（用于估计利润最大化时，季节捕捞努力量分配）的限制。在该模型中，可以利用 excel 中规划求解的功能获得估算结果。

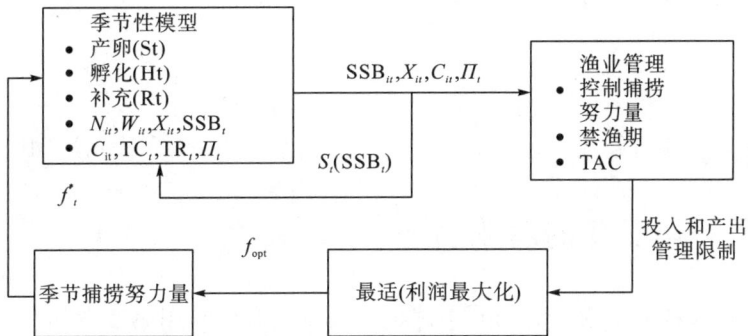

图 11.4　季节性渔业中优化年内捕捞努力量的概念模型

11.4　小型远洋渔业的长期模式

上一节中建立了一种方法，来讨论一年内补充量和捕捞努力量的短期模式。本节用简单地方法在补充量长期模式中加入周期性波动。首先，我们需要放宽 Schaefer-Gordon 模型中恒定环境容纳量的假设；其次，在年龄结构生物经济模型中，令动态补充量函数由产卵群体和关键环境因子例如水温或饵料可获得性的构成。在这两种方法中，我们使用正弦函数来表示资源量长期波动模式。

在现代渔业开发以及使资源量显著降低的先进捕捞技术出现之前，人们就已经对鱼类种群的大幅波动以及人类捕捞海洋资源的长期变化有一定的了解（Hjort，1914；Jakobsson et al.，1995）。Øiestad（1994）指出，历史上资源量长期变化与气候变化有关。鱼类种群的波动与海水的冷暖周期有关。

最近，Kliashtorin（2001）发现"最具有商业价值的大西洋和太平洋鱼类种群——大西洋和太平洋鲱鱼，大西洋鳕鱼，欧洲、南非、秘鲁、日本和加利福尼亚沙丁鱼，南非、秘鲁鳀鱼，太平洋鲑鱼，阿拉斯加鳕鱼，智利竹筴鱼以及其他种群——正同时经历长期波动。这些物种的总产量占大西洋和太平洋总渔获量的50%"。研究还发现，即使异常的全球气温与海洋渔业产量的长期动态有关，但是由于高度地年际变动，导致其无法预测。由于主要经济鱼类的长期波动和较低的年内变化，作者建议使用相关性更高($r=0.7-0.9$)的大气环流指数(ACI)。

根据上述研究成果，远洋渔业的生物经济模型应该考虑约为55年的种群周期性波动，该周期通过大气环流指数和渔获统计数据的时间序列光谱分析估算得出(Kliashtorin, 2001)。

11.4.1 Schaefer-Gordon 模型中随时间变化的环境容纳量

修改第2章讨论的 Schaefer-Gordon 模型，使其包含维持目标鱼种的环境容纳量长期波动模式。为此，我们放宽环境容纳量恒定的假设，运用表示种群生物量长期自然波动的正弦函数，使其成为时间函数。对于每一个特定的渔业，需要特定的观察，从而确定循环周期以及相应振幅。最终，生物量生长公式表示如下：

$$\frac{\mathrm{d}X}{\mathrm{d}t} = rX_t \left[1 - \frac{X_t}{\overline{K} - \sigma_K \sin\left(2\pi \frac{t}{\mathrm{cycle}}\right)} \right] - qE_t X_t \tag{11.1}$$

其中，$\overline{K}$ 是平均环境容纳量，σ_K 是环境容纳量的振幅，"cycle"表示波动周期。

11.4.2 受环境驱使的渔业动态

为了说明包含种群生物量波动的全球模式模型，我们利用第2章的公式(11.1)，用 DT=1 的 Euler 数值积分求解：

$$X_{t+1} = X_t + rX_t \left[1 - \frac{X_t}{\overline{K} - \sigma_K \sin\left(2\pi \frac{t}{\mathrm{cycle}}\right)} - qE_t X_t \right] \tag{11.2}$$

该模型的参数集见表11.1，运用公式(11.2)中的正弦函数，环境容纳量在平均 K (350万t)上下波动直到150万t。Schafer-Gordon 模型中公式所用的其他参数在前面章节已有定义。

在一个具有波动环境容纳量的渔业中，我们必须确定生物量、目标产量和极限参考点(分别为 TRP，LRP)随时间的变化，因为不存在平衡生物量或可持续产量。就生物量而言，我们可以指定目标生物量与随时间变化的环境容纳量呈比例：

$$X_{t,\mathrm{TRP}} = \lambda K_t \tag{11.3}$$

其中，λ 是一个参数值，它反映生物量等于0.5(该时间下的生物量等于1/2最大生物量)或高于0.5，它接近最大利润时的生物量。

表 11.1　用于模拟渔业长期波动模式的参数集

参数	符号	值	单位
环境容纳量	K	3 500 000	t
内禀增长率	r	0.36	1/年
单位捕捞努力量成本	c	45 000	US$/渔船/年
鱼价	p	150	US$/t
可捕系数	q	0.000 4	1/渔船
进入/退出参数	Φ	0.002	渔船/US$
K 波动幅度	σ_K	1 500 000	t
环境周期	cycle	55	年

　　另一方面，我们可以对每年环境容纳量波动周期指定一个随时间变化的生物量极限参考点：

$$X_{t,\text{LRP}} = \tau K_t \tag{11.4}$$

其中，τ 表示生物量位于可恢复范围内的比例。正如第 6 章所提到的，限制参考点是一个我们不希望超过或者达到的变量水平。对于种群生物量，该值取决于种群的寿命及其脆弱性。参数 τ 的值通常在 [0.2，0.4]。

　　图 11.5 表示公开入渔情况下波动种群渔业位于目标参考点和限制参考点时的动态生物量轨迹。生物量目标参考点设为 $\tau = 0.3$，$\lambda = 0.65$。

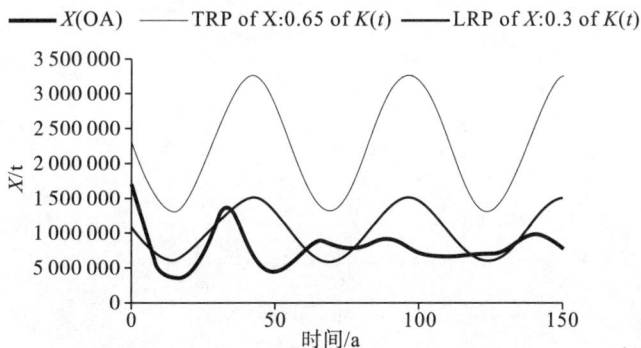

图 11.5　动态 X_{TRP}、X_{LIM}、未调控的公开入渔 X_{OA} 的波动生物量

　　我们可以看出，该物种在公开入渔的生物量接近与或者低于表 11.1 提供的生物经济参数集的极限参考点。

　　类似上面所描述的波动种群的渔业管理，可以使用第 7 章讨论的投入或产出控制，这需要每年更新，从而适当地追踪由环境因素所引起的种群波动。

　　在缺少分析解决方案的平衡条件下，一个确定渔业最适控制量的简单方法表示在图 11.6 中。

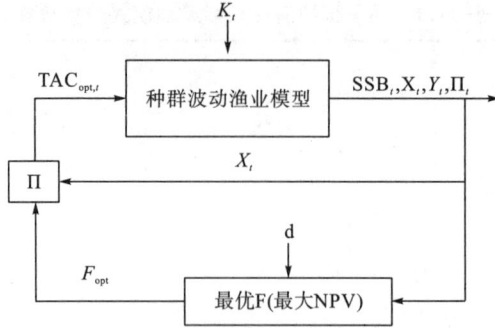

图 11.6　一个种群波动渔业的最适动态 TAC

在该图中，波动渔业的动态模型以一个随时间变化的动态环境容纳量作为投入[见公式(11.2)的分母]，确定种群周期波动的模式。由于不同贴现率反映不同的时间价格，最佳捕捞死亡率能够产生最大净现值。将 F_{opt} 乘以随时间变化的种群生物量，从而确定相应的最佳 TAC。

从图 11.7 中，我们可以看到未管制的公开入渔和一个动态 TAC_{opt} 下，生物量、产量和利润随时间的轨迹。由于环境容纳量的外在波动，无法达到渔业生物经济平衡。因此，产量和利润将随着资源丰度的波动而变化。

正如预期的那样，公开入渔下的生物量动态小于作为动态 TAC 函数所获得的生物量[图 11.7(a)]。我们还能看到，当 TAC 被有效执行和遵守时，利润总是为正。

为了便于阐述，我们使用 Kliashtorin 的研究成果——55 年为一个循环周期。随着知识的积累和长期特定渔业证据的获取，生物经济学家应该更新受环境影响而随时间不断变化的环境容纳量的参数集。

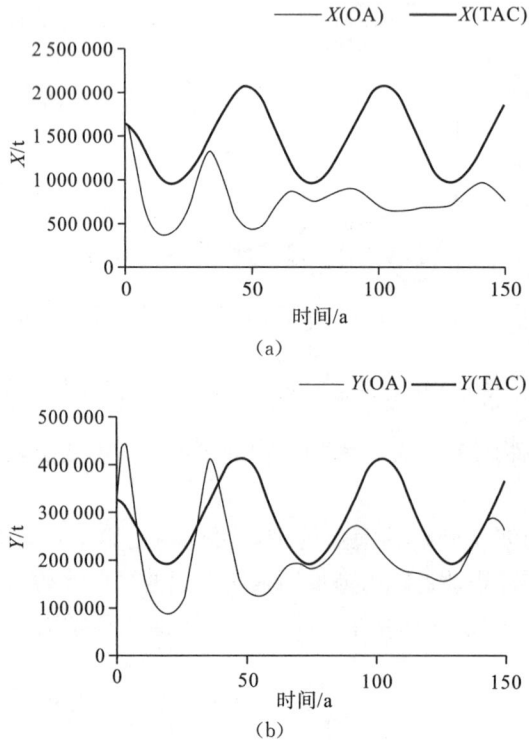

(a)

(b)

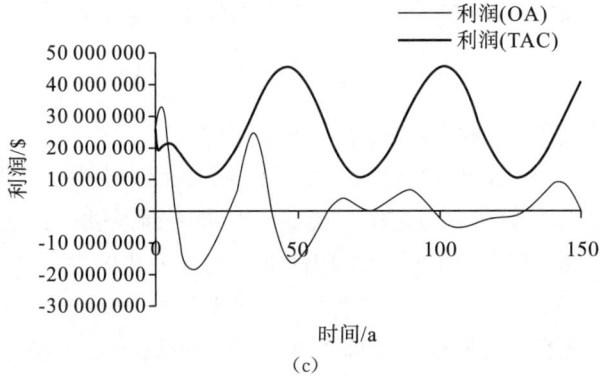

图 11.7　公开入渔下作为动态 TAC 函数的某波动渔业的生物量、产量和利润

11.5　受环境影响的补充量的长期波动模式

鱼类会产出大量的卵，但只有很少一部分能够生存下来成为补充个体。在生活史的早期，幼鱼非常小，易受不良因素的影响，特别是捕食者和缺乏适宜的饵料。因此，年补充量的波动很大，影响种群数量和渔业的成功。

影响更大的是，由气候变化以及过度捕捞亲本导致补充失败而引起的补充量系统上升或下降。这两个因素已经在过去 50 年内导致一些世界最大渔业的衰竭，而且即使有些渔业停止捕捞活动，也没有得到恢复。21 世纪初，挪威渔业学家 Johann Hjort 首次提出，在鱼类生活史早期重要阶段食物缺乏是决定补充量的重要因素，其研究补充过程的长期模式就一直在进行。

尽管已经发现了一些有价值的线索，但是该机制在很大程度上还是模糊的，其中的原因现在还不清楚。在海上准确分析鱼类早期生活史经历的过程是非常困难的。除非鱼种的寿命不止一年，否则无法证明补充的成功或失败。尽管生物因素，例如食物，捕食者和疾病很重要，但是它们的影响通过当时的海洋物理和化学条件间接表现出来。气流、湍流、大气层化和风应力都是很重要的因素。因此，在上升流区域，尽管具有潜在的高产性，但是很不稳定，容易导致补充量产生极端变化和系统趋势，例如由于厄尔尼诺现象导致的加利福尼亚沙丁鱼的灭绝以及秘鲁鳀鱼的周期性衰退。

获得有用的信息从而更好地掌握补充过程的收益是巨大的，但其科学挑战也是巨大的。问题的核心不仅仅是物理和生物海洋科学，而且也是多学科的交叉，比如鱼类生理学，营养学和行为学。于是很多人可能会想到，在这种情况下，各学科之间的高度融合能够解决合理利用海洋生物资源的全球性重要问题。

因此，本节的主要问题是：渔业生物学经济学家如何用渔业模型分析对环境变化高度敏感的鱼类(如上文提到的小型中上层鱼类)补充过程的不确定性？

运用年龄结构生物经济学模型来实现动态补充的一个简单方法是，引入评估补充量的公式，捕捞量的长期波动与环境参数的相关性更大。公式如下：

$$R_t = \mathrm{SSB}_t e^{\varphi_1 - \varphi_2 \mathrm{SSB}_t + \varphi_3 \mathrm{STA}_t} \tag{11.5}$$

其中，φ_1 是与密度无关的参数，φ_2 是密度制约的参数，φ_3 是环境参数，STA_t 是长期

的周期性异常海表面温度，其计算公式表示为下面的正弦函数：

$$\text{STA}_t = -\sigma_{\text{temp}} \sin\left(2\pi \frac{t}{\text{cycle}}\right) \tag{11.6}$$

其中，σ_{temp}表示正弦函数的振幅，cycle 表示波动周期。

公式(11.5)表示一个考虑密度制约、独立参数和关键环境变量(例如上面所讨论的)的 Ricker 补充函数。在该例中，考虑的环境因子是海表面温度，其他重要的环境因子例如上面提到的 ACI，也可以包含在受环境驱使的补充量公式中。

图 11.8 清楚地表示了波动渔业(类似小型中上层渔业)动态。图中的动态表示了 Kliashtorin(2001)所描述的长期模式，即生物量周期性波动，导致阶段性的低资源量和渔业衰退，如图 11.8(c)、图 11.8(d)所示的产量轨迹。

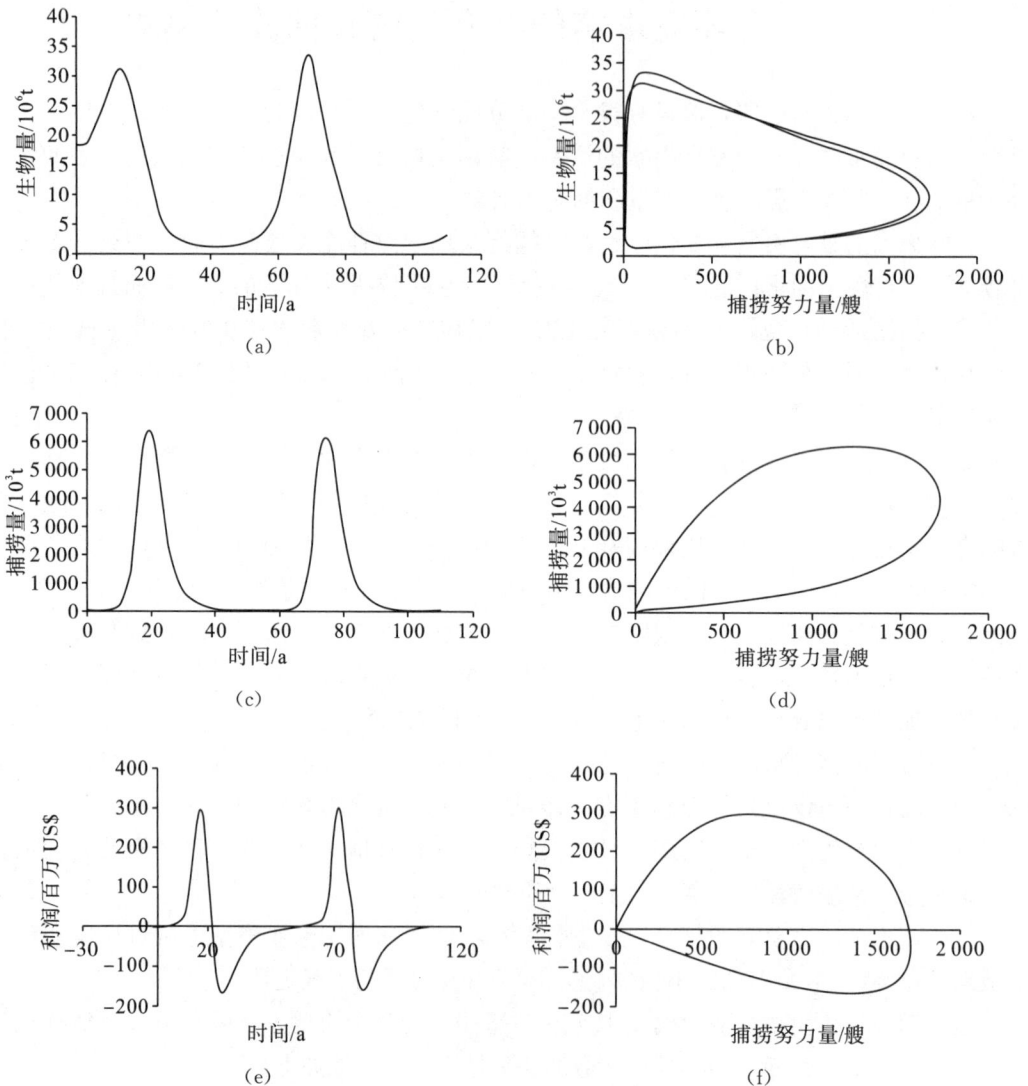

图 11.8 一个环境驱使的波动渔业的生物量、产量、利润动态

之后，由于全球气候条件有利，生物量又增加，刺激渔船进入渔业，增加单位捕捞努力量，捕捞努力量一直增至生物量达到峰值。当不利的环境条件出现时，轨迹又开始出现新的下降趋势。

我们从中还可以看到利润轨迹，在低资源量时，利润为负，导致大多数渔船退出渔业；直到有利的环境条件出现，生物量进入一个全新的恢复时期，渔船才开始进入渔业。

我们还可以探讨存在和不存在开发率下的生物量波动，这需要观察：①不同开发率下的生物量下降水平；②存在开发活动时，低生物量时期的幅度更大；③开发率越高，恢复渔业所需的时间越长。

种群波动渔业的一个关键操作问题是：渔船生产力如何处理决定维持渔业生态系统环境容纳量周期循环长度的可能自然状态。

在第 12 章中，我们将讨论由气候变化以及其他海洋变化所导致的不同周期的资源量长期循环；并提出一个简单的方法来解决它们，包括利用决策理论来解决避免超过产卵种群生物量 LRP 的渔船能力问题。

参 考 文 献

Ardito A，Richiardi P，Schiafino A. 1993. The effects of seasonal fluctuations on an open access fishery problem. Journal of Mathematical Biology，Volume 31.

Butterworth D S，De Oliveira J A A，Cochrane K. 1993. Current initiatives in refining the management procedure for the South African anchovy resource. Proceedings of the International Symposium on Management Strategies for Exploited Fish Populations，Alaska Sea Grant College Program，439—473.

Bowden D A. 2005. Seasonality of recruitment in Antarctic sessile marine benthos. Marine Ecology Progress Series，297：101—108.

Díaz de León A，Seijo J C. 1992. Multi-criteria non-linear optimization model for the control and management of a tropical fishery. Marine Resource Economics，7：23—40.

Hjort J. 1914. Fluctuations in the great fisheries of Northern Europe. København 1914. Rapports et proc′es-verbaux des r′eunions，20：1—228.

Jakobsson J，Astthorsson O S，Beverton R J H，et al. 1995. Cod and climate change. ICES Marine Science Symposium，198：1—693.

Kanaiwa M，Chen Y，Wilson C. 2008. Evaluating seasonal，sex-specific size structured stock assessment model for the Americal lobster，Homarus americanus. Marine and Freshwater Research，59(1)：41—56.

Kennedy J，Hannesson R. 2006. Within-season rents：Maximised or dissipated in an open-access fishery? Marine Resource Economics，21：251—267.

Kliashtorin L B. 2001. Climate change and long-term fluctuations of commercial catches：the possibility of forecasting. FAO Fisheries Technical Paper，410：86

Manetsch T J. 1976. Time varying distributed delays and their use in aggregate models of large systems. IEEE Transactions on Systems，Man and Cybernetics SMC−6，8：547—553.

Øiestad V. 1994. Historic changes in cod stocks and cod fisheries：Northeast Arctic cod. ICES Marine Science Symposium，198：17—30.

Seijo J C，Defeo O，Salas S. 1998. Fisheries bioeconomics：Theory，modeling and management FAO Fisheries Technical Paper，368：108.

Teh L S L，Zeller D，Cananban A，Rashid Sumaila U. 2007. Seasonality and Historic Trends in the Reef Fisheries of

Palau Banggi, Sabah, Malaysia, Coral Reef, Volume 26. Springer, Berlin/Heidelberg.

Van Zwieten P A M, Roest F C, Machiels M A M, Van Densen W L T. 2002. Effects of inter-annual variability, seasonality and persistence on the perception of long-term trends in catch rates of the industrial pelagic purse-seine fishery of northern Lake Tanganyika(Burundi). Fisheries Research, 54: 248−329.

Xiao Y, McShane P. 2000. Use of age and time-dependant seasonal growth models in analysis of tag/recapture data on the western king prawn Penaeus latisulcatus in the Gulf St. Vincent, Australia. Fisheries Research, 49: 85−92.

第 12 章　风险和不确定性

在过去的几十年里，渔业管理中已经认识到种群动态受到信息不完整因素的影响。在种群动态和生物经济分析发挥作用的生物经济指标通常未知或对其相关性不清楚。如第 9 章中所讨论的，捕捞特定的目标种群可能会受到物种和船队间的生态技术相互影响。像第 10 章讨论的空间的复杂性，不仅包括掌握资源和渔民行为在时间和空间上的变化，还包括研究使幼体最终分布在栖息地和食物对定义复合种群动态至关重要的源区或库区的海洋动态过程。种群动态受周边生态系统影响的程度通常非常复杂，应该解释清楚。如第 11 章讨论的环境波动如何在局部或全球范围内影响鱼类种群，在很大程度上是未知的。尽管已经观察到的周期性波动和最近发现的渔获量相关性，其潜在因果机制还尚未确定。

但是，渔业管理不仅要认识到鱼类种群动态的复杂性，以及通常被认识不足的指标所影响，而且还应该认识到渔民在空间和时间上的行为是很难预测的，更不用说有效地避免或者缓和过度开发和捕捞能力过剩。限定捕捞努力量的渔业管理需要掌握影响渔民行为的相关因素，渔民行为依赖于渔民的文化背景和知识、所用的捕捞技术以及影响管理方案实施的观念和策略行为。

为了成功地管理渔业，除了需要适当的体制结构明确地将产权分配给资源使用者（个人或团体），正确地选择投入/产出控制（类似第 7 章所提到的），了解该物种的种群动态、鱼群与其生活环境和生态系统中其他种类的相互作用是前提条件。正如上面提到的一样，这是一项受复杂性和随机性影响的复杂任务，需要考虑不确定性的管理，并运用决策方法明确系统地考虑它们。

Hilborn 和 Peterman（1996）确定了一系列与种群评估和管理过程有关的不确定性来源，包括以下这些方面的不确定性：①资源丰度；②模型结构；③模型参数；④资源使用者的行为；⑤未来环境条件；⑥未来经济、政治和社会条件。为了处理这些不确定性，在 Lysekil 会议上（FAO，1995），有人建议使用贝叶斯、非贝叶斯决策理论和在渔业管理中加入限制和目标管理参考点。近年来，越来越多的证据表明，气候变化对渔业的影响增加了上述不确定性的复杂性。

Cochrane 等（2009）研究认为，气候变化改变了海洋和淡水种类的分布。种群正朝着两极移动，经历其栖息地大小和生产力的变化；并预计生态系统生产力在热带和亚热带海域将下降，而在高纬度的海域则上升。

海洋和淡水生态系统中较高的温度可能会影响物种的生理过程，从而对渔业产生正面或负面影响，这取决于种群对温度、盐度变化的敏感性，也取决于其迁移至更适宜环境的移动能力。

上述研究还指出，气候变化影响关键生物过程的季节性；并用渔业生产中无法预计的结果改变食物网。

海洋渔业中环境变化的可能影响包括以下几个方面：①种群资源量变化对繁殖、补充和个体生长模式的影响；②维持渔业的生态系统生产力的变化；③物种可获得性以及其空间分布模式的变化；④捕捞强度空间分布的变化。

12.1 气候变化增加了海洋渔业中的不确定性

气候变化增加了渔业生产中的不确定性，对基于历史发生概率的风险评估加入了新的挑战。由于缺乏气候变化对渔业影响的历史数据，导致可能无法指导未来的期望。渔业管理者和其他决策制定者目前面临的其他不确定性（Hilborn 和 Peterman，1996）包括渔民对气候变化可能的反应和调整，以及气候变化与影响沿海渔业团体其他压力因素之间的协同相互作用（例如富营养化、过度捕捞、农业和畜牧业导致的水污染、渔业团体克服沿海区域多重压力的能力）。

本章介绍了在渔业生物经济分析中加入不确定性和风险性的简单方法。通过在包含和不包含数学概率的种群波动渔业中，应用决策理论来说明大多数渔业关键生物和经济参数的不确定性，解释具体的管理问题。

超过生物和经济限制参考点的风险，可以将蒙特卡罗分析（第 6 章所述）应用于多船队影响种群结构不同组分的情况来说明。运用一个类似第九章建立的多船队年龄结构模型，估计满足 LPR 准则的种群恢复策略动态生物经济影响。图 12.1 表示了处理风险和不确定性的一个简单地生物经济方法，将渔业生物经济模型、存在和不存在数学概率的管理选择和决策标准，与用蒙特卡罗方法所估计的超过极限参考点概率的风险性联系起来。

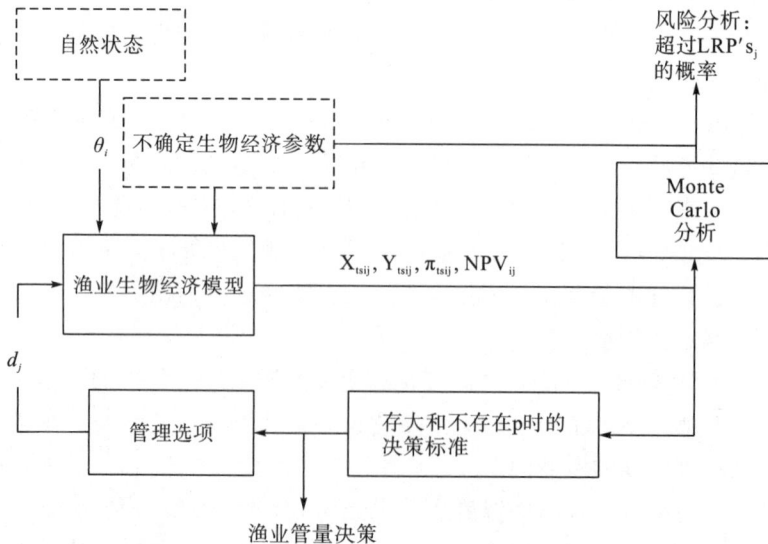

图 12.1 处理渔业管理中不确定性和风险分析的一个简单生物经济模型

如第 8 章中所述，建立负责任渔业管理策略，解释渔业系统中的内在不确定性、气候变化引起的风险，包括以下几个方面：①确定与渔业和生态系统相关的一系列管理问题；②进行渔业生物、经济和社会评估。例如，评估种群结构的大小和动态，渔获物的年龄结构，不同作业方法的成本和收益；③选择渔业性能变量和相应的生物经济指标；④建立所选择指标的限制和目标参考点；⑤确定存在高度不确定性的渔业变量和参数的不同自然状态（比如补充季节性、自然死亡率、单位捕捞努力量成本、可捕系数）；⑥确定数学概率是否能够用于指定气候变化下可能状态的发生；⑦建立存在和不存在数学概率的决策表取决于观察值是否可用以及是否能指示未来的气候变化；⑧使用不同的决策标准，反应风险回避的程度，选择渔业/生态系统管理策略；⑨评估不同管理策略下超过生物和经济指标极限参考点的概率；⑩定期对渔业进行重新评估，建立新的参考点和管理策略。

12.2　指标、参考点、控制规则

对于现代渔业管理，Garcia(1996a)认为：指标是一个变量、一个指示、一个复杂现象的索引，它的波动反应了生态系统或资源组成的变动。当同时考虑时，与准则有关的指标状态和趋势表示当前状态和系统动态。这里的渔业指标来源于监测渔业的变量，它可以假定传递信息的离散值与资源开发管理有关。渔业和生态系统参考点是这些指标的离散值，它能够表示需要预先协商的管理行为。假定一组渔业指标和参考点应该组合形成一个控制法规，它在渔业输入信息与相应的管理响应之间形成一个反馈循环。

渔业指标应该能够为评估渔业生物、经济、社会效应提供信息，作为管理计划的一部分，它们应该是建立新的参考点以及获得上述参考点的相应管理策略的投入。指标的概念很简单，可以基于半定量或定性信息，其可能需要根据不同的情况来进行调整；它们必须完全整合到管理系统中，是具有监测动态变化能力的敏感指标(FAO，1999)。

应该指出的是，科学家早期提出的参考点已作为目标参考点(target reference points，TRP)。但是，由于超过目标参考点会导致严重的问题，需要建立参考点避免对资源、生态系统、可持续渔业不利情况的发生。如第 6 章所述，将这些参考点称为极限参考点(limit reference points，LRP)，表示可持续渔业的阈值参考点(Caddy 和 Mahon，1995)，运用极限参考点作为资源管理的约束条件是管理过程中很重要的一部分。渔业性能指标是渔业管理计划中不可分割的一部分，它为指标与预设参考点的相对位置提供动态信号。为了合理地开发渔业资源，还应该考虑渔业系统的生物经济指标和参考点的固有风险和不确定性(Seijo 和 Caddy，2000)。

利用 Garcia(1996b)提出的水平、变化和结构框架，Seijo 和 Caddy(2000)提出了一组可持续指标。

识别渔业系统不同部分的不确定性是制定预防措施的基础。运用特定渔业数学模型让研究者、管理者、资源使用者试验不同的管理选择，从而估计对系统不同部分和相应性能指标的可能影响。一旦包含其极限参考点的渔业可持续指标被建立，下一步即为评估超过该极限参考点的概率。

本章我们将利用两个案例来介绍图 12.1 中方法的使用。案例 1：运用第 11 章建立的长期波动渔业年龄结构模型，用于评估不同大小的船队在不同地自然状态下（在种群生物量周期性波动的周期长度方面）捕捞某一远洋种类的生物经济影响。案例 2：运用第 9 章建立的年龄结构模型，先计算由不同投入控制和预设产卵群体生物量的 LRP 和 TRP 所产生的种群恢复轨迹。读者可自行探究当种群年龄结构的不同组分被最大和最小体长限制所影响时，运用产出控制（TAC）来恢复种群的影响。

12.3 案例 1：为种群波动的渔业选择适宜的船队大小

利用第 11 章包含长期波动模式的年龄结构模型中所用的参数集和 Excel 电子表格，将决策理论应用于不确定性下的系统选择，考虑存在及不存在数学概率下的不同风险标准。

在该方法中，渔业决策者在 D 组策略中选择一个管理策略 d。在选择策略时，渔业管理者应该考虑到其相应的影响，这些影响可能是渔业模型中指定的因果关系、估计的生物经济参数和可能自然状态的函数。

在决策理论中，估计机会函数 $L(d, \theta)$ 的失败很重要，在操作性研究文献中也称其为"遗憾矩阵"，它反映了当发生自然状态 θ 时，选择策略 d 造成的失败。

若前验或后验概率能够为渔业管理者建立决策表，期望值（EV）和对应的方差应该能够估计所选择的渔业性能变量 FPV（例如渔业净现值 NPV、产卵群体生物量、产量、直接就业、出口收入等）：

$$\mathrm{EV}_d = \sum_\theta P_\theta \mathrm{FPV}_{\theta,d} \tag{12.1}$$

$$\mathrm{VAR}_d = \sum_\theta P_\theta (FPV_{\theta,d} - EV_d)^2 \tag{12.2}$$

P_θ 是不同自然状态的概率；$\mathrm{FPV}_{\theta,d}$ 是当自然状态 θ 发生时，管理决策 d 下的产卵种群生物量。中性风险管理者将选择不考虑相应的方差下，产生最大期望值的管理策略；风险回避管理者选择产生最小方差的渔业管理策略。由于存在不同程度的风险回避，因此，决策理论为增加决策制定的谨慎性提供选择标准（Shotton，1995；Shotton 和 Francis，1997）。将这些概念应用于渔业中，下一节我们将描述存在和不存在数学概率下的决策标准。

12.4 贝叶斯方法

贝叶斯方法是运用先验和后验概率辅助管理策略选择的一个过程。它表明渔业管理者选择预期失败机会最小的决策。无试验的决策利用先验分布估算出主观转化为数值概率的经验；基于试验的渔业决策可以使用后验概率，后验概率是根据实验数据的自然状态 θ 的条件概率，准则继续选择预期失败机会最小的渔业管理决策。为此，我们需要构建一个在操作性研究文献称为"遗憾矩阵"的失败机会矩阵。

12.5　无数学概率下的决策标准

当缺乏足够的观测值来指定可能自然状态的概率时，存在三个反映不同预防程度渔业管理策略选择的决策标准（Seijo et al.，1998；Defeo 和 Seijo，1999）。

12.5.1　大中取小准则

大中取小准则估计每个管理策略的最大失败机会，并在众多最大损失中选择产生最小值的策略。由于自然会选择概率分布，定义所有可能对决策者最不利的自然状态，从而实施该准则。

12.5.2　小中取大准则

该准则利用性能变量决策表（估计一组替代决策和自然状态组合产生的结果），计算来源于每个替代管理决策性能变量的最小值；然后，渔业管理者在这些最小值中选择出最大值。这是最谨慎的决策理论标准。

12.5.3　大中取大准则

具有冒险倾向的渔业管理者在选择管理策略时会采用大中取大决策准则，计算来源于每个替代管理决策性能变量的最大值，然后，渔业管理者在这些最大值中选择最大值以及产生该值的相应决策。决策制定者假设自然处于对渔业最有利的状态。

为了说明不确定性下这些替代性标准的使用，我们将考虑两种可能的周期长度和波动幅度（可能的自然状态下），鉴于与不同渔业管理者对待风险态度相对应的不同选择标准，并分析替代性决策。

过去几十年的渔业管理主要集中在通过调整捕捞努力量、建立 TAC 和其他基于权利的管理策略，以获得最大经济产量（MEY）或最大可持续产量（MSY）（例如 ITQ、共同管理、基于群落的管理）。当过度捕捞的影响在超过 70% 的种群中变得显著时，渔业管理目标从获得 MEY 或 MSY 转向维持最低产卵量，以避免种群衰竭。

本练习选择的性能变量是在种群长期波动中估计的最小产卵量（SSB_{min}）。探讨一个波动渔业中不同大小和吨位渔船的经济生物性能，由于单位捕捞努力量成本不同，则需要权衡渔船生产力和捕捞成本。对于低生物量时期仍作业的船队，其收益应该大于或等于捕捞努力量成本。通过利用决策表系统地考虑关于长期环境循环周期长度的可能自然状态，探索与渔船适宜大小有关的不确定性。

表 12.1 中，存在两个可供选择的渔船生产力决策，其中 θ_1 表示环境波动周期为 30 年，θ_2 表示环境波动周期为 55 年，d_1 表示储存容量为 230 t 的船队，d_2 表示储存容量为 430 t 的船队。

表 12.1 表示公开入渔下渔船大小为(d_1，d_2)时，导致波动渔业的最小产卵群体生物量。发生可能周期长度的概率(本练习中视为自然不确定状态)：自然状态为 θ_1 时，$P_1=$ 0.3；自然状态为 θ_2 时，$P_2=0.7$。利用这些信息可以估计失效机会矩阵，如表 12.2 所示。当上述自然状态出现时，该值表示选择 d_1 或 d_2 的失败概率。目标是，当自然循环周期可能的状态发生时，根据波动渔业对最小产卵生物量的影响，确定最适渔船大小。

表 12.1　不同自然状态和管理决策下的渔业参数值

决策(d_j)	自然状态(θ_i)		EV	VAR
	$\theta_1(P_1=0.3)$	$\theta_2(P_2=0.7)$		
d_1	673	918	845	12 605
d_2	420	1 202	967	128 420

表 12.2　贝叶斯准则的含数学概率失效机会矩阵

决策(d_j)	自然状态(θ_i)		EV
	$\theta_1(P_1=0.3)$	$\theta_2(P_2=0.7)$	
d_1	673−673=0	1 202−918=284	199
d_2	673−420=253	1 202−1 202=0	76

贝叶斯准则选择失败概率最小的渔船大小决策，在这种情况下采用决策 d_2。

当缺乏足够观测值来估计所考虑的两个不同循环的概率时，运用失效机会矩阵、并利用大中取小准则选择最大失败极限值中的最小值，得到无数学概率的决策表(表 12.3)。我们可以看到，利用这种方法得到的结果与用贝叶斯方法得到的结果相同。

另一种无概率准则称为小中取大准则。它利用表 12.1 中的变量，计算这种情况下的最小产卵群体生物量，选择所估计的最小极限值中最大值对应的决策。因此，从表 12.4 提供的最小值中选择 d_1。

这种方法比贝叶斯和大中取小准则更保守。讨论的三个准则反应了不同的风险回避程度，读者可以利用本章模型探究其他不确定的生物生态参数，并建立相应存在和不存在数学概率的决策表。同样，从渔业管理角度，关于投入控制(类似本章讨论的)或产出控制的决策，可以作为全球海洋模式可能状态下的选择性决策，来确定渔业的波动。

表 12.3　大中取小准则的无数学概率失效机会矩阵

决策(d_j)	自然状态(θ_i)		max
	θ_1	θ_2	
d_1	0	284	284
d_2	253	0	253

表 12.4　小中取大准则的无数学概率失效机会矩阵

决策(d_j)	自然状态(θ_i)		min
	θ_1	θ_2	
d_1	673	918	673
d_2	420	1 202	420

12.6　案例 2：具有不同生物量极限参考点 LRP 的多船队渔业种群的恢复策略

当今许多发达渔业已被过度捕捞，因此，在过度开发渔业中，管理者关心的是幼体和产卵群体的保护（Caddy 和 Seijo，2002）。然而，若不控制捕捞努力量和捕捞死亡率，限制渔船大小是没有意义的。可以从两个方面来询问幼体保护的管理问题：①在一定捕捞努力量下，最小体长限制为多大时，NPV 最大；②在一定最小体长限制下，捕捞努力量为多大时，NPV 最大。同样，根据物种生活史及其种群可再生能力，渔业生物学家可以预测出可持续渔业不受到威胁的产卵生物量水平，这可以用最终产卵群体生物量与初始产卵群体生物量（SSB_{max}）比值表示，该比值构成一个极限参考点。根据物种的生物/生态特性，预先指定上述产卵生物量比值的极限参考点（例如 $LRP_1 = 0.3SSB$，$LRP_2 = 0.4SSB$）和 TRP（$TRP = 0.5SSB$），能够获得种群恢复轨迹。

为了恢复种群，利用包含表 12.5 中参数集的年龄结构生物经济模型，根据过度开发渔业中产卵生物量的预设生物参考点，确定不同最大或最小体长限制的捕捞死亡率。我们还可以估计各种捕捞努力量/最小体长组合超过生物和经济极限参考点的风险。

为了确定最适捕捞努力量，模型应该在无 Smith 捕捞努力量动态函数下运用。产生一个假定在整个模拟时期恒定的捕捞努力量，最后选出贴现率一定时最大 NPV 对应的捕捞努力量。不同贴现率下的最大 NPV 所对应的捕捞努力量不同，建议探讨不同贴现率下的结果。

产卵生物量极限参考点作为一个必须满足的约束函数来引入（例如 $LRP \geqslant 0.3$ 意味着最终产卵生物量必须大于或等于所估计的初始产卵生物量的 30%）。

表 12.5　年龄结构渔业的生物经济参数集

参数	符号	值	单位
自然死亡率	M	0.21	1/a
死亡率倒数函数的参数	α_1	0.141 6	—
死亡率倒数函数的参数	β_1	0.8	—
初始补充量	R	55 000 000	1/a
B-H 补充参数	α_2	55 000 000	个
B-H 补充参数	β_2	55 690	个
捕捞死亡率系数	F	0.18	1/a
物种最大体长	L^∞	92	cm
生长参数	k	0.18	1/a
体长-重量参数	α_3	0.013	g
体长-重量关系的参数	β_3	3.054 6	g
鱼价	P	5 000	US$/t

续表

参数	符号	值	单位
单位捕捞努力量成本	CU_i	25 000	US$/艘/a
进入/退出系数	φ	0.000 1	艘/US$
贴现率	d	0.05	1/a
日扫海面积	A	2.7	km²/艘/a
资源分布区域	area	7 600	km²
50%渔具滞留率时的体长	$L_{50\%}$	45	cm
75%渔具滞留率时的体长	$L_{75\%}$	65	cm
选择性曲线参数	S_{1i}	2.47	—
选择性曲线参数	S_{2i}	0.05	—
捕捞概率	C	0.90	

从图 12.2 我们可得到不同最小体长限制和相应的产卵生物量极限参考点下的最适捕捞死亡率。在较小的 LRP 下(例如 LRP=0.3SSB),渔业处于最大 NPV 时的捕捞死亡率最大;最终产卵生物量与初始产卵生物量比值越大,最小体长限制下的最大 NPV 时的捕捞死亡率越小。

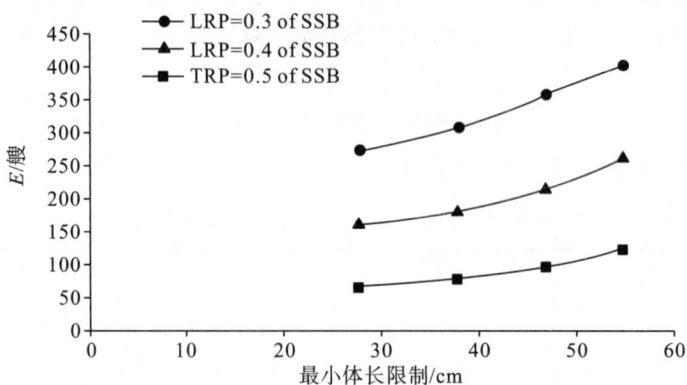

图 12.2　一定最小体长限制和产卵生物量 LRP=0.3 下的最适捕捞努力量(E)

对于两个不同极限参考点的产卵群体生物量(LRP=0.3SSB,LRP=0.4SSB)和 TRP=0.5SSB,使渔业 NPV 最大化的最小体长限制和渔船数量的组合不同。

另一方面,产卵群体特定预设 LRP 和 TRP 下的种群恢复轨迹表示在图 12.3 中。该图表示从当前过度捕捞的种群生物量 $X_t=0$ 至一个假定捕捞某长寿命鱼种渔业的两个 LAP 和一个 TRP 的动态轨迹。

为了说明包含投入控制(捕捞努力量和最小体长限制)的种群恢复策略导致的种群年龄结构变化,图 12.4 和 12.5 表示特定年龄的生物量和产量从当前状态(t_0 时的过度捕捞渔业)至经过 t_{30} 种群恢复时期后的变化情况。

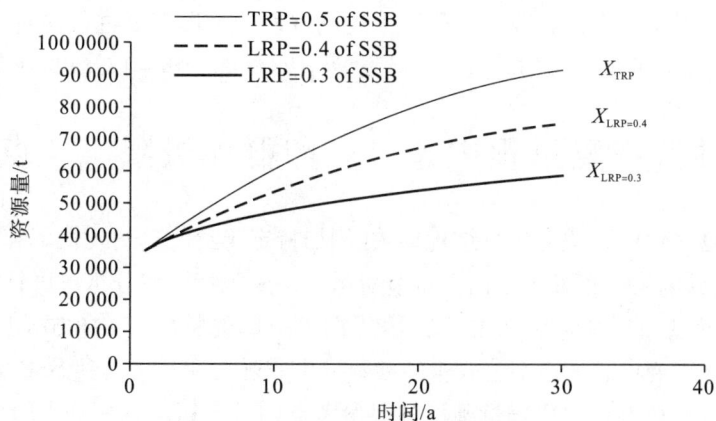

图 12.3　三种 LRP 下的种群恢复曲线

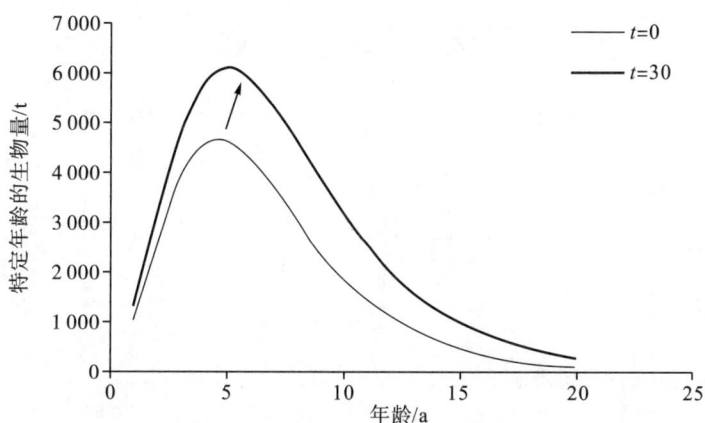

图 12.4　种群恢复的年龄结构影响

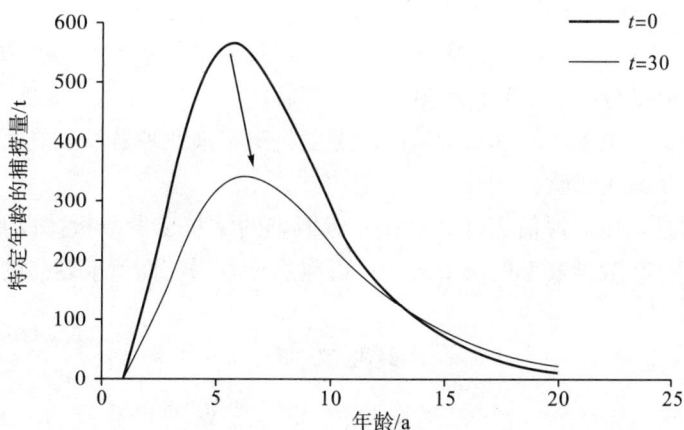

图 12.5　特定年龄捕捞量对优化捕捞能力和满足产卵生物量极限参考点的影响

　　应该指出的是，就第 7 章讨论的综合渔业管制框架中的管理选择而言，运用其他投入控制和产出控制(TAC)也能够探讨种群恢复轨迹。

　　正如本章开头所述，由于气候变化和其他因素(包括人为因素)，海洋渔业中存在着越来越多的不确定性，这将阻碍渔业达到目标种群生物量或者超过渔业相关生物经济变量的预设极限参考点。因此，我们必须从上述确定性的种群恢复过程移向一个随机过程，在这个随机过程中，我们对评估超过预设极限参考点(例如产卵生物量)的风险较为感兴趣。

12.7 种群恢复过程中超过产卵群体极限参考点的概率

在种群恢复过程中，关键年龄结构参数(例如特定年龄的自然死亡率和新个体的补充量)存在很多变异因素。正如本章前面章节所示，运用蒙特卡罗分析可以计算超过产卵种群预设极限参考点的概率，例如由于自然死亡率引起的特定年龄模式的变化。通过对 Caddy 倒数特定年龄自然死亡率公式中的参数 α 生成随机变量，得到 SSB_T/SSB_{max} 比值的分布，并估计低于产卵群体生物量预设极限参考点的分布区域，例如 LRP=0.3SSB，这表示在图 12.6 中。

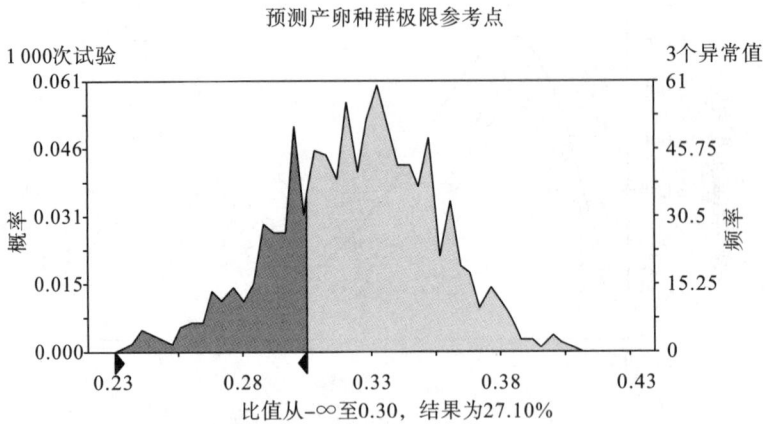

图 12.6　特定年龄自然死亡率随机变化时超过 LRP 的风险

图 12.6 中，在产生 1 000 个参数 α 值以后，我们计算产卵群体生物量低于 LRP= 0.3SSB 的风险(概率分布表的暗色区域，27.10%)。

该风险信息下，决策者和其对待风险的态度将决定渔业种群恢复过程中的投入/产出控制应该增加还是减少风险。

应该指出的是，用于评估超过极限参考点概率的蒙特卡罗分析，以及处理渔业不确定性的存在和不存在数学概率的决策表，可以应用于本书前面章节建立的任意模型中。

参 考 文 献

Berkson J M, Kline L L, Orth D J. 2002. Incorporating Uncertainty into Fishery Models. American Fisheries Society, Maryland, 208

Caddy J F, Mahon R. 1995. Reference points for fisheries management. FAO Fisheries Techical Paper, 347: 83.

Caddy J F, Seijo J C. 2002. Reproductive contributions forgone with harvesting: A conceptual framework. Fisheries Research(Elsevier Science, The Netherlands), 1378: 1—14.

Cochrane K, De Young C, Soto D, Bahri T. 2009. Climate change implications for fisheries and aquaculture: Overview of current scientific knowledge. FAO Fisheries and Aquaculture Technical Paper No. 530.

Defeo O，Seijo J C. 1999． Yield-mortality models：A precautionary bioeconomic approach． Fisheries Research，40：7—16．

FAO. 1995． Precautionary approach to fisheries． FAO Fisheries Technical Paper，350(1)：1—47．

FAO. 1999． Indicators for sustainable development of marine capture fisheries． FAO Technical Guidelines for Responsible Fisheries，8：68．

Fogarty M，Rosenberg A A，Sissenwine M P. 1992． Fisheries risk assessment：sources of uncertainty． Environmental Science & Technology，26(3)：440—447．

García S M. 1996a． Indicators for sustainable development in fisheries． Paper presented at the 2nd World Fisheries Congress． Workshop on Fisheries Sustainability Indicators． Brisbane，Australia，August 1996，28．

Garcia S M. 1996b． The precautionary approach to fisheries and its implication to fisheries research，technology and management：An updated review． In：FAO(1996)：Precautionary approach to fisheries． Part 2． Scientific papers． FAO Fisheries Technical Paper，(350/2)，p. 1/76．

Hilborn R，Peterman R. 1996． The development of scientific advice with incomplete information in the context of the precautionary approach． In：Precautionary approach to fisheries． Part 2． Scientific papers． FAO Fisheries Technical Paper(350/2)，77—101．

Seijo J C，Defeo O，Salas S. 1998． Fisheries bioeconomics：Theory，modelling and management． FAO Fisheries Technical Paper，368：108．

Seijo J C，Caddy J F. 2000． Uncertainty in bio-economic reference points and indicators of marine fisheries． Marine Freshwater Resources，51：477—483．

Shotton R. 1995． Attitudes to risk relative to decisions on levels of fish harvest． In：Precautionary approach to fisheries． Part 2． Scientific papers． FAO Fisheries Technical Paper(350/2)．

Shotton R，Francis R I C C. 1997． "Risk" in fisheries management：A review． Canadian Journal of Fisheries and Aquatic Sciences，54：1699—1715．

附录1 渔民空间行为三种可能
策略的渔业空间动态

该附录介绍了渔民空间行为的三种可能表现：①与资源量呈比例的空间分配；②基于不同渔场的历史捕捞中可变成本所获利润的空间捕捞强度；③捕捞强度的空间分布作为可变成本利润和距离（解释与港口和不同渔场之间距离有关的非货币成本）的函数。

利用本章建立的 Excel 模型可以看出，与资源量呈比例的空间捕捞策略将产生最低的生物量[图 A1.1(a)的 X_3]。这是因为该分配假设信息完全，不同渔区间无转移成本，与空间分配策略的其他两个假设下相比，该种群更容易被捕捞。

关于产量的三个空间分配策略动态轨迹见图 A1.1(b)。假定信息完整的与资源量呈比例的分配策略，其产量增长速度通常高于其他两个捕捞努力量分配策略。这与我们在图 A1.1(a)中观察到的结果一致，当采用呈比例分配的策略时，生物量降低速度更快。

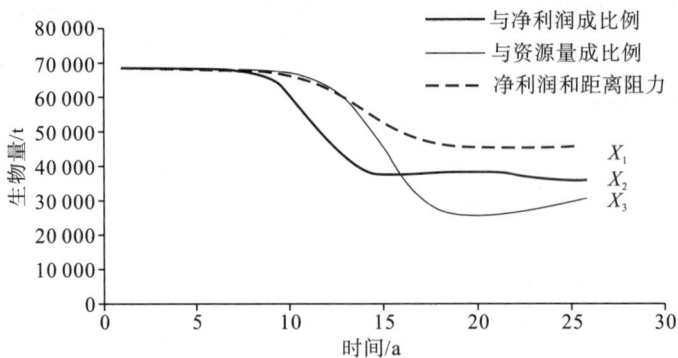

(a)

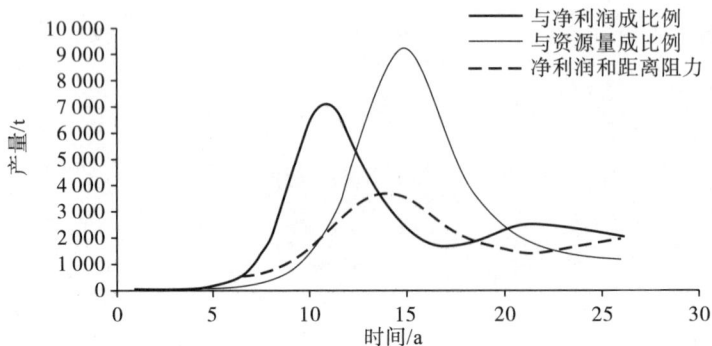

(b)

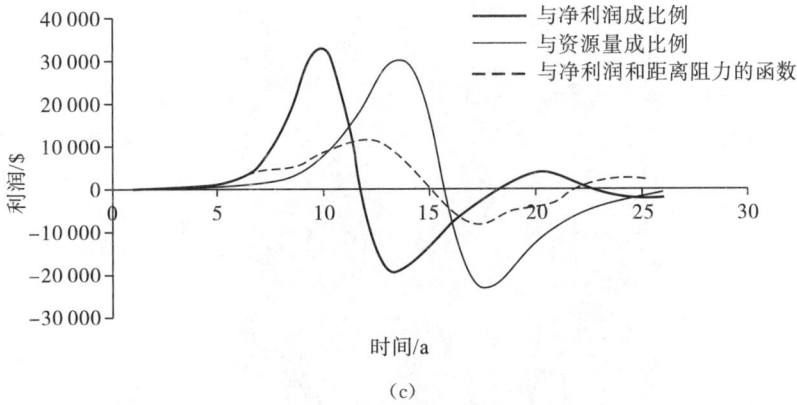

(c)

图 A1.1　渔民在不同空间行为下的动态公开入渔的生物经济变量变化趋势

　　三种策略下的动态利润见图 A1.1c。基于从不同渔区所获利润的空间捕捞强度策略,其利润在初始阶段高于呈比例的分配策略,导致渔船入渔率更大。这是因为该策略不仅考虑空间上的相对资源量,同时也考虑了渔船从港口至渔区的航行成本,使其产生的利润更大。

　　因此,在初始阶段,该策略会造成生物量的快速降低,但最终其生物经济平衡生物量高于与资源量成比例分配策略的平衡生物量。

　　当距离(特定渔船和渔区中与航行距离有关的非货币成本)与所讨论的渔业(上述第三个)有关时,与其他两个决策相比,该决策下的渔船作业区更靠近港口,导致下一个产卵期未作业的远洋海域生物量更多。

　　从图 A1.2 中可以看到上面讨论的三种可能捕捞强度空间分布。对于与资源量空间分配成比例的捕捞努力分配策略,捕捞努力量在整个区域分布[图 A1.2(a)];当考虑转移成本,且分配策略与可变成本的利润成比例时,捕捞天数在靠近港口的区域分布更多[图 A1.2(b)];最后,在前面情况中加入距离因素,捕捞努力量仍分布在靠近港口的区域[图 A1.2(c)]。

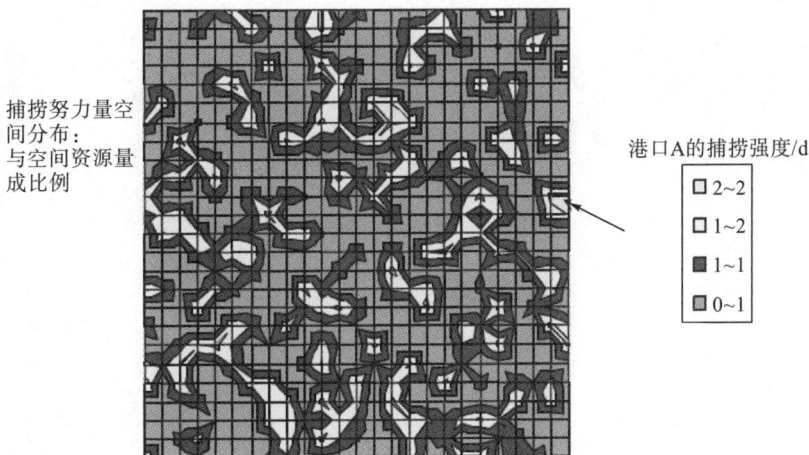

(a)

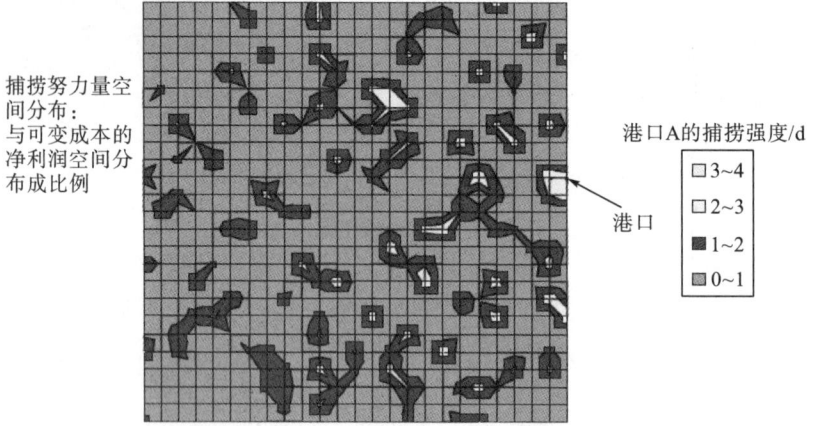

捕捞努力量空间分布：与可变成本的净利润空间分布成比例

港口A的捕捞强度/d
- □ 3~4
- □ 2~3
- ■ 1~2
- ▨ 0~1

港口

(b)

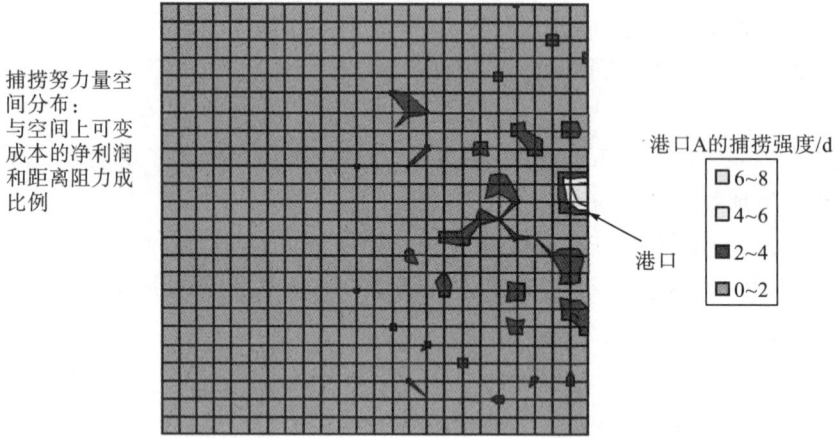

捕捞努力量空间分布：与空间上可变成本的净利润和距离阻力成比例

港口A的捕捞强度/d
- □ 6~8
- □ 4~6
- ■ 2~4
- ▨ 0~2

港口

(c)

图 A1.2　三种可能渔民空间行为下的捕捞强度空间分布

附录 2　模拟季节性补充

运用分布延迟模型模拟季节性补充是基于 Erlang 概率密度函数[公式(A2.1)]：

$$E(t;D,k) = \frac{(g/D)^g t^{g-1} \mathrm{e}^{-gt/D}}{(g-1)!} \tag{A2.1}$$

其中，D 是性成熟周期，g（整数）是 Erlang 函数的参数

$$\frac{\mathrm{d}R_1}{\mathrm{d}t} = \frac{g}{D}(pl_{i,t} - R_{1,t}) \tag{A2.2}$$

$$\frac{\mathrm{d}R_2}{\mathrm{d}t} = \frac{g}{D}(R_{i,t} - R_{2,t}) \tag{A2.3}$$

$$\frac{\mathrm{d}R_g}{\mathrm{d}t} = \frac{g}{D}(R_{g-i,t} - R_{g,t}) \tag{A2.4}$$

其中，pl 是补充到该区域的幼体，$R_{g,t}$ 是补充至 1 龄组的个体，$R_{1,t}$，$R_{2,t}$，$\cdots$，$R_{g,t}$ 是用于表示季节性分布的延迟中间率，D 是平均性成熟/生长时间，g 是延迟等级，表示 Erlang 概率密度函数的参数。

用 Euler 数值积分计算上述微分公式，得到：

$$R_{1,t+\mathrm{dt}} = R_{1,t} + \mathrm{DT}\left[\frac{g}{D}(pl_{i,t} - R_{1,t})\right] \tag{A2.5}$$

$$R_{2,t+\mathrm{dt}} = R_{2,t} + \mathrm{DT}\left[\frac{g}{D}(R_{1,t} - R_{2,t})\right] \tag{A2.6}$$

$$R_{g,t+\mathrm{dt}} = R_{g,t} + \mathrm{DT}\left[\frac{g}{D}(R_{g-1,t} - R_{g,t})\right] \tag{A2.7}$$

附录 3 模型公式和生物经济参数集汇总

表 A3.1 季节性和中期年龄结构生物经济模型中所用公式的汇总

公式	类型	单位
$R_t = \dfrac{\alpha\,\mathrm{SSB}_t}{\beta + \mathrm{SSB}_t}$	Beverton-Holt 补充函数	个数
$N_{i+1,t+1} = N_{i,t}\,e^{-(M+\sum_m F_{t.m.t})}$	种群结构随时间的动态变化	个数
$X_{i,t} = N_{i,t}W_i$	特定年龄生物量	t
$F_{i,m,t} = E_{m,t}q_{i,m}$	船队 m 的特定年龄捕捞死亡率	
$C_{i,m,t} = \dfrac{F_{i,m,t}}{F_{i,m,t}+M_i}[1 - e^{-(F_{i,m,t}+M_i)}]X_{i,t}$	t 时间特定年龄产量	t
$C_{m,t} = \sum\limits_{i=1}^{i=\max age} C_{i,m,t}$	船队 m 的总产量	t
$\mathrm{TR}_{m,t} = \sum\limits_i C_{i,m,t}\,pi$	船队 m 的总收益	US\$
$\prod_{m,t} = \mathrm{TR}_{m,t} - \mathrm{TC}_{m,t}$	船队 m 利润随时间的变化	US\$
$V_{m,t+\mathrm{DT}} = V_{m,t} + \int\limits_t^{t+\mathrm{DT}}(\varphi\pi_{m,t})\mathrm{d}t$	类型 m 的渔船数量	艘

表 A3.2 包含季节性的年龄结构生物经济模型的参数集

参数	符号	值	单位
生长参数	K	0.25	1/2 周
自然死亡率系数	M	0.005	1/2 周
物种最大体重	W_i	2.000	g
物种最大体长	L_i	220	mm
生长公式参数	t_0	0.2	2 周
单位捕捞努力成本：工业船队	c_1	1 856	US\$/艘/a
单位捕捞努力成本：小型船队	c_2	450	US\$/艘/a
50%渔具滞留率的体长：小型船队	$L_{50,\mathrm{sc}}$	120	mm
75%渔具滞留率的体长：小型船队	$L_{75,\mathrm{sc}}$	170	mm
选择性参数：小型船队	S_1	1.145 091 011	—
选择性参数：小型船队	S_2	0.009 542 425	—
50%渔具滞留率的体长：工业船队	$L_{50,\mathrm{ind}}$	170	mm
75%渔具滞留率的体长：工业船队	$L_{75,\mathrm{ind}}$	180	mm

续表

参数	符号	值	单位
选择性参数：工业船队	S_1	8.111 061 33	—
选择性参数：工业船队	S_2	0.047 712 125	—
可捕系数：小型船队	q_1	0.000 01	1/艘
可捕系数：工业船队	q_2	0.000 02	1/艘
α 体重－体长关系参数	α	0.000 009 75	g
β 体重－体长关系参数	β	3.122 2	—
进入－退出参数	Φ	0.000 000 1	艘/US$

表 A3.3　产量、孵化、补充过程的季节性参数

分布延迟参数	产卵	孵化	补充
平均生物周期	5	5	4
分布延迟等级	3	3	3

表 A3.4　波动性渔业的参数集：年龄结构模型

参数	符号	单位	值
自然死亡率	M	1/a	0.5
原始补充量	R_0	1/a	9×10^{11}
最大体长	L_∞	cm	20.1
生长	K	1/a	0.36
体长－体重关系参数	a	g	0.004
体长－体重关系参数	b	g	3.054 6
鱼价	p	US$/t	5 000
单位捕捞努力成本：工业船队	c_1	US$/艘/a	410 000
单位捕捞努力成本：手工船队	c_2	US$/艘/a	220 000
船队动态参数：工业船队	Φ_1	艘/US$	0.000 000 9
船队动态参数：手工船队	Φ_2	艘/US$	0.000 000 9
扫海面积：工业渔船	α_1	km²/艘/a	30
扫海面积：手工渔船	α_2	km²/艘/a	5
资源分布面积	area	km²	7 600
50%渔具滞留率的体长：工业化	$L_{50\%1}$	cm	15
50%渔具滞留率的体长：手工	$L_{50\%2}$	cm	10
75%渔具滞留率的体长：工业化	$L_{75\%1}$	cm	17
75%渔具滞留率的体长：手工	$L_{75\%2}$	cm	12
参数选择公式：工业化	$\overline{S}_{1,i}$	—	8.24
参数选择公式：手工	S_{1a}	—	5.49
参数选择公式：工业化	S_{2i}	—	0.55

续表

参数	符号	单位	值
参数选择公式：手工	S_{2a}	—	0.55
捕获率	c		0.90
环境波动 Ricker 曲线的参数 a_1	φ_1	—	12.4
Ricker 曲线密度制约参数 b_1	φ_2	—	$1.003\ 18\times10^{-7}$
环境波动 Ricker 曲线的参数 c_1	φ_3	—	0.6
平均温度	AT	℃	18.2
正弦函数振幅	$\sum temp$	℃	1.41
环境周期	cycle	a	55